Konzepte der Humanwissenschaften

Gerald Epstein
Wachtraumtherapie
Der Traumprozeß als Imagination
Klett-Cotta

Verlagsgemeinschaft Ernst Klett Verlag –
J. G. Cotta'sche Buchhandlung
Aus dem Amerikanischen übersetzt von
Holger Fließbach
Die Originalausgabe erschien unter dem Titel
»Waking Dream Therapy. Dream Process as Imagination«
im Verlag Human Sciences Press, Inc., New York 1981

Printed in Germany 1985
Umschlag: Heinz Edelmann
Satz und Druck: Hieronymus Mühlberger, Augsburg

CIP-Kurztitelaufnahme der Deutschen Bibliothek

Epstein, Gerald:
Wachtraumtherapie : d. Traumprozeß als Imagination / Gerald Epstein.
[Aus d. Amerikan. übers. von Holger Fließbach]. –
Stuttgart : Klett-Cotta, 1985.
(Konzepte der Humanwissenschaften)
Einheitssacht.: Waking dream therapy ⟨dt.⟩
ISBN 3-608-95264-0

Für meine Mutter Celia, für Perle und Colette

Inhalt

Verzeichnis der Abbildungen im Text

Vorwort

Dieses Buch erläutert einen Behandlungsprozeß, den ich *Wachtraumtherapie* nenne. Die Methode als Ganzes weicht radikal von den meisten derzeit angewendeten Methoden der Behandlung menschlichen Leidens ab. Zugleich führt sie Formen der Therapie wieder ein, die der abendländischen Welt vor dem Aufkommen von Technik und Naturwissenschaft bekannt gewesen sind. Die Methode verwendet drei wesentliche Elemente: 1. den eigentlichen Wachtraum sowie angeleitete Übungen (hiermit befaßt sich das vorliegende Buch); 2. den Lebensplan; 3. die Umkehr. Zusammengenommen ergeben diese Elemente einen therapeutischen Ansatz, der in verhältnismäßig kurzer Zeit bleibende Veränderungen im Denken, Fühlen und Verhalten herbeiführt und den Behandelten mit Hoffnung und Freude hinsichtlich seiner Möglichkeiten zur Selbstverwirklichung in diesem Leben erfüllt. Das Entscheidende bei dieser Methode ist nicht eine bestimmte Theorie oder Erklärung; jeder, der sie praktiziert, ist eingeladen, sie auszubauen und zu erweitern und ihr den Stempel seiner eigenen, unverwechselbaren Erfahrung aufzudrücken.

Ich hoffe, daß Sie, liebe Leser, mich auf meiner Reise durch die folgenden Seiten begleiten werden. Freilich: nicht alles kann man in geschriebener Form sagen, einfangen oder ohne Abstriche vermitteln.

Caroline Suen Shookhoff war mir beim Redigieren und Abschreiben des Manuskripts eine unschätzbare Hilfe. Meine Frau Perle Epstein hat mir geholfen, dem Buch die endgültige Fassung zu geben.

New York, 1981 G. E.

1 Einführung

You meet the nicest people in your dreams.
Thomas J. (Fats) Waller, 1939

Das erste große Ereignis für die westliche Psychologie in diesem Jahrhundert fand 1900 statt, als Freud seine *Traumdeutung* veröffentlichte. Freud versuchte nachzuweisen, daß der Traum eine bedeutsame Aufgabe im seelischen Leben des Individuums hat. Dies war ein Bestandteil seines Gesamtansatzes, der darauf abzielte, die Natur der seelisch-geistigen Funktionen des Menschen zu erklären und aufzudecken, warum wir uns so verhalten, wie wir es tun. Seither ist Freuds Ansatz im Rahmen des psychodynamischen Denkens fortgeführt und weiter differenziert worden; diese Tradition geht vom Primat des gesprochenen Wortes und der durch gesprochene Worte verknüpften Inhalte des Bewußtseins (d. h. des linearen Denkens) als dem Schlüssel zu den Geheimnissen unseres Gefühlslebens aus.

Heute wird die Imagination wieder in die westliche Therapie eingeführt, nachdem sie rund 300 Jahre aus ihr verbannt gewesen war. Das ist das andere große Ereignis für die westliche Psychologie in unserem Jahrhundert. Den Anstoß zu dieser Entwicklung gab die Entdeckung jener Funktionen, die mit der Aktivität der rechten Großhirnhemisphäre verbunden sind. Sie wurden ausführlich und in bewunderungswürdiger Weise von Neurologen wie Sperry (1973), Gazzaniga (1965, 1977) und Bogen (1969) behandelt. Diese Autoren entdeckten das Vorhandensein einer besonderen Tätigkeit [der rechten Gehirnhälfte] bei Patienten, deren corpus callosum (Balken) durchtrennt worden war, so daß die beiden Großhirnhemisphären nicht mehr durch die zwischengeschalteten und verbindenden Kanäle miteinander verknüpft waren, die normalerweise für die Anatomie des intakten Gehirns kennzeichnend sind. Es wurde festgestellt, daß bei diesen Patienten die rechte Großhirnhemisphäre unabhängig von der linken arbeitete, und zwar durchweg in einer Weise, die die Vermutung nahelegte, daß diese Hemisphäre dem menschlichen Organismus visuelle Ereignisse vermittelt. David Galin gab 1974 eine prägnante Zusammenfassung dieser Befunde. Er wies darauf hin, daß die beiden Großhirnhemisphären unterschiedliche kognitive Funktionen erfüllen; wenn sie operativ getrennt werden, arbeiten sie nach seinen Worten »wie zwei eigene, bewußte Gehirne (minds) in einem Kopf... Aufgrund ihrer spezialisierten Funktionen sind es zwei verschiedene, nicht zwei genau gleiche Gehirne« (S. 572).

Wenn wir einmal die metaphysische Frage beiseite lassen, ob man Geist oder Seele (mind) im Kopf lokalisieren kann, so hat Galin unserer Sache in zweifacher Weise einen Dienst geleistet: Er hat der visuellen Funktion als einer aus sich selbst heraus bedeutsamen Gegebenheit eine gewisse Achtung und die notwendige Aufmerksamkeit verschafft, und er hat darauf hingewiesen, daß visuelle Wahrnehmung möglicherweise nach ihren eigenen Gesetzen arbeitet, die sich von denen der linearen Logik unterscheiden. Vor diesem geistigen Hintergrund werde ich in dem vorliegenden Buch versuchen, die Imagination als ein wesentliches Glied in der Kette des seelisch-geistigen Lebens herauszustellen, das uns helfen kann, unser physisches, emotionales und spirituelles Leben zu bereichern, und ich werde den Prozeß des sogenannten *Wachtraums* einführen, der uns Zugang zu diesem imaginativen Leben verschaffen soll.

Sowohl »Imagination« als auch »Wachtraum« bedürfen der Definition, da die westliche Kultur an die Realität der Imagination nicht glaubt und von der Funktion des Wachtraums nichts weiß. Imagination bedeutet im üblichen westlichen Sprachgebrauch die Formung eines Vorstellungsbildes, das weder wirklich noch gegenwärtig ist. Das Wort wird auch gleichbedeutend mit »Phantasie« verwendet, einer Funktion, von der in ähnlicher Weise angenommen wird, daß sie wenig mit der »wirklichen« Welt zu tun habe.

Doch ist das nicht immer so gewesen. Carol McMahon (1976)

veranschaulicht, wie Imagination eine sehr reale Funktion im westlichen Leben überhaupt und speziell in der westlichen Medizin erfüllte, die bis zum Aufkommen des dualistischen kartesianischen Denkens im 17. Jahrhundert ganzheitlich gewesen war. Sie schreibt:

> Zu den Fähigkeiten der Seele gehörten Empfindung, Vernunft, Verdauung und Imagination. Letztere war eine wesentliche theoretische Variable in der menschlichen Physiopathologie. Die Theorie der durch Imagination [im Sinne von Einbildung] hervorgerufenen Krankheit erreichte ihren Höhepunkt in medizinischen Abhandlungen der Renaissance, wo ihre Folgen für Diagnose, Prognose und Therapie ausführlich dargelegt wurden. Obgleich die Imagination schon vor Aristoteles als mögliche Ursache bei der Beeinflussung von Körperfunktionen begriffen wurde, wurde diese Konzeption doch erst in seiner Formulierung zur anerkannten Auffassung der Renaissance (S. 179).
>
> Diese Seele war es, die für die historische Größe der psychologischen Medizin verantwortlich ist. Als Descartes (1596–1650) seine neue Definition der Seele als »unstofflicher Substanz« oder »Geist« gab, hatte die Imagination [Einbildungskraft] ihre Rolle im Krankheitsprozeß unwiderruflich ausgespielt. Es folgte eine Epoche, in der die Existenz von »Geisteskrankheiten« geleugnet wurde. Wie, so fragte man, sollte eine »unstoffliche Substanz« überhaupt nur krank sein können?
>
> Wir haben es nicht vermocht, von den Leistungen unserer antiken und mittelalterlichen Vorgänger zu profitieren, weil die Medizingeschichte eine Diskontinuität aufweist. In der vorkartesianischen Epoche war die Medizin durchweg ganzheitlich oder psychosomatisch orientiert. In der nachkartesianischen dualistischen Epoche gewann eine mechanistische Physiopathologie die Oberhand, und psychophysiologische Fälle waren aus logischen Gründen *anathema* (S. 183–184).

Vor Descartes glaubte man, daß die Imagination ihren Sitz in den Hirnkammern habe und der Regulator visueller Phänomene sei, zu welchen neben Träumen und Halluzinationen auch Gefühle zählten. Wer wegen körperlicher oder emotionaler Störungen behandelt wurde, mußte Übungen machen, die auch sein Visualisierungsvermögen einbezogen. Während dieser Übungen mochte es dann geschehen, daß dem Patienten vor seinem geistigen Auge ein Gegenstand erschien. Im Wachzustand pflegte sich der Betreffende dann einen solchen Gegenstand zu verschaffen, um ihn als Talisman oder Amulett bei sich zu tragen und so an die Entdeckungen erinnert zu werden, die er vermittels seiner Imagination über sich selbst und sein Leiden gemacht hatte. So vermochte er den Einfluß der Imagination auf sein Alltagsleben aufrechtzuerhalten und dieses Kontinuum zwischen imaginalem und Wachzustand bewußt zu leben.

Es ist interessant, daß die Imagination im Gehirn lokalisiert wurde. Nach dem gegenwärtigen Stand der Forschung über die Tätigkeit der rechten Großhirnhemisphäre kommt dieser Gehirnhälfte eine vermittelnde Funktion bei der Tätigkeit der Imagination zu. Dabei handelt es sich um einen *nichtrationalen* Denkprozeß, welcher mit gestalthafter Wahrnehmung zu tun hat. Bemerkenswerterweise hängt die rechte Großhirnhemisphäre mit Funktionen der linken Seite des Körpers zusammen, auf der sich auch das Herz befindet. Zahlreiche Kulturen, darunter die hebräische und die altägyptische (Schwaller de Lubicz, 1977) sowie die der nordamerikanischen Indianer (Séjourné, 1976), bezeichnen Imagination und ganzheitliche Wahrnehmung als die »Klugheit des Herzens«. Auch unsere Vorfahren im Mittelalter und in der Renaissance scheinen intuitiv von der Sinnhaftigkeit der imaginativen Funktion gewußt zu haben, welche das Herz mit dem Hirn verbindet.

In zahlreichen nichtwestlichen Kulturen wurde – und wird noch heute – die Imagination als sehr reale Funktion akzeptiert. Henry Corbin (1972), eine der führenden westlichen Autoritäten auf dem Gebiet des islamischen Denkens, schreibt:

> Mit anderen Worten: wenn wir im Französischen (und im Englischen) das *Imaginäre* [Hervorhebung vom Autor] gleichsetzen mit dem Unwirklichen, dem Utopischen, so sind

> dies jedenfalls Attribute einer anderen Realitätsordnung als jener, die ich *mundus imaginalis* nenne und die die Theosophen des Islam als den »achten Himmelsstrich« bezeichnen. Nach einer kurzen Skizze *dieser Realitätsordnung* [meine Hervorhebung] werden wir das Organ der Wahrnehmung dieser Realitätsordnung erörtern, das heißt das imaginative Bewußtsein, die *kognitive Imagination* [meine Hervorhebung] . . . (S. 2).

Weiter schreibt er:

> . . . die Welt des Bildes, der *mundus imaginalis*: eine Welt, die ontologisch ebenso real ist wie die Welt der Sinne und des Intellekts. Diese Welt verlangt ihr eigenes Wahrnehmungsvermögen, nämlich die Kraft der Imagination, ein Vermögen mit einer kognitiven Funktion, einem *noëtischen* [Hervorhebung vom Autor] Wert, der ebenso real ist wie der Wert der Sinneswahrnehmung oder der geistigen Schau . . . (S. 7).

Auf elegante Weise bekräftigt der englische Philosoph H. H. Price (1965) die reale Existenz der imaginalen Welt:

> So paradox es klingt: einem mentalen Bild haftet nichts Imaginäres an. Es ist eine reale Größe – so wirklich wie nur irgend etwas. Das scheinbare Paradox ergibt sich aus der Zweideutigkeit des Verbums »imaginieren« [to imagine]. Es bedeutet zwar mitunter »geistige Bilder haben«. Für gewöhnlich bedeutet »imaginieren« aber »Behauptungen aufstellen, ohne sie zu glauben«; sehr oft sind es sogar falsche Behauptungen, und außerdem bezweifeln wir sie schon, *während* wir sie aufstellen. Das ist es, was beispielsweise geschieht, wenn wir Shakespeares *Der Sturm* lesen, und das ist der Grund, weshalb wir sagen, Prospero und Ariel seien »imaginäre Charaktere«. Geistige Bilder sind nun in diesem Sinne keineswegs imaginär. Wir erleben sie tatsächlich, und sie sind nicht imaginärer als Sinnesempfindungen. Um das Paradoxon zu vermeiden – wenn auch um den Preis einer gewissen Pedanterie –, wäre es gut, zwischen Imaginieren und Imagieren zu unterscheiden und zwei verschiedene Adjektive, »imaginär« und »imagisch«, zu besitzen . . . Für die-

> jenigen, die sie erleben, wäre denn auch eine Bild-Welt genauso »real«, wie es die gegenwärtige Welt ist... (S. 4–5).

Bezug nehmend auf die ontologisch reale Welt des Bildes, die Corbin beschreibt, und das ihr zugeordnete Wahrnehmungsorgan, nämlich die kognitive Imagination oder imaginative Kraft, stelle ich hiermit eine mit der imaginativen Kraft zusammenhängende Behandlungstechnik zur Diskussion, die ich *Wachtraumtherapie* nenne. Der Wachtraum, als Manifestation und Vehikel der Imagination in der Psychotherapie, hatte und hat noch immer zahlreiche Verfechter, die wir in den ersten Tagen unseres Jahrhunderts in Europa und bis auf den heutigen Tag in Amerika finden.

Wachtraum ist ein noch immer häufig gebrauchter Begriff bei Menschen, die Techniken der Imagination praktizieren. Ein Beispiel ist ein neueres Buch von Mary Watkins mit dem Titel *Waking Dreams* (1976). Wir treffen den Begriff auch bei Schriftstellern und Dichtern an. In Keats' *Ode to a Nightingale* finden wir die Zeile: »Was it a vision or a waking dream?« (»War es ein Wachtraum oder ein Phantom?« – Alexander von Bernus). Der irische Autor George Russell (der unter dem Pseudonym AE schrieb) beschreibt in seinem Buch *The Candle of Vision* (1965) sehr gut die Wachtraumerfahrungen, die sein Leben beeinflußten und prägten. William Blake schrieb ausführlich über die Wahrheit der Imagination:

> Diese Welt der Imagination ist die Welt der Ewigkeit; sie ist der göttliche Busen, in den wir heimkehren werden, wenn dieser gewordene Leib tot ist. Diese Welt der Imagination ist unendlich und ewig, während die Welt des Zeugens und Werdens endlich und zeitlich ist. In dieser ewigen Welt existieren die bleibenden Wirklichkeiten jedes Dinges, das wir in diesem vergänglichen Spiegel der Natur erblicken. Alle Dinge sind in ihren ewigen Formen enthalten im göttlichen Leib des Erlösers, des wahren Weinstocks der Ewigkeit, der menschlichen Imagination ... (1810, S. 605).

Keats schreibt am 22. November 1817 an Benjamin Baley:

> Nur eines weiß ich gewiß: die Gefühle des Herzens sind hei-

> lig, und die Phantasie ist wahr. Was Phantasie als Schönheit erfaßt, muß Wahrheit sein, ob es vorher existierte oder nicht. Denn die gleiche Ansicht wie über die Liebe habe ich von all unseren Leidenschaften: sie alle sind auf der höchsten Stufe schöpferisch und schaffen absolute Schönheit (1950, S. 67).

Visuelle Phänomene wie Nachtträume und Wachträume sind konkrete Erscheinungsformen einer Energiebewegung, die von abstraktem Denken zu konkreten Sinneserfahrungen verläuft. Daher sind *alle* visuellen Phänomene enthüllend und bedürfen der Übersetzung in Aussagen über das Vorhandensein von Möglichkeiten der Selbstverwirklichung (fulfillment), von Abwegen, die von der Selbstverwirklichung wegführen, und von Hinweisen auf das, was getan werden muß, um die Selbstverwirklichung zu konkretisieren. Die Wirkung von Wachtraum und gesteuerter Übung (guided exercise)[1] erlaubt nicht nur, Möglichkeiten zu sehen, sondern auch, Möglichkeiten zu praktizieren, deren Folgen wieder in die konkrete Wirklichkeit eingebracht und aktiv dazu benutzt werden, die eigene Existenz zu gestalten.

Die Funktion der Imagination wurde sehr prägnant und deutlich von Rabbi Abraham Isaac Kuc zum Ausdruck gebracht (Agus, 1972):

> Die Wahrnehmung der Wahrheit des Seins hängt ab von der Entwicklung der Kraft zur Imagination, *eines besonderen nicht-rationalen Vermögens* ... [Hervorhebung von mir] (S. 162)

und

> Im Schatzhaus der Imagination ist alle Wahrheit und Größe enthalten; diese treten stückweise, durch die einengenden, filternden Kanäle der Vernunft, in die Erscheinung. Unser rationales Vermögen ist nur ein bescheidener Schüler ... Aller Ruhm gebührt der vitalen Kraft unserer höheren Imagination ..., die sich mit der höheren Vernunft zu einer Einheit verbindet.
>
> Die Macht der Imagination ist der »Thron«, auf dem das

> Licht der Weisheit und des höheren Lebens sitzt ... Der erhabene Zustand der Imagination besteht so lange fort, wie der Mensch den Maßstäben der Heiligkeit anhängt; weltliche Imagination dagegen enthält nur den Widerschein des Schattens (der Vernunft) und ist die Quelle des Zynismus ... (S. 163).

Was bedeutet dies für das Verständnis der Imagination und der Traumerfahrung? Unter anderem heißt es, daß wir Träume als gültig akzeptieren, daß sie aus sich selbst heraus wichtig sind und daß sie nicht unbedingt nur nach den Maßstäben unseres Wachzustandes zu beurteilen sind. Auf diese Weise erhält der Traum eine Stellung als ein Bereich, der ebenso real ist wie der Wachzustand. Deshalb können wir die oft benutzte Wendung »letzte Nacht hatte ich einen Traum, aber in *Wirklichkeit* ...« ersetzen durch die Wendung »letzte Nacht hatte ich einen Traum, aber im *Wachzustand* ...« Ferner können wir sofort die Vorstellung von latentem und manifestem Trauminhalt fallenlassen. Diese Vorstellungen sind das Ergebnis vieler spekulativer Voraussetzungen, zu denen auch die gehört, daß der Traum an sich keine Bedeutung hat, sondern erst dann Sinn empfängt, wenn ihm durch die Tätigkeit des assoziativen Denkens das »Leben« der konkreten Wirklichkeit eingehaucht wird. Durch diesen Vorgang wird jedoch sofort ein integraler Bestandteil der menschlichen Existenz entwertet und seiner Wahrheit beraubt. Indem wir den Traum als etwas Wirkliches akzeptieren, wird unser Blick auf das gelenkt, was der Traum *in seiner eigenen Sprache* über uns enthüllt, einer Sprache, die analog, konkret, nicht-linear und unmittelbar gegenständlich ist. Träume können als eine Zeichenfunktion angesehen werden, die etwas über uns selbst oder über später stattfindende Ereignisse enthüllt; sie können auch auf korrigierende Handlungen hinweisen oder das eigene Verhalten bestätigen.

In der klinischen Arbeit wird der Traum normalerweise als Auslöser von Assoziationen und als Gegenstand der Analyse benutzt. Aber das ist nicht die einzige Möglichkeit. Der Traum kann ebenso *erforscht* werden, wie der Wachzustand erkundet wird. Der wesentliche Vorgang beim Wachtraum ist, daß der Patient *imaginiert*, sich im Traum zu befinden, und dessen Bewegung in einem *Wachzustand fortsetzt.* Dieser Vorgang enthüllt Lebensmöglichkeiten, die, wenn sie genutzt werden, dazu beitragen können, uns von den Restriktionen zu befreien, mit denen wir in der konkreten Welt gewohnheitsmäßig leben. Wir sehen die Sinnhaftigkeit dessen ein, was uns auf bisher verschlossenen Wegen von »dort draußen« zukommt und uns hilft zu erkennen, welche Handlungen sich für die Ausführung in der konkreten Welt eignen.

In ähnlicher Weise trägt der Wachtraum auch dem Ausdruck des Gefühls Rechnung. Aus phänomenologischer Sicht sind Bilder die Konkretisierung von Gefühlen. Deshalb bedeutet die Erforschung des Reichs der Bilder ein Sich-Versenken ins Gefühl. Das ist es, was mit »Klugheit des Herzens« gemeint ist.

Indem wir diese Gegebenheiten als wirklich anerkennen, können wir damit beginnen, *alle* Aspekte menschlicher Erfahrung als wirklich anzuerkennen und zu würdigen, ohne den einen Modus, als den angeblich »realeren«, über den anderen zu erheben: Wir gehen also nicht mehr davon aus, daß lineares, logisches Denken der einzig mögliche Rahmen menschlicher Erfahrung ist und daß jede menschliche Aktivität in diesem Rahmen gesehen werden müsse. Im Gegenteil, wir stellen fest, daß wir in unserer imaginalen Existenz mit einem Gesichtssinn begabt sind, der nicht durch die gewöhnlichen Zeit-Raum-Parameter der konkreten Wirklichkeit begrenzt ist. Diese Art des Sehens erlaubt es uns, aus dem persönlichen Ich »herauszutreten« und dadurch unser Dasein aus einer anderen, ungewohnten Perspektive zu erblicken. Das Gesehene bringt Erkenntnis über das Verhältnis des Individuums zur konkreten Welt und zu seinem eigenen biologischen Sein mit sich – eine absolut grundlegende und für das Alltagsleben nutzbringende Erkenntnis.

Anstatt einen neuen Fachterminus einzuführen, versuche ich zu zeigen, wodurch sich meine Verwendung des Wachtraums von allen gängigen Formen des Gebrauchs von inneren Bildern in westlichen Kulturen unterscheidet. Ich verdanke meine Einsichten den Entdeckungen, die ich unter Anweisung von Colette Aboulker-Muscat in Jerusalem gemacht habe. Sie war es, die mir als erste zeigte, was im Bereich der Imagination alles möglich ist, und mich dann ermutigte herauszufinden, was ich selbst tun konnte. Ihr Beispiel sowie meine eigenen Forschungen lehrten mich, was ich für die tiefen Wahrheiten einer echten Psychotherapie halte. Colette Muscats eigene Einsicht ist eine Frucht ihrer Studienzeit bei Robert Desoille, modifiziert durch ihre umfangreichen klinischen Erfahrungen von über dreißig Jahren.

Vereinfacht ausgedrückt, bedeutet Wachtraum die Fortsetzung des Traumlebens im Wachzustand, und zwar in zwei verschiedenen Formen. Die eine besteht darin, daß der »Patient« seinen nächtlichen Traum in der Behandlung fortsetzt und die Elemente untersucht, aus denen die Traumsituation oder das Traumhandeln besteht, wobei er dem »Therapeuten«[2] seine Existenz schildert, wie er sie gerade erlebt. Dazu muß sich der Patient zunächst wieder in den Traum versetzen. Er entspannt sich mit geschlossenen Augen und bei gedämpftem Geräuschpegel, so daß die äußere Realität soweit wie möglich ausgeschaltet ist.

Im Anschluß an diese Phase, die ich Induktion nenne, muß sich der Patient in seiner Imagination an diejenige Stelle des Traums zurückversetzen, die er für die bedeutsamste hält. Dann muß er beschreiben, was er sieht, hört und fühlt und welche sonstigen Sinneseindrücke er hat. Er wird dann beginnen, seine Traumexistenz zu erforschen und zu beschreiben, wobei er feststellt, daß er sich ziemlich rasch aus diesem Bereich in eine Region bewegt, die zwar ontologisch wirklich ist und als wirklich erlebt wird, aber, wie die Traumrealität, nicht von jenen Gesetzen beherrscht wird, die für die Welt des konkreten Wachlebens gelten. In diesem Bereich *sieht* das Individuum Möglichkeiten seiner Existenz und wie sich diese Möglichkeiten realisieren lassen; es kann auch solche Möglichkeiten erkennen, die realisiert werden *könnten*, bisher aber einer Verwirklichung nicht offenstanden. Wenn die so wahrgenommene Art und Weise der Realisierung praktikabel ist, geht der Patient dazu über, diese Möglichkeit durch entsprechende Handlungen zu verwirklichen.

Die Verwirklichung hängt eng mit der zweiten Form der Wachtraumarbeit zusammen – daß nämlich der Inhalt des Wachtraums in der Welt der konkreten Wirklichkeit (oder des Wachlebens) *gelebt* wird. Das heißt, daß der Entdecker* in den konkreten Handlungen des Wachlebens jene Möglichkeit ausführen muß, die im Bereich der Imagination bereits verwirklicht wurde. Der Wachtraum erlaubt uns, über die Grenzen der materiellen Realität hinauszugehen, die von den Kausalitätsgesetzen beherrscht wird, in einen anderen Bereich der Wahrnehmungsrealität, in dem die naturwissenschaftlichen Vorstellungen von Zeit und Raum außer Kraft gesetzt sind. Hierin ähnelt der Wachtraum einem anderen Bereich der Wahrnehmungsrealität, nämlich dem Traumleben, das ebenfalls nicht von den raumzeitlichen Maßstäben des Wachlebens beherrscht wird.

Mit der Behauptung, daß man der Imagination erlauben muß, das Wachleben zu durchdringen, beziehe ich einen Standpunkt, der umstritten sein mag. Er gewährt aber zugleich neue Ausblicke auf ein Problem, das die Psychologie während des ganzen 20. Jahrhunderts auf Schritt und Tritt verfolgt hat. Ich setze voraus, daß der Mensch des kartesianischen Weltbildes – der »cogito ergo sum«-Mensch – nicht der Mittelpunkt ist, in dem sein Erleben produziert wird. Vielmehr ist er ein Gefäß für die Manifestation eines Erlebens, in welchem der Mensch und das, was ihm widerfährt, als Einheit existieren; erst wo diese Einheit auftritt, sprechen wir von Erleben. Es gibt also zwei Wirklichkeiten, die sich im Erleben verbinden: den Menschen und das, was dem Menschen begegnet. Was einem begegnet, ist daher keine »Projektion« (im psychologischen Sinne) der eige-

* Seiner Methode entsprechend, bezeichnet der Autor den Patienten oft auch als Reisenden, Suchenden, Wanderer. Siehe seine Erläuterung dazu im 7. Kapitel, S. 194 ff.

nen »Psyche«, das heißt, es ist nicht vom Menschen selbst erzeugt oder erschaffen. Das bedeutet, daß alles, was einem widerfährt, wirklich ist. Was dem Menschen bleibt, ist die Freiheit, sein Erleben nachträglich als nicht wirklich zu interpretieren. Hier ist die Stelle, wo er seine eigenen Vorstellungen auf Lebensereignisse »projiziert«. Ich postuliere, daß der Mensch in vielen Ordnungen der Wirklichkeit zugleich existieren kann, die sich von der Ordnung der materiellen Welt unterscheiden. Diese Ordnungen oder Welten können nicht durch intellektuelle oder rationale Denkprozesse erfaßt werden; sie verlangen von uns vielmehr, daß wir, um sie zu erkennen, das rationale Denken meiden. Ich postuliere ferner, daß das, was wir durch lineare, logische Denkprozesse erfassen können, nicht die Ganzheit des Menschen ausmacht. Ich gehe sogar noch weiter und behaupte: Das menschliche Leben ist dadurch gekennzeichnet, daß es gleichzeitig *hier* und *dort* existiert – *hier* im Sinne einer Körperlichkeit, die durch rationales Denken im Medium folgerichtig geordneter Sprache gelebt wird, *dort* in dem Sinne, daß wir die allen konkreten Gegenständen auferlegten Grenzen der physikalischen Dimension (Gewicht, Volumen, Masse, Ortsgebundenheit) überschreiten. In der *Hier*-Existenz geht es um Quantität, in der *Dort*-Existenz um Qualität. Nur indem wir die Grenzen unserer Körperlichkeit überschreiten, wie beispielsweise im Wachtraum, können wir lernen, quantitative und qualitative Existenz ins Gleichgewicht zu bringen.

Weil sie ihren Blick nur auf die rationalen Aspekte des einzelnen »Ichs« heftet, nimmt die westliche Gesellschaft das Selbst als fixiert oder statisch wahr und verkennt die dialektische Natur des Selbst, das sowohl fixiert als auch fließend ist und sich daher in einem ständigen Wandel befindet. Infolge ihrer Voreingenommenheit für nicht-dialektische Lösungen ist weder die Naturwissenschaft noch die heutige Physiologie imstande, das Hauptproblem der modernen westlichen Psychologie zu enträtseln: das Problem des *Narzißmus*.

Wir bezeichnen Schizophrene häufig als »narzißtisch«. In unserem Zusammenhang hier bedeutet Narzißmus das ständige

Sich-Beschäftigen mit der eigenen Person, aber nicht aus Selbstliebe, sondern aus Selbsthaß.[3] Diese Patienten lieben sich selbst nicht, sondern verabscheuen sich. Ihr Abscheu kommt daher, daß sie weniger als die meisten anderen Menschen imstande sind, die Aufhebung ihrer körperlichen Existenz zu erleben, sich vom Quantitativen zum Qualitativen und zur Verwirklichung der Möglichkeiten ihrer Existenz zu bewegen. Sie sind deshalb auch unfähig, in der konkreten Welt zu agieren, und diese Lähmung trägt zu ihrer Fragmentierung und ihrem Rückzug aus der Welt bei. Ihre Unfähigkeit, sich zu bewegen, widert sie an, und so empfinden sie gegen sich selbst und alles um sie herum Haß, Mißtrauen und Furcht.

Die Antwort auf den Narzißmus liegt, wie wir wissen, darin, den überstarken Sog zur Beschäftigung mit dem eigenen Selbst im Wachleben zu überwinden. Daß der körperliche Mensch um die Aufhebung seiner Körperlichkeit, die doch seine eigentliche Natur ist, ringen soll, ist, gelinde gesagt, viel verlangt. Doch der Wachtraum gibt zu erkennen, daß wir unser quantitatives und unser qualitatives Selbst harmonisch verbinden können. Diese Harmonie erzeugt ein Gefühl der Befreiung von der übermäßigen Beschäftigung mit unserem materiellen Dasein.

Diese Bewegung, die viele Schizophrene nicht vollziehen können, ist für die Realisierung des Potentials, das in jedem von uns schlummert, von entscheidender Bedeutung. Bewegung erlaubt uns, qualitative Möglichkeiten in quantitative Ausführung, das heißt, in etwas physikalisch Meßbares zu übersetzen. Diese Umsetzung wiederum erlaubt es uns, sich dem zu öffnen, was jenseits der körperlichen Sphäre existiert. Wenn wir es versäumen, jene qualitativen Möglichkeiten umzusetzen, bleiben wir hinter uns selbst zurück, geraten sozusagen in unsere eigene Schuld. Dann übermannen uns Gefühle der Schuld und der Hemmung, die zu einer Lähmung des Handelns führen. Wir geraten dann dahin, daß wir uns auf Kosten des lebendigen Erlebens immer stärker auf unser Denken verlassen müssen, um unser Leben zu leben.

Da lineares Denken nicht das Potential zum Handeln in sich

birgt, kann es uns nicht helfen, unsere Möglichkeiten zu verwirklichen. Lineares Denken kann seiner Natur nach nur die Vergangenheit reflektieren. Die Zukunft ist dagegen per definitionem etwas Potentielles und Nichtexistentes. Der Versuch, lineares Denken auf die Zukunft anzuwenden, kann nur dazu führen, uns mehr und mehr zu fragmentieren; denn wir beziehen immer nur unsere Vergangenheit auf unser Erleben und ziehen uns zugleich aus dem gegenwärtigen Augenblick zurück. Aus meiner Sicht wird die Zukunft in Gegenwart verwandelt, indem wir sie durch unser physisches Gegenwärtigsein und unser physisches Handeln in der Welt der konkreten Realität verwirklichen. Sie ist zyklisch, weil die gerade verwandelte Gegenwart gleichzeitig ein neues Potential, eine neue Zukunft erzeugt.[4] Hier sehen wir, wie die nichtmaterielle Welt die materielle Welt beeinflußt.

Ich möchte dies konkreter veranschaulichen. Die physische Umsetzung einer Möglichkeit beinhaltet drei unterschiedliche Tätigkeiten: Wahrnehmen, Erfassen, Bewegen. Am Anfang steht das Wahrnehmen (Sehen) der Möglichkeit. Dieses Sehen mag mit primärer Einsicht verknüpft sein und setzt voraus, daß der Wahrnehmende von Anfang an mit dem Wahrgenommenen eins ist und *insofern die inhärente Bedeutung des Wahrgenommenen versteht.* (Einen Baum bei seinem Namen zu nennen bedeutet, daß die Klasse »Baum« schon verstanden worden ist, da andernfalls kein einzelner Baum als solcher unterschieden werden könnte. Unser Wahrnehmen verläuft vom Allgemeinen zum Besonderen, wie die Gestalttheoretiker richtig gezeigt haben, und nicht umgekehrt.) Schematisch gesprochen, folgt auf den Akt der Wahrnehmung das Erfassen einer Handlung, durch welche die wahrgenommene Möglichkeit verwirklicht werden kann. Auf das Erfassen folgt die Bewegung auf Verwirklichung hin oder von Verwirklichung weg. *Erst in dieser dritten Phase, nicht früher, wissen, das heißt empfinden wir unser physisches Sein.* Die zweite Phase ist Denken, aber ein Denken, das angemessen dazu benutzt wird, uns zu sagen, *wie* wir ein Ziel verwirklichen können. Was zu tun ist und wann es zu tun ist, ist nicht eigentlich Gegenstand des Denkens, sondern allein Teil der dritten Phase, der Phase des Handelns. Ich *sehe* einen Bekannten auf der Straße; ich *beschließe* zu laufen, um ihn einzuholen; dann *laufe* ich. Indem ich laufe, werde ich meiner physischen Natur inne. Wenn ich nicht laufe, werde ich trotzdem meiner physischen Natur inne, die in diesem Augenblick mit Nichtlaufen verbunden ist. Wenn ich sehe, erfasse und dann nicht handle, werde ich möglicherweise schuldig an dem, was sich durch mich hat verwirklichen wollen. Wenn ich keine Möglichkeit sehe, es zu verwirklichen, werde ich der Grenzen meiner menschlichen Existenz inne. Diese Grenzen kann ich entweder akzeptieren oder, nachdem ich ihr Vorhandensein erkannt habe, zu überwinden versuchen. An dieser Stelle kann man sich zu jener Art der Wachtraumarbeit zurückbewegen, die ich *gesteuerte Übungen* nenne und die zum Ziel hat, das vom Wahrgenommenen geforderte Handeln aktiv zu vollenden.

Außer der eigentlichen Reise in die Welt der Imagination und der Umsetzung der Imagination in das Wachleben sind noch zwei weitere Aspekte des Wachtraums zu erwähnen: die Rückkehr von der Wachtraumreise und die Rolle des Therapeuten bei dieser Arbeit. Der Reisende kehrt von seiner Exkursion in das Reich der Imagination auf demselben Weg zurück, den er auf dem Hinweg benutzt hat. Daß Hin- und Rückreise auf demselben Weg erfolgen, entspricht dem archetypischen Vorbild jener Reise, die vom Erzvater Abraham unternommen wurde. Er wanderte von Chaldäa durch den Nahen Osten nach Ägypten und wieder zurück, und zwar *auf demselben Weg*. Auf dem Rückweg bezeigte er denen seine Ehre, die er auf dem Hinweg getroffen hatte, und beglich seine Schuld bei jenen, von denen er zuvor geborgt hatte. Vielleicht gelangte er auf dem Rückweg auch zu einer neuen Wahrnehmung jener Dinge, denen er auf dem Hinweg begegnet war.

Die Funktion des Therapeuten in der Wachtraumtherapie ist sowohl die eines *Führers* als auch die eines *Beraters*, der dem Patienten in diesem für ihn neuen und überraschenden Bereich die Richtung weisen kann. Ich werde diese beiden neuen Dimensionen des Therapeuten später im einzelnen erläutern.* An dieser Stelle möchte ich nur festhalten, was der Therapeut als Führer und Berater bei seiner Arbeit *nicht tun darf*: Er darf weder während noch nach dem Wachtraum Ereignisse interpretieren; er darf die Freiheit eines Menschen, selber zu lernen, nicht antasten; und er darf weder bei sich selbst noch bei dem Patienten ein »freies Assoziieren« während oder nach der Arbeit dulden. Dagegen gibt er als Führer ganz bestimmte Anweisungen vor, während und nach dem Wachtraum. Diese Instruktion kann man charakterisieren als Herstellen einer Intention (davor), Geben von Hinweisen (während des Wachtraums) und Herstellen von Kontinuität (danach).

Weder Freud noch Jung war die visuelle Einbildungskraft fremd. Für Jung wurde die aktive Imagination zu einer Technik, die er bei seiner therapeutischen Arbeit häufiger benutzte, ohne sie jedoch in systematischer Weise darzustellen. Er begann mit dem nächtlichen Traum des Patienten, wobei er gewöhnlich dort anknüpfte, wo der Traum endete; doch ist unklar, ob Jung oder der Patient selbst entschied, welches der wichtigste Punkt des Traumes sei. Jung bot dem Patienten auch ausführliche Interpretationen seiner Erscheinungen an, was nach meiner Meinung den Nutzen zunichte macht, den die Anwendung von visueller Imagination haben kann.

In ihrem Buch *The Old Wise Woman* (1973) versucht Rix Weaver, die klinische Anwendung aktiver Imagination zu systematisieren und zusammenhängend darzustellen. Sie verbindet das Phänomen der aktiven Imagination mit den Vorstellungen der Jungschen Theorie; in ihrer eigenen Arbeit interpretiert sie das Erleben des Patienten ausführlich. Ich werde an späterer Stelle meine Einwände gegen *jede* Interpretation oder klinische Erklärung des Wachtraums darlegen.

Freud war sich über das Vorhandensein der Vorstellungskraft im klaren. Indem er die Stirn seiner Patienten berührte, pflegte er in ihnen bildliche Szenen zu wecken. Gegen Ende des

---

* Siehe 7. Kapitel, S. 194ff.

vorigen Jahrhunderts entschied er jedoch, daß sich die psychoanalytische Methode einzig und allein mit dem Bereich des linearen Denkens befassen solle. Anscheinend gab es bei ihm zwischen dem therapeutischen Berühren und dem therapeutischen Sprechen eine Art Übergangsphase, die über den Gebrauch der visuellen Vorstellungstätigkeit führte, denn er beschreibt ein »Wachtraum«-Erlebnis, das er 1899 bei einem vierzehnjährigen Knaben hervorrief. Dieser Fall, der seiner Meinung nach einen erfolgreichen Abschluß fand, ist das einzige Wachtraumerlebnis, das in seinen Gesammelten Werken beschrieben wird:

> Ich beginne eine psychoanalytische Behandlung mit einem vierzehnjährigen Knaben, der an Tic convulsiv, hysterischem Erbrechen, Kopfschmerz u. dgl. leidet, indem ich ihm versichere, er werde nach dem Augenschluß Bilder sehen oder Einfälle bekommen, die er mir mitteilen soll. Er antwortet in Bildern. Der letzte Eindruck, ehe er zu mir gekommen ist, lebt in seiner Erinnerung visuell auf. Er hatte mit seinem Onkel ein Brettspiel gespielt und sieht jetzt das Brett vor sich. Er erörtert verschiedene Stellungen, die günstig sind oder ungünstig, Züge, die man nicht machen darf. Dann sieht er auf dem Brett einen Dolch liegen, einen Gegenstand, den sein Vater besitzt, den aber seine Phantasie auf das Brett verlegt. Dann liegt eine Sichel auf dem Brett, dann kommt eine Sense hinzu, und jetzt tritt das Bild eines alten Bauern auf, der das Gras vor dem entfernten heimatlichen Hause mit der Sense mäht. Nach wenigen Tagen habe ich das Verständnis für diese Aneinanderreihung von Bildern gewonnen. Unerfreuliche Familienverhältnisse haben den Knaben in Aufregung gebracht. Ein harter, jähzorniger Vater, der mit der Mutter in Unfrieden lebte, dessen Erziehungsmittel Drohungen waren; die Scheidung des Vaters von der weichen und zärtlichen Mutter; die Wiederverheiratung des Vaters, der eines Tages eine junge Frau als die neue Mama nach Hause brachte. In den ersten Tagen nachher brach die Krankheit des vierzehnjährigen Knaben aus. Es ist die un-

terdrückte Wut gegen den Vater, die jene Bilder zu verständlichen Anspielungen zusammengesetzt hat. Eine Reminiszenz aus der Mythologie hat das Material gegeben. Die Sichel ist die, mit der Zeus den Vater entmannte, die Sense und das Bild des Bauern schildern den Kronos, den gewalttätigen Alten, der seine Kinder frißt, und an dem Zeus so unkindlich Rache nimmt. Die Heirat des Vaters war eine Gelegenheit, ihm die Vorwürfe und Drohungen zurückzugeben, die das Kind früher einmal von ihm gehört hatte, weil es mit den Genitalien *spielte* (das Brettspiel; die verbotenen Züge; der Dolch, mit dem man umbringen kann). Hier sind es lang verdrängte Erinnerungen und deren unbewußt gebliebene Abkömmlinge, die auf dem ihnen eröffneten Umwege sich als *scheinbar sinnlose* Bilder ins Bewußtsein schleichen (II/III, S. 623–624).

Was diese Fallbeschreibung betrifft, erhebe ich gegen Freud denselben Einwand wie gegen Jung: Beide haben die Tendenz, die Phänomene zu interpretieren. Interpretation holt die Vorstellungsbilder aus der Sphäre ihrer eigenständigen Existenz heraus und ordnet sie einem Modus des Verstehens unter, dem die Synthese fremd ist: der Welt des linearen Denkens. Den Bildern wird nicht gestattet, für sich selbst zu sprechen; statt dessen werden sie der Verzerrung durch Intellektualisierung unterworfen.

Neuerdings haben einzelne Psychologen es gewagt, über die Grenzen der etablierten Psychologie und über ihr ausschließliches Interesse am linearen, kognitiven Denken hinauszugehen; dabei haben sie gelernt, welche Bedeutung den Funktionen zukommt, die sich der rationalen Forschung entziehen (Ten Houten und Kaplan, 1973). Aber nicht alle Psychologen konnten diesen neuen Schauplatz der Forschung akzeptieren, und darin liegt ein Problem. Joseph Rychlak (1968) hat das generelle Problem der Psychologie beim Namen genannt:

Der Mensch hat seine wissenschaftlichen Methoden erdacht, und er allein kann sich seine Gedanken über den produktivsten und nützlichsten Gebrauch dieser Methoden machen.

> *Das Problem der Psychologie ist im Grunde das Problem, welchen Gebrauch der Mensch von seinem Intellekt macht.* [Hervorhebung von mir.] Bevor wir die inneren Widersprüche der Wissenschaft der Psychologie lösen können, müssen wir zunächst unsere Ansichten über das Wesen wissenschaftlicher Erkenntnis revidieren. Damit entfernen wir uns nicht etwa von unseren Schwesterwissenschaften, sondern nähern uns vielmehr ihnen an (S. 3).

Rychlak bezieht die Probleme gegenwärtiger psychologischer Forschung mit Recht auf den Intellekt und auf das Erkennen als Funktion des Intellekts. Diese Fähigkeit heißt für gewöhnlich *rationaler Prozeß*. Was jedoch bei psychologischen Forschungen zur Erörterung steht, sind die *nichtrationalen* Prozesse. Aufgrund der Vorurteile in der Wissenschaft überhaupt und besonders in der Psychologie hat man diese Prozesse irrigerweise als »irrational« bezeichnet, was als gleichbedeutend mit »unwirklich« verstanden wird.

Ken Wilber (1977) sowie Ten Houten und Kaplan (1973) haben den mutigen Versuch unternommen, die Dinge zurechtzurükken. Die beiden letztgenannten Autoren zeigen, wie sich die Psychologie vermöge ihrer eigenen Prinzipien allein mit logischen Denkprozessen befassen kann und daher diejenigen Prozesse nicht zu erforschen vermag, die Ten Houten und Kaplan appositional nennen und die nicht in den Aussagenrahmen der syllogistischen Logik passen.

Im Rahmen der syllogistischen Logik oder Aussagenlogik kann der Denkprozeß als rational oder irrational beziehungsweise logisch oder unlogisch beschrieben werden. Doch kann man den von der rechten Gehirnhälfte vermittelten Prozessen nicht mit einer Terminologie gerecht werden, die allein für die Funktionsweise der linken Gehirnhälfte gilt. Diese Prozesse nennt man auch nichtdeterministisch, weil es sie nach den Kausalgesetzen und Kausalprinzipien, die das lineare Denken beherrschen, gar nicht gibt. Es ist daher unangebracht, die von der rechten Gehirnhälfte vermittelte Aktivität als irrational oder unlogisch zu bezeichnen. Vielmehr muß man diese Prozesse *arational* oder *alogisch* nennen. Diese berichtigte Sichtweise sollte dazu beitragen, den genannten Funktionen das Stigma des »Unwirklichen« zu nehmen und ihnen ihren Platz als wirkliche und bedeutungsvolle Glieder in der Kette des geistig-seelischen Lebens zu sichern. Wenn wir unser wissenschaftliches Vorurteil ablegen, können wir diese Funktionen in produktiven Einklang mit unserem bereits bestehenden logischen Rahmen bringen.

Welche Funktion in einer Gesellschaft vorherrscht, hängt weitgehend von den sozialen Gegebenheiten dieser Kultur ab.[5] So wird zum Beispiel berichtet, daß vor dem Zweiten Weltkrieg die Gesellschaftsstruktur der Senoi, die auf der Malaiischen Halbinsel leben, das Erzählen und Deuten von Träumen begünstigte und voraussetzte (Stewart, 1969). Der Traum, eine nichtlogische, nichtlineare Bewegung, war *das* prägende Element der Senoi-Kultur. Die Senoi selbst hielten es dem schöpferischen Gebrauch des Träumens zugute, daß sie von friedfertiger Natur waren, kein Verbrechen und keine nennenswerten familiären Zwistigkeiten kannten und keine Polizei brauchten.

Das heißt nicht, daß wir das lineare, logische Denken und die von ihm erzeugte Sprache abschaffen sollten. Die Forderung lautet vielmehr, daß der abendländische Mensch die Folgen einer sozialen Konditionierung zu überwinden suche, die das harmonische Gleichgewicht der Gehirnfunktionen verhindert und uns damit einer der größten menschlichen Freiheiten – nämlich des Gebrauchs der Imagination – beraubt.

Die Erweiterung unseres therapeutischen Repertoires um einen visuellen Modus ist geeignet, ein Gegengewicht gegen die für die westliche Psychotherapie kennzeichnende Tendenz zur Wort-, Interpretations- und Theoriegläubigkeit zu schaffen. Ziel der Imaginationsarbeit ist nicht, mit dem verbalen Modus zu wetteifern, sondern vielmehr, einem Grundprinzip Nachdruck zu verleihen, das in der Wissenschaft wie in der Natur existiert: dem Prinzip der Harmonie, der Balance, der Einheit. Diese Begriffe mögen zwar nicht alle dasselbe bedeuten, aber sie beziehen sich alle auf die Vorstellung eines *Gleichgewichts*. Im Sinne dieses Prinzips des Gleichgewichts strebt der Wachtraum danach, Harmonie zu stiften zwischen der Welt der Imagination und der Welt der Empirie, dem visuellen Modus und dem lexikalischen Modus (Abb. 1, S. 32). Beide zielen darauf hin, ein Gleichgewicht der menschlichen Funktionen herbeizuführen, das dem Gleichgewicht der Funktionen in der Natur überhaupt entspricht. So öffnen wir uns der Erkenntnis, daß wir vom Beginn unseres Erdenlebens an eins sind mit der Natur – einer Natur, deren integraler Bestandteil wir sind. Aber eine falsche Erziehung und die Ammenmärchen über das, was für uns als Glieder der menschlichen Gemeinschaft »gut« und »richtig« sei, haben uns von ihr abgeschnitten.

Die Notwendigkeit, die tatsächliche Existenz von Ereignissen der Imagination klarzustellen, hängt innerlich mit einem anderen wesentlichen Punkt zusammen: Wir müssen zu der Erkenntnis gelangen, daß die Phänomene der Imagination die Sprache von Seinsbereichen sind, die wirklich und wahrhaftig da sind, auch wenn sie uns im Alltagsleben normalerweise unzugänglich sind.

Was dem Menschen bei seiner Geburt mitgegeben wird, ist die Möglichkeit, in diesen Existenzmodi und als diese Existenzmodi zu leben. Der Seinsbereich, den wir Wachleben nennen, wird vom Menschen im Modus der gesprochenen Sprache als ein linearer, logischer Denkprozeß und durch den Gebrauch der Sinnesorgane in der Welt der konkreten Materie er- und gelebt. Erst wenn wir fähig werden, gleichsam hinter die von den Sinnen in der konkreten Wirklichkeit erlebte Welt zu treten, können wir Kenntnis vom Vorhandensein anderer Seinsbereiche erlangen, die im Modus des imaginalen Denkens gelebt werden. Henry Corbin (1972) beschreibt diese Situation sehr anschaulich:

> Dabei muß hervorgehoben werden, daß die Welt, die jene fernöstlichen Theosophen sondierten, vollkommen *real* ist. Die Realität dieser Welt ist unbestreitbarer und in sich stimmiger als die Realität der empirischen Welt, in welcher *Realität* durch die Sinne wahrgenommen wird. Nach der Rückkehr aus jener Welt sind sich deren Besucher durchaus be-

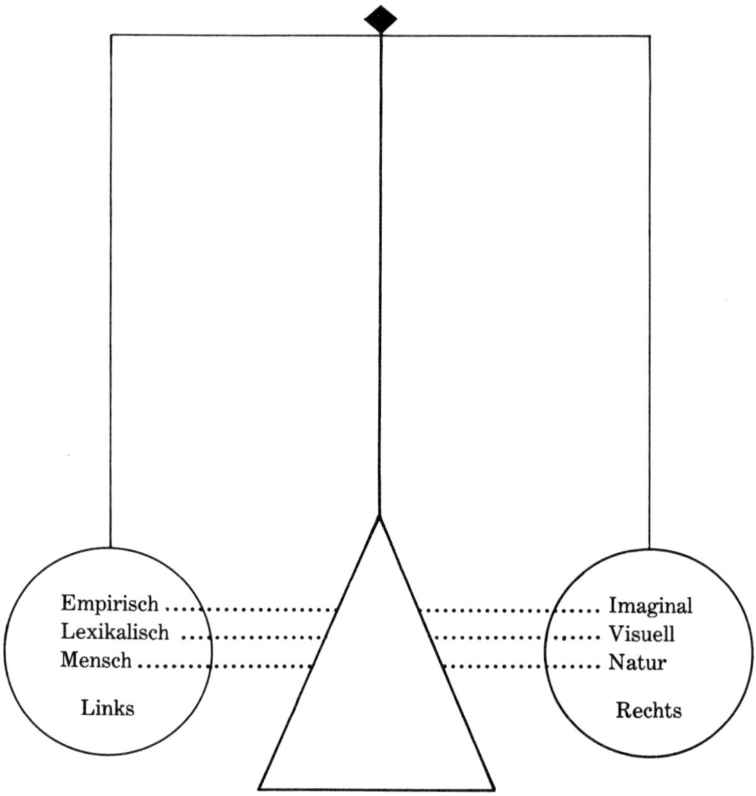

Abb. 1: Gleichgewicht der Wirklichkeitsbereiche. Jeder Bereich auf der Links-Skala hat sein Gegenstück auf der Rechts-Skala. Der empirische Bereich ist der der konkreten Wirklichkeit; ihm entspricht eine nichtmaterielle Wirklichkeit, das *Imaginale.** Wir können nach Belieben beide Bereiche erfassen. Die Artikulation des Empirischen geschieht lexikalisch, die der Imagination visuell (größtenteils). Der Bereich des Menschen ist kausal und interpretativ. Der Bereich der Natur ereignet sich phänomenologisch, das heißt ohne Interpretation. So ereignen sich imaginaler wie visueller Bereich ohne Interpretation, sondern werden akausal, in der Unmittelbarkeit des erlebten Augenblicks, erfaßt.

* Siehe ausführliche Erläuterung des Begriffs im 2. Kapitel, S. 41.

wußt, »woanders« gewesen zu sein; sie sind nicht einfach schizophren. Jene Welt ist hinter dem Akt der Sinneswahrnehmung verborgen und muß unter dessen scheinbar objektiver Gewißheit gesucht werden. Aus diesem Grund können wir sie keinesfalls als *imaginär* im gängigen Sinne des Wortes, das heißt als unwirklich oder nichtexistent einstufen. (S. 15) [Alle Hervorhebungen vom Autor]

Das bedeutet aber, daß der Mensch in verschiedenen Existenzen lebt, von denen das Wachleben nur eine ist. Eine andere Existenz ist die des Traumes, die vom phänomenologischen Standpunkt aus wirklich ist und als wirklich anerkannt werden sollte. Es ist eine Existenz in der Form, nicht in substantieller Materie. Traumereignisse sind von großer Plastizität und Flexibilität. Die Zeit spielt keine beherrschende Rolle, und der Raum ist leicht zu überwinden. Die logische Reihenfolge wird außer Kraft gesetzt; dennoch erscheinen Wesen, Begebenheiten kommen vor, und persönliche Erlebnisse, darunter auch sensorische, ereignen sich. Was ich hier in bezug auf den Traum ausführe, kann als ein phänomenologisches Paradigma dafür aufgefaßt werden, wie jegliches imaginale Erleben, gleichgültig welcher Art, zu sehen ist.[6]

Im Gegensatz zur phänomenologischen Sichtweise gehört zu den wesentlichen Elementen des herkömmlichen Traumverständnisses die Unterteilung des Traumes in einen »manifesten« und einen »latenten« Inhalt. Diese Unterteilung bedeutet eine unmittelbare Entwertung des Traumphänomens und widerspricht der von Freud am Anfang der *Traumdeutung* geäußerten Ansicht, daß der Traum einen sinnvollen Platz in der Seelentätigkeit des Menschen einnimmt. Dadurch, daß man den Traum nicht als eine Form des menschlichen Erlebens anerkennt, die das Verhältnis des einzelnen zu seinem Leben enthüllt und ausdrückt und daher aus sich selbst heraus wahr ist, verweigert man dem Traum die ihm gebührende Bedeutung als einer der Seinsbereiche des Menschen. Statt dessen heißt es, der manifeste Traum sei die Verkleidung, unter der sich der angeblich vorhandene latente Trauminhalt verberge. Diese Betrachtungsweise bedeutet eine unmittelbare Entwertung des Phänomens und beraubt es seiner Wirklichkeit.

Der phänomenologische Bezugsrahmen kennt eine solche Unterscheidung zwischen manifestem Traum und latentem Trauminhalt nicht; vielmehr geht man mit der Überlegung an das Traumerlebnis heran, daß der Traum eine reale Existenz ist, in der dem Träumenden konkrete sensorische Erlebnisse begegnen. Der Traum ist daher weder die Verkleidung für irgendeine angebliche latente Bedeutung, noch ist er ein metaphorischer Kommentar. Er ist eine aufschlußgebende Aussage, gewöhnlich in visueller Form, über das Verhältnis des Träumenden zu seinem Leben. Er wird auch nicht von der »Psyche« des Träumenden als visuelle Metapher konstruiert. (Diese Auffassung führt meines Erachtens zu störenden psychologischen Konsequenzen insofern, als sie die Tendenz zum Narzißmus fördert. Das heißt, der Traum wird etwas, das »ich mache«, nicht etwas, das wir finden.) Aufgabe des Träumenden ist es, seinen Traum von der Warte des Wachlebens aus zu betrachten und ihn enthüllen zu lassen, welche Möglichkeiten und Potentiale der Verwirklichung ihm, dem Träumenden, offenstehen beziehungsweise verschlossen sind (Boss, 1977).

Wenn wir uns den phänomenologischen Grundsatz zu eigen machen, daß auch nichtmaterielle Räumlichkeit und nichtmaterielle Form Teil der Wirklichkeit sind, können wir die Möglichkeiten menschlichen Erlebens um Erlebnisse erweitern, die wir als »abweichend« oder »irrational« empfinden. Die Anerkennung der Wirklichkeit einer nichtmateriellen Räumlichkeit und Form gestattet uns, auf das mühsame Auseinanderhalten von »Rationalem« und »Irrationalem« zu verzichten und die Echtheit und Authentizität jeglichen Erlebens anzuerkennen, sei es nun substantiell oder nicht.

Angesichts der gegenteiligen Gewohnheiten und Indoktrinationen, die man uns als Kinder wie als Erwachsene einimpft, ist ein solches Umdenken schmerzhaft. Diese neue Art, die Wirklichkeit zu betrachten, verträgt sich nicht mit gegenwärtig gängigen Auffassungen. Doch wenn man im Ernst versucht, das neue Wirklichkeitsverständnis zu erlangen und das mit diesem Versuch verbundene Leiden auszuhalten, kann das Ergebnis der Mühe sehr wohl wert sein; denn es läßt uns die Wirklichkeit in einem neuen Licht sehen. Man wird es dann nicht mehr so wichtig finden, die Existenz eines anderen Menschen auf ihre »Korrektheit« im Sinne der eigenen, vorgefaßten Vorstellungen über »Wirklichkeit« hin zu beurteilen.

So wie wir Menschen geboren werden, werden alle Existenzen geboren. Das ist die Bedeutung des Wortes »ontisch«: das, was existiert und wirklich ist. Das Weltall und die Erde sind in einem ständigen Schöpfungsprozeß begriffen. Menschen bringen hervor und werden hervorgebracht. Wir können die Grenzen unserer körperlichen Existenz überschreiten, um andere Schöpfungen zu erleben. Unsere Selbstüberheblichkeit erlaubt uns jedoch nicht, anderen Schöpfungen den Status des Ontischen einzuräumen, besonders, wenn es keine Schöpfungen von unserer eigenen Hand sind. Die Naturwissenschaft stellt stets den Menschen in den Mittelpunkt der Erfahrung. Er ist es, der Träume, Phantasien, Halluzinationen und dergleichen macht oder hervorbringt. Wie auf uns selbst zentriert wir doch sind! Wir versuchen, alles zu beherrschen, was uns vor Augen kommt, sei es die Natur, andere Menschen oder räumliche Bezirke, die wir nicht erfassen können. Diese voreingenommene Einstellung erlaubt uns nicht, den Ereignissen, die uns von draußen ansprechen, die also nicht ein »Produkt unserer eigenen Hand« sind, ontologisches Sein zuzubilligen.

Nur das Erleben kann uns von der Wahrheit eines nicht von Menschenhand gemachten Bildes oder Ereignisses überzeugen. Ein solches Ereignis kann als Potential des Seins aufgefaßt werden, das sich im Alltagsleben verwirklichen oder nicht verwirklichen kann. (Dieses »sich im Alltagsleben verwirklichen« wird gleichbedeutend gebraucht mit »leben«, »tun«, »handeln«, was alles wiederum gleichbedeutend ist mit »werden«.) An dieser Stelle müssen wir die herrschende Auffassung der dynamischen Psychologie, der zufolge das verbale Denken als »Probehandeln« ein wesentlicher Schlüssel zur Selbsterkenntnis ist, ergänzen um die Lehre der phänomenologischen Synthese, die die Bedeutung der »Handlungsprobe« betont.

Die Annahme, Denken sei »Probehandeln«, führt letztlich zu einer Akzentsetzung, die sich von der des Wachtraums unterscheidet. Die Auffassung, daß Denken »Probehandeln« ist, führt zu der Schlußfolgerung, daß das Denken dem Handeln vorangehen muß, um eine angemessene »Realitätsprüfung« zu ermöglichen. Dieses »Probehandeln« soll letztlich ein auf »Realitäts«-Erwägungen basierendes »angemessenes« Handeln erleichtern. Mit dieser Auffassung übernimmt man zugleich ein ganzes System von philosophischen Voraussetzungen über das, was »Realität« und »Realitätsprüfung« konstituiert.[7] Mit dieser philosophischen Sicht geht dann oft die irrige Annahme einher, daß Denken Handeln ist oder Handeln ersetzt. Als Folge der Idee des »Probehandelns« hat sich eine schiefe Vorstellung von jenem Verhalten herausgebildet, das man heute »Ausagieren« nennt. Strenggenommen bezeichnet dieser Begriff ein klinisches Phänomen im Verhalten des Patienten, das sich gegen den Therapeuten richtet, aber eigentlich einem Menschen außerhalb der Behandlungssituation gilt. Das Wort wird stets abschätzig verwendet, wenn Kliniker es zur Beschreibung des Verhaltens von Patienten gebrauchen. In einem System, welches das »Probehandeln« höher bewertet als das »Ausagieren«, ist es nur »natürlich«, daß das gesprochene Wort eine bevorzugte Stellung gegenüber anderen Ausdrucksformen erlangt und zum Maßstab wird, an dem man menschliches Handeln mißt. Alles, was die zentrale Stellung des »Probehandelns« erschüttern könnte, wird zwangsläufig als dem therapeutischen Unternehmen abträglich betrachtet. Vom Standpunkt der dynamischen Psychologie gibt es kaum etwas Berechtigteres als das »Probehandeln«; denn für sie sind Worte das Erz, aus dem ein »vernünftiges Verstehen unserer Welt« geschmiedet werden kann.

Vom phänomenologischen Standpunkt aus sind dem Verstehen Schranken gesetzt, wenn man versucht, dem Erleben »Sinn zu geben«, das heißt, die Kausalbeziehung zwischen Ereignissen festzustellen. Mit diesem Denken wird die Hoffnung geweckt, daß unsere Vernunft über alle Leidenschaften und Triebausbrüche triumphieren werde und diese für nützlichere Zwekke einspannen könne. Nach phänomenologischer Auffassung hängt unsere Entwicklung dagegen von der Verwirklichung jener Potentiale in der konkreten Welt ab. Hier bekommt das Wort *dynamisch* seine eigentliche Bedeutung: die Bewegung oder Verwandlung von etwas Formlosem in seine wahre Form, wie etwa von einem Stück Holz, das zu einem Tisch wird. Verwirklichung erfordert das tatsächliche Handeln, während das Denken als Probehandeln dazu tendiert, angemessenes Handeln eher zu hemmen als zu fördern. Die phänomenologische Position vertritt den Standpunkt, daß die eigentliche Funktion des Denkens – als »Probehandeln« mit dem verbalen Modus verknüpft – darin besteht, das »Wie« des Erlebens zu bestimmen. Dagegen ist es ungeeignet, das »Was« oder »Wann« des Erlebens zu bestimmen.

Lineares Denken kann nicht die Grundlage für Erleben abgeben, am wenigsten ein Denken, das habituell Ergebnisse antizipiert, Ziele sucht oder weiß, was es zu erwarten hat, kurzum ein zukunftsbezogenes Denken. Da ein solches Denken mit »Dingen« verknüpft ist, wurzelt es in der Vergangenheit, in der es weder Neuartigkeit noch Einzigartigkeit gibt. Unser gewohntes Denken auf die Zukunft anzuwenden, ist im Prinzip »magisch«, weil hierdurch die Zukunft als etwas konzipiert wird, das bereits existiert und daher der Gestaltung zugänglich ist. Doch die Zukunft ist per definitionem unbekannt und ein Potential ohne Form. Die Vorstellung der Zukunft als eines zu gestaltenden *Dinges* liegt allen Gesprächstherapien zugrunde, die auf der Entfaltung von kausalverknüpftem Denken basieren.

Lineares Denken kann nur aus vergangenen Erlebnissen erwachsen, die es als konkrete Dinge ansieht. Daraus folgt natürlich, daß lineares Denken entsprechend auch die Zukunft als Ding konzipiert, das demzufolge allein von der Vergangenheit bestimmt wird. Eine solche Tendenz ist »magisch«, weil die Zukunft kein Ding ist und sich daher der Erfassung durch lineares Denken entzieht. Die Zukunft als Potential ist erfaßbar nur durch Verwirklichung im Erlebensmodus des Handelns. In gleicher Weise bringt der Akt der Imagination einen Akt der Entdeckung mit sich.

Eine Psychologie des Erlebens ist gleichzusetzen mit einer Psychologie des Werdens; Werden bedeutet Handeln, Erleben, Tun, Leben. Unsere Auffassung kehrt die Vorstellung um, daß Denken als »Probehandeln« eine »Realitätsprüfung« und eine »Beziehung zur Realität« erlaube. Nur Erleben führt zur Erkenntnis der Wirklichkeit. Worte zeugen neue Worte, aber sie können nicht in Erleben umgesetzt werden. Worte können gebraucht werden, um Erleben zu beschreiben; aber sie sind kein Ersatz für Erleben. Auch können sie das Erleben nicht analysieren oder interpretieren (obgleich sie gerade zu diesem Zweck gemeinhin benutzt werden), ohne es zu verzerren, zu verwässern und zu intellektualisieren.

Das Abstrahieren des Erlebens zu Wortformen unterschlägt die Echtheit dessen, was uns im Erleben begegnet. Interpretierend gebrauchte Worte können das reine Jetzt des gegenwärtigen Augenblicks nicht einfangen. Statt dessen werden die Qualitäten des Erlebens von der Logik und dem Wunsch, dem Erleben »Sinn zu geben«, umgebildet. Wir lassen die Logik zu dem Schluß kommen, das, was in Wirklichkeit ein subjektives Erleben oder Bewerten ist, sei objektiv. Das ist eine irrige Übersetzung; denn dabei wird verkannt, daß logisches Denken stets einem subjektiven Grund entspringt. Diese Tendenz hat zur Folge, daß man sich auf die Bewegung des logischen Prozesses und nicht auf die Unmittelbarkeit des Erlebens konzentriert.

Alle Formen des Erlebens, auch das Imaginieren, sind nichtdeterministische, akausale Ereignisse. Es gibt hier keine parallele Bedingtheit, wie man sie im Ursache-Wirkung-Denken findet, bei dem zwei Elemente stets durch den Einfluß des einen Elements auf das andere miteinander zusammenhängen oder aufeinander bezogen sein müssen. Die Welt der Imagination und des Traums gehorcht ihren eigenen Gesetzen, die für die Denktätigkeit in der Wachwelt keine Geltung haben.

Und trotzdem werden die vom linearen Denken beherrschten

Gesetze der Wachwelt dazu benutzt, die Existenz und die Bedeutung der Imaginations- und der Traumwelt zu erklären, die doch akausalen, nichtdeterministischen Gesetzen gehorcht. Diese Anwendung ist, weil verfehlt, wissenschaftlich anfechtbar (Schrödinger, 1954).

Eine falsche Vorstellung von der Wirklichkeit, die sich auch auf die Behandlung von emotionalen Problemen auswirkt, ist der Glaube, das Erleben könne in lineare Interpretation übersetzt werden. Wenn Verhalten nach logischen Kriterien bewertet wird, in denen verbales Denken als die Ursache des Handelns aufgefaßt wird, kommt es zu Fehlübersetzungen. Aber was, wenn lexikalisches Denken und Handeln nur verschiedene Aspekte ein und desselben allumfassenden Beziehungsgeflechts von natürlichen Phänomenen sind, wobei jeder dieser Aspekte ein Modus mit eigener Ausdrucksform ist? So gesehen, würde man jede Ausdrucksform als solche gelten lassen: als eine Möglichkeit, in der Welt zu existieren. Wenn wir anerkennen, daß Verhalten nicht allein nach logischen Kriterien beurteilt werden darf, dann könnte es uns gelingen, unsere Vorurteile bezüglich dessen zu überwinden, was »Normalität« konstituiert – von der jede Abweichung als »pathologisch« gilt. Gegenwärtig stützt sich die Psychiatrie auf eine umfassende Taxonomie, die alle jene Verhaltensweisen, Beziehungen, Denkprozesse und Stimmungsvarianten als »Abweichung« definiert, die nicht einer hypothetischen Norm entsprechen – einer Norm, welche bisher noch niemand eindeutig definiert oder nachgewiesen hat. Unsere subjektive Einschätzung dessen, was »normal« ist, basiert auf vagen Eindrücken und Spekulationen, die als »Realität« gelten. Ist diese subjektive Einstellung einmal als einzige oder primäre »Realität« anerkannt (wie es in der modernen Psychiatrie der Fall ist), dann wird jede »Abweichung« von diesem nunmehr als »objektiv« angesehenen Standard als »unwirklich« oder »abnorm« bezeichnet.

Derzeit unternimmt die »objektive Psychologie« den Versuch, diesen grundsätzlich subjektiven Wert dadurch zu quantifizieren, daß sie die subjektive Einschätzung in eine »objektiv«

faßbare übersetzt. Die Folge dieser psychologischen Verrenkungen ist, daß wir das Erleben seiner Eigenständigkeit berauben, oder besser gesagt: wir biegen es nach dem zurecht, was wir uns darüber ausgedacht haben. Sobald wir uns vom Erleben zum »Denken über Erleben« bewegen, beginnen wir, Werturteile darüber zu fällen, wer was tut und ob das, was er tut, richtig oder falsch ist.

Mit einem Wort, Erleben ist nicht durch logisches Denken zu erfassen. Das Reich der Imagination, das auf den folgenden Seiten beschrieben wird, ist Wirklichkeit, wenn man es von der Warte des lebendigen Erlebens aus betrachtet. Dieses Reich hat im qualitativen (nicht im quantitativen) Sinne räumliche Ausdehnung. Es ist nicht den Gesetzen der Zeitlichkeit unterworfen. Es ist auch keine »Projektion«, die ein materielles Gehirn aus einer hypothetischen Psyche erzeugt hätte. *Wir suchen, erfahren und erkunden dieses Reich auf genau dieselbe Weise wie die materielle Welt: mit unseren fünf Sinnen.* Diese anderen Ebenen der Wirklichkeit, in der wir leben, lassen sich entdecken. Der nächtliche Traum ist, wie schon erwähnt, ein Beispiel für eine solche Existenz, einen solchen Bereich, *in dem wir leben.* Von diesen Erlebnissen ausgehend, können wir dazu gelangen, alle gelebten Modi menschlicher Existenz vorurteilslos als echt zu akzeptieren. Wir hindern unsere Vorurteile daran, *eine* Form des Seins (beispielsweise jene, die sich durch Imagination manifestiert) in eine andere (jene, die sich durch lineares, logisches Denken manifestiert) zu übersetzen oder durch sie zu erklären.

Daher fordere ich den Leser auf, mit mir diesen intuitiven und zugleich durchaus logischen Sprung aus der Welt unseres linearen Denkens in die Welt der Imagination zu tun. So werden wir darangehen können, eine Theorie der menschlichen Erkenntnis zu konstruieren, die auch das für menschliches Erleben charakteristische seelische Leiden einbezieht. Wir werden uns von einem Wissen durch den Intellekt zum Wissen durch gelebte Erfahrung bewegen; wir werden vom Verstehen zur Weisheit gelangen und zuletzt ein Gleichgewicht erreichen.

2 Voraussetzungen

Vor dem Aufkommen der kartesianischen Revolution im westlichen Denken wurde die Imagination hoch geschätzt und an ihrer Realität nicht gezweifelt. Ja, sie galt als der Hauptansatzpunkt bei der Behandlung körperlicher und emotionaler Störungen (McMahon, 1976). Dann kam Descartes und sagte unter anderem, die Imagination sei »unwirklich«, weil sie nicht der Erfassung durch die Ratio zugänglich sei. Die Anerkennung dieser kartesianischen Voraussetzungen hatte tiefgreifenden Einfluß auf die westliche Medizin und Psychotherapie, für die seither die empirische Erfahrung an oberster Stelle steht. Bis heute ist kein systematischer Versuch unternommen worden, dieses Ungleichgewicht zu korrigieren. Als erstes müssen wir versuchen, die verzerrte semantische Beurteilung der Begriffe *Imagination*, *imaginal*, *Vorstellungsbild* und *Vorstellungstätigkeit* zu berichtigen.

Folgen wir den scharfsinnigen Ausführungen Corbins (1972):

> Imaginär wird in Anlehnung an den lateinischen Sprachgebrauch gleichgesetzt mit dem, was »unwirklich« ist . . . etwas, das sich außerhalb des Seins und Existierens befindet . . . Vergleichen wir demgegenüber das *Reich des Imaginalen . . . Eine erlebte Erfahrung im Raum; ein Raum, der konkrete Lokalisierung transzendiert und sich der Meßbarkeit entzieht.* [Hervorhebung von mir.] Dieser Raum ist das Bindeglied für Ebenen von Realitäten, die uns natürlicherweise auch der Dimension der durch die Bewegung der Uhr gemessenen Zeit entrücken . . . Ein Existenzmodus, dessen Aktualisierung Ausdruck seiner Präsenz in diesen Welten ist . . . Die Welt des Bildes ist ontologisch real, und zwar ebenso real wie die Welt der Sinne. Sie bedient sich ihres eigenen Wahrnehmungsvermögens, nämlich der imaginativen Kraft, die einen noëtischen Wert besitzt. In ontologischer Hinsicht ist Imagination eine Funktion des Reichs des

Imaginalen und immaterieller als die Sinneswelt ... Im Reich der analogen Erkenntnis ist Imagination das Instrument, welches es erlaubt, von außen nach innen vorzudringen. (S. 1, 7)

Östliche Anwendungsformen

Im fernöstlichen Leben besteht kein Zweifel an der Realität der Imagination und der Einbildungskraft.[1] Dort sind Wert, Kraft und Funktion der Vorstellung stets anerkannt worden. Einer der Gründe für diese Anerkennung liegt in der allgemeinen Lebensphilosophie fernöstlicher Kulturen. Kurz gesagt: eine der grundlegenden Voraussetzungen fernöstlicher Philosophie kommt in dem Satz zum Ausdruck: »Ich bin.« Die Erweiterung dieses Satzes lautet demgemäß: »Alles ist.« Wenn alles ist (das heißt, eine Existenz hat), dann hat auch die Imagination Existenz. Die Hauptprämisse der nachkartesianischen westlichen Philosophie lautet: »Ich denke, also bin ich«, womit der Prozeß des rationalen Denkens zum Maßstab gemacht wird, an dem alles Denken gemessen wird. Statt sich am Imaginalen zu stören, akzeptiert der Mensch des Ostens dessen Gültigkeit und vermag daher die Natur des Imaginalen auf dem Wege des Erlebens zu erkunden. Damit kann er eine Menge über die menschliche Existenz lernen und Möglichkeiten finden, das Imaginationsleben in die Lebenspraxis des Alltags einzubinden. Einige der östlichen Kulturen, namentlich die chinesische, die tibetanische und die islamische, zeigen eine große Affinität zum Imaginalen.

In den vergangenen 4000 Jahren hat das große chinesische Buch *I Ging* oder *Buch der Wandlungen* den Haupteinfluß auf das gesamte chinesische Leben ausgeübt.[2] Das Buch ist aufgebaut auf acht Grundzeichen, die mit Elementen der natürlichen Welt wie Wind, Wasser, Berg, Feuer usw. zusammenhängen. Es enthält 64 Hexagramme sowie Kommentare dazu.[3] Der Benutzer des *I Ging* wirft 49 Schafgarbenstengel, wobei er sich auf diejenige Frage konzentriert, welche das Orakel beantworten soll. Die entstandene Anordnung der Stengel verrät, welches Hexagramm der Ratsuchende befragen muß. Die Chinesen glauben, daß die Hexagramme alles Wissen von der menschlichen Existenz enthalten und die Natur der Menschheit allgemein sowie die des einzelnen Ratsuchenden repräsentieren. Das Allgemeine ist mit dem Besonderen verknüpft, weil die Chinesen glauben, daß es *erstens* keinen Unterschied zwischen Innen und Außen gibt, und daß *zweitens* die Anordnung der Schafgarbenstengel zwar auf dem Prinzip des Zufalls beruht, aber die Grenzen von Zeit und Raum transzendiert, so daß Mensch und Natur für einen Augenblick verschmelzen.

Auch der tibetanische Buddhismus macht in eindrucksvoller Weise von der Imagination Gebrauch. In der tibetanischen Praxis[4] wendet man sich eine Zeitlang von der äußeren Welt der konkreten Realität ab und versucht, die Sinne nach innen zu richten, um dort andere Ebenen des Bewußtseins zu finden, von denen jede ihre charakteristischen Bewohner hat. Man begegnet dort »jenseitigen Geschöpfen« von verschiedenster Art. Man erkennt die grundsätzliche Einheit alles Existierenden und erfährt eine entsprechende Verkleinerung des persönlichen »Ichs«.

Diese imaginalen Einsichten hält die tibetanische Kunst auf sogenannten Tangkas anschaulich fest. Auf ihnen wird die ganze bunte Vielfalt des Seelenlebens vor dem Hintergrund des symbolisch dargestellten Sakralen wiedergegeben, mit dem es eine untilgbare Einheit bildet. Auch hier werden diese in der Imagination wahrgenommenen und erlebten Bereiche des Bewußtseins als vollkommen wirklich angesehen; sie sind nicht nur von tiefem Sinn erfüllt, sondern haben auch ungeheuren Einfluß auf die alltägliche Lebensführung.[5]

Weiter westlich stoßen wir auf die Imagination im Rahmen des Judentums und des ihm eng benachbarten Islam. Das Rückgrat jüdischen Lebens ist die Thora. Die Thora umfaßt sowohl das Gesetz selbst als auch dessen geschichtliche und kulturelle Überlieferung, die das Alltagsverhalten der Juden ebenso wie das spirituelle und esoterische Wissen von der Natur der Wirklichkeit bestimmt. Diese zweite (esoterische) Form der Erkenntnis heißt Kabbala. In diesem kabbalistischen Kontext wanderte im ersten Jahrhundert Rabbi Akiba mit Hilfe einer als »Thronmystik« bezeichneten Form der spirituellen Betätigung durch seelische Räume, sogenannte Paläste, in denen visuelle Vorstellungen erlebt wurden. Auch Abraham ben Samuel Abulafia, ein Kabbalist des 13. Jahrhunderts, benutzte Imaginationsübungen, um Buchstaben des hebräischen Alphabets vor seinem geistigen Auge erscheinen zu lassen, die dann unterschiedliche Formen annahmen.

Doch während andere große Kulturen, etwa die chinesische, japanische, indische und indianische, ein Ineinandergreifen dieser beiden Formen erreicht haben, um ihr Alltagsleben zu bereichern, hat das Judentum aus vielen Gründen die kulturellen und historischen beziehungsweise rechtlichen und sittlichen Aspekte seiner Tradition stets auf Kosten des Imaginalen betont.[6]

Westliche Anwendungsformen

Ein wenig beachteter Trend in der Behandlung emotionaler Störungen kam in den dreißiger Jahren unseres Jahrhunderts in Europa auf. Zu dieser Zeit hatte man sich in Europa und anderswo die Lehren Freuds und anderer Analytiker bereits so gründlich angeeignet, daß man der Arbeit einzelner, unabhängiger Therapeuten in Deutschland und Frankreich wenig Aufmerksamkeit schenkte. Sie versuchten, in ihrer Behandlungsmethode die praktische, geistig-seelische Disziplin der Meditation mit der herrschenden Psychodynamik zu verbinden. Das Ziel war, Vorstellungen aus der östlichen Psychologie in die westliche Kulturtradition einzuführen. Die wichtigsten Wegbereiter waren Carl Happich (1965), Robert Desoille (1966), Wolfgang Kretschmer (1965), Hanscarl Leuner (1969, 1975), Roberto Assagioli (1965) und C. G. Jung (1954).

Carl Happich und Robert Desoille entwickelten ihre Techniken in den dreißiger Jahren. Desoille war der produktivere Autor, doch sind die meisten seiner französisch geschriebenen Schriften bisher noch nicht ins Englische übersetzt. Desoille nannte seine Methode *rêve éveillé dirigé*, gesteuerter Wachtraum. Er entwickelte einen Satz von Motiven – Berg, Höhle, Wiese usw. –, die der Patient erforschen mußte.

Desoille entwarf imaginale Motive, die dem Individuum helfen sollten, das, was es für die Grundaspekte des Daseins hielt, unmittelbar zu erleben. Diese Motive sind:

1. Primäre Charaktermerkmale
   a) Ein Mann betrachtet ein Schwert
   b) Eine Frau trägt ein Gefäß oder einen Behälter
2. Eher verdrängte Charaktermerkmale
   a) beide Geschlechter tauchen in das Meer hinab
3. Verhältnis zum gegengeschlechtlichen Elternteil
   a) Ein Mann steigt in eine Höhle hinab, wo er einer Hexe oder Zauberin begegnet
   b) Eine Frau steigt in eine Höhle hinab, wo sie einem Zauberer begegnet
4. Verhältnis zum gleichgeschlechtlichen Elternteil
   a) Ein Mann steigt in eine Höhle hinab, wo er einem Zauberer begegnet
   b) Eine Frau steigt in eine Höhle hinab, wo sie einer Hexe oder Zauberin begegnet
5. Bewältigung gesellschaftlicher Zwänge
   a) Beide Geschlechter steigen in eine Höhle hinab, wo sie einem Drachen begegnen
6. Bewältigung der ödipalen Situation
   a) Ein Mann ist der Prinz im Dornröschenschloß
   b) Eine Frau ist Dornröschen

Die in diesem Buch entwickelte Methode weicht von der Methode Desoilles in einem wesentlichen Punkt (unter anderen) ab: Das Erlebnismaterial kommt vom Patienten, und zwar, genauer gesagt, aus dem Traumleben des Patienten. Es ist also der Patient, nicht der Therapeut, der den zur Verwendung bestimmten Ausdrucksmodus beisteuert und aussucht.

Happich und Desoille (sowie die anderen, zuvor erwähnten Autoren, mit Ausnahme Jungs) begannen jede Sitzung mit einer meditativen Entspannungsübung. So konnte der Patient die seelischen Vorstellungsbilder in einem Zustand des veränderten Bewußtseins[7] sondieren, der sich von dem Zustand, wie wir ihn normalerweise im Wachleben erleben, unterscheidet. Die Autoren berichten, daß die Patienten in diesem Zustand leichteren Zugang zu visuellen Vorstellungsbildern hätten, die ihrer Meinung nach oft intensive emotionale Reaktionen hervorriefen.

Ihre Methode sah im wesentlichen so aus: Der Patient mußte sich auf eine Couch legen oder sich (wenn es nicht anders ging) in einen Sessel setzen, und zwar so, daß er den Therapeuten nicht sehen konnte. Dann entspannte er sich mit Hilfe einer einfachen, hauptsächlich auf der Regulierung der Atemtätigkeit beruhenden Meditationstechnik. Danach mußte er sich einen bestimmten Ort vorstellen, etwa eine Wiese, einen Wald, einen Berg oder ein Gewässer. Dann mußte er sich in Gedanken an diesen Ort versetzen und dort irgend etwas tun. So mußte der Patient beispielsweise über die Wiese oder durch den Wald gehen und dem Therapeuten beschreiben, was er dabei sah, hörte, fühlte, schmeckte, roch und empfand. Oder der Patient mußte den Berg erklettern und beschreiben, was er dabei sah und welche emotionale Erfahrung er dabei machte. In das Gewässer mußte der Patient eintauchen, einen Gegenstand, den er auf seinem Grund fand, aufnehmen und ihn an die Oberfläche bringen. Dann mußte der Patient diesen Gegenstand an das Ufer tragen, ihn untersuchen und dem Therapeuten mitteilen, was er entdeckt hatte. Der Patient konnte auch aufgefordert werden, mit diesem Gegenstand durch den Wald oder über die Wiese zu laufen oder einen Berg zu erklimmen, während er gleichzeitig beschrieb, was er erlebte. Diese Exkursionen nannte man gesteuerte Wachträume.[8] Hanscarl Leuner (1969, 1975), ein deutscher Psychoanalytiker, hat diesen Ansatz mit der analytischen Technik kombiniert. Er hat von sehr vielen erfolgreichen Behandlungen berichtet, die in einem Zeitraum von sechs Monaten abgeschlossen wurden. Die Patienten blieben über einen Beobachtungszeitraum von sechs Jahren stabil.

Leuner versucht die Methode Desoilles zu erweitern, indem er die Zahl der ursprünglich von Desoille beschriebenen Motive erhöht. Leuners Technik, *guided affective imagery* (im Deutschen: katathymes Bilderleben, Anm. d. Red.), benutzt zehn Motive. Zu Beginn der Sitzung wird eins davon dem Patienten, der auf einer Couch liegt, vorgeschlagen:

1. Auf einer Wiese stehen (ein neuer Anfang)
2. Einen Berg ersteigen (die Lebenssituation meistern)
3. Einem Bach aufwärts zur Quelle oder abwärts zum Meer folgen (der Fluß seelischer Energie und das Potential für seelische Entwicklung)
4. Ein Haus (Symbol für die Person; ein Schloß deutet auf Großspurigkeit, eine dürftige Hütte auf Mangel an Selbstachtung)
5. Ein naher Verwandter (Beziehung zur Familie)
6. Bei einem männlichen Patienten: ein Rosenbusch; bei einem weiblichen Patienten: eine leere Straße auf dem Lande (sexuelle Gefühle)
7. Ein Löwe (Aggression)
8. Eine Person desselben Geschlechts (das ideale Selbst)
9. Ein dunkler Wald oder der Eingang zu einer Höhle (tief verdrängte Gefühle; gewöhnlich erscheint eine Hexe oder ein Riese)
10. Ein Morast am Rande der Wiese (verdrängte instinktive, archaische Gefühle in bezug auf sexuelle Wünsche)

In seinem neuesten, auf Englisch veröffentlichten Bericht (1975) teilt Leuner einige Daten über die Entwicklung von Fällen mit, in denen Patienten vor und nach der Anwendung seiner Methode beurteilt wurden. Diese Gruppe wurde mit einer Kontrollgruppe verglichen, die wegen derselben manifesten Symptome, aber ohne die Anwendung des katathymen Bilderlebens behandelt worden war. Anscheinend kann Leuner nachweisen, daß die Symptome bei der Anwendung von katathymem Bilderleben signifikant schneller abklingen als mit anderen Techniken.

Von den bisher zitierten Autoren erwähnt niemand eine Anwendung der Traumanalyse, die über die Formulierungen Freuds hinausgeht oder von ihnen abweicht. Doch Roberto Assagioli (1965), der Begründer der Psychosynthese, hatte einen neuen Einfall, um Assoziationen zu Traumelementen zu erhalten. Im Prinzip mußte der Patient ein Gespräch mit einem Menschen fortsetzen, dem er im Traum begegnet war; oder der Patient mußte sich einer ausgedehnten Imaginationssitzung unterziehen, die mit einem ungelösten oder konflikthaften Zwischenfall aus dem Traum begann. Assagiolis Anhänger legen weniger Gewicht auf Träume, als es Psychoanalytiker tun. Sie benutzen eine Technik der Imagination, bei der man sich an die Stelle eines anderen versetzt und dessen Verhalten ausführt (im Gegensatz zu Moreno, dem Begründer des Psychodramas, der die Patienten ihre eigenen Gedanken im Rollenspiel ausagieren ließ). Assagioli betonte den bewußten Willen, der durch eine Reihe von seelischen Übungen, die dem Individuum bei der Überwindung neurotischer Schwierigkeiten helfen können, gestärkt werden könne.

Auch Jung bediente sich einer vergleichbaren Technik, die er *aktive Imagination* nannte; im wesentlichen ging es darum, daß der Patient einen Traum vollenden mußte, der durch das Erwachen des Träumenden unterbrochen oder abgebrochen worden war.

Gegenwärtig gibt es, außer den bereits genannten, eine Reihe von Therapeuten in den USA und Europa, die sich in der einen oder anderen Weise einer Imaginationstechnik bedienen. In den USA wurde Jerome Singer[9] bekannt dafür. Singers Methode, die er bei Kindern und bei Erwachsenen anwendet, nimmt Tagträume als Ausgangspunkt für die Erkundung des »Innenlebens« des Patienten. Er hat keine eigene Technik entwickelt, sondern kombiniert eine Technik der Verhaltensmodifikation mit gewissen Methoden, die er von verschiedenen, in seinem Buch ausführlich beschriebenen europäischen Therapeuten entlehnt hat. Einen wohl einzigartigen Beitrag hat Singer auf dem Gebiet der Forschung geleistet, wo er die physiologischen Korrelate des Erlebens von Vorstellungsbildern brillant demonstriert hat (Singer und Pope, 1978).

Mardi Horowitz, ein Psychoanalytiker, der auf dem Gebiet der Entstehung von Vorstellungsbildern arbeitet, schlägt eine interessante These über die menschliche Wahrnehmung der äußeren Welt vor (1970). Zwar kann im phänomenologischen Bezugsrahmen eine These niemals als Beweis für die Existenz einer Funktion wie der Imagination dienen, doch ist Horowitz' These gleichwohl von Interesse für unsere Einstellung zum Wachtraum. Er schlägt vor, alle Wahrnehmungsmodi als ebenbürtig zu betrachten. Kein Wahrnehmungsmodus ist einem anderen als Reaktion auf das Wahrgenommene überlegen, und umgekehrt wird kein Wahrnehmungsmodus als pathologisch betrachtet. Horowitz postuliert drei fundamentale Modi der Reaktion auf das Wahrgenommene: den lexikalischen, den visuellen und den aktionalen Wahrnehmungsmodus. Er sagt, daß der menschliche Organismus in der Begegnung mit der äußeren Welt seine Wahrnehmungen unmittelbar aufnimmt, als Gestalt, das heißt als Gesamtkonfiguration. Während diese Gesamtwahrnehmung vom Gehirn vermittelt wird, reagiert der Organismus gemäß einem der drei fundamentalen Wahrnehmungsmodi. Die erklärende »Übersetzung« des visuellen beziehungsweise aktionalen in den lexikalischen Wahrnehmungsmodus sollte als Voreingenommenheit desjenigen psychologischen Systems erkannt werden, in dem dies geschieht. Die Phänomenologie akzeptiert zwar nicht die Reiz-Reaktions-Psychologie, die von Horowitz in seiner Arbeit vorausgesetzt wird. Doch sie unterstützt seine These, daß Wahrnehmung von gestalthafter Natur ist und daß die Tendenz, einen Wahrnehmungsmodus in die »Sprache« des anderen zu übersetzen (und diesem damit den Vorrang zu geben), im wesentlichen ein Vorurteil ist. In der Wachtraumtheorie gibt es keine derartige Tendenz. Darüber hinaus lehnt sie die Vorstellung ab, daß die Wahrnehmungsmodi sich gegenseitig ausschlössen, sondern ist vielmehr bestrebt, alle drei Modi miteinander in Harmonie und Synthese zu bringen.

Hirnforschungen

David Galin (1974) beschreibt, wie jede Gehirnhälfte von der anderen unabhängig funktioniert (mit einer gewissen Überschneidung) und mit ihr durch das corpus callosum verbunden ist. Galin und andere vertreten die Ansicht, daß die Funktion der rechten Gehirnhälfte mit visuellen Ereignissen, der Imagination und der Emotion zu tun hat (Bogen, 1969). Diese Gehirnhälfte vermittelt also analoges »Denken« und nimmt das Ganze des Erlebens beziehungsweise die Gestalt wahr, im Gegensatz zu der Operation, die mit der Funktionsweise der linken Gehirnhälfte verbunden oder durch sie vermittelt ist – nämlich das Zergliedern des Erlebens in Reihenfolgen und Kategorien. Vom phänomenologischen Standpunkt aus wird darüber hinaus angenommen, daß das Gehirn der »Übersetzer« für jeden Existenzmodus ist, den der Mensch in einem bestimmten Zeitpunkt lebt. Das heißt, man kann in jedem gegebenen Augenblick im Modus des linearen Denkens oder im Reich der Imagination leben, und das Gehirn empfängt und vermittelt dieses Ereignis.

Aus den Ergebnissen der gegenwärtigen Hirnforschung läßt sich schließen, daß die Funktionen der rechten Gehirnhälfte in der westlichen Kultur unterdrückt worden sind. Die Tätigkeit der linken Gehirnhälfte überwiegt und ist zum Maßstab geworden, an dem jede andere geistig-seelische Tätigkeit und das menschliche Verhalten gemessen werden. Die Vereinigung der beiden Hälften, die Harmonisierung der beiden Funktionen, ist denn auch der Ort unseres freien Willens und damit unserer Freiheit. Wenn dem so ist, gibt uns die Imaginationsarbeit, die sich am deutlichsten im Wachtraum manifestiert, ein Mittel an die Hand, jenen Gewohnheiten, die unsere soziale Konditionierung uns eingebleut hat, zu entrinnen.

Karl Pribrams (1971, 1979) Befunde rechtfertigen diese Auffassung. Dieser bekannte Neuropsychologe hat das entwickelt, was er das holographische Modell des Neuralverhaltens nennt. Grundlage seiner Arbeit ist das von Dennis Gábor in den vierziger Jahren entdeckte Verfahren der Holographie, für das Gábor 1971 den Nobelpreis für Physik erhielt. Bei dieser Methode der linsenlosen Photographie werden die von einem Gegenstand ausgehenden Lichtwellen als Interferenzmuster auf einer photographischen Platte gespeichert. Wird die Platte – also die holographische Aufnahme – mit kohärentem Licht, das heißt mit einem Laserstrahl beleuchtet, so wird wieder der ursprünglich aufgenommene Gegenstand erzeugt, und ein dreidimensionales Bild erscheint im Raum. Ohne die Verwendung des kohärenten sensorischen Stimulus wirkt die Platte wie ein sinnloses Liniengewirr. Wird übrigens die photographische Platte in viele Stücke zerbrochen, so bildet jedes einzelne Teilstück das dreidimensionale Bild des ursprünglichen Gegenstandes ab, wenn es dem kohärenten Stimulus ausgesetzt wird.[10] (»Kohärent« bedeutet, daß der sensorische Stimulus nur eine Wellenlänge hat.) (Abb. 2, S. 52)

Pribram (1979) äußert den Gedanken, daß »das physikalische Universum und unser Gehirn eine Ordnung oder Realität gemeinsam haben, die ihrer Organisation nach Ähnlichkeit mit Hologrammen besitzt« (S. 83). Nach diesem Modell »setzt sich das visuelle Gedächtnis aus Wellenformen zusammen und ist wie das Hologramm organisiert, so daß das Gedächtnis aktiviert wird, wenn die richtige Gruppe von Wellenformen vom Auge übermittelt wird« (S. 79). Mit anderen Worten: Das Gehirn konstruiert auf mathematische Weise die konkrete Realität, indem es Frequenzen *aus einer anderen Dimension* interpretiert, aus einem Bereich der sinnvollen, strukturierten, primären Realität, die Zeit und Raum transzendiert. Pribram ist überzeugt, daß dieses Paradigma des Neuralverhaltens einige der klassischen Rätsel der Gehirnforschung erklärt und auch eine neue Möglichkeit bietet, unsere Realitätswahrnehmung zu verstehen.

Pribrams Modell trägt aber auch zum Verständnis von Funk-

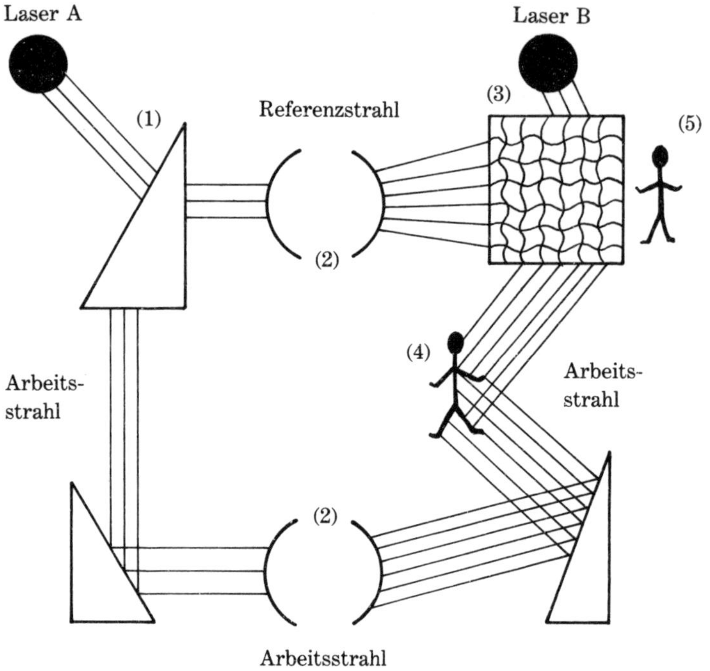

Abb. 2: Hologramm (Linsenlose Photographie). Ein Laserstrahl (Laser A) oder irgendeine andere kohärente, sensorische Quelle wird durch einen Halbspiegel (1) geschickt. Der resultierende Strahl wird in zwei Richtungen abgelenkt. Ein Strahl, der sogenannte Referenzstrahl, trifft direkt auf eine photographische Platte (3), nachdem er durch eine Linse (2) gegangen ist, die nur die Aufgabe hat, den Strahl zu verbreitern. Er trifft auf der photographischen Platte als Energiebündel oder Interferenzmuster auf. Der andere Strahl, der sogenannte Arbeitsstrahl, wird von zusätzlichen Halbspiegeln abgelenkt, während er durch eine Linse (2) geht, die nur die Aufgabe hat, den Strahl zu verbreitern. Dieser Strahl trifft auf einen Gegenstand im Raum – beispielsweise einen Menschen (4) – und wird dann auf die photographische Platte abgelenkt, wo er mit dem Referenzstrahl zusammentrifft und ebenfalls als Energiebündel oder Interferenzmuster aufgenommen wird. Wird ein Laserstrahl (Laser B) auf die photographische Platte gerichtet, geschieht folgendes: Hinter der Platte erscheint das Bild des Menschen dreidimensional im Raum schwebend (5). Wird die Platte zerbrochen und der Laserstrahl auf eines der Bruchstücke gerichtet, erscheint das dreidimensionale Bild ebenfalls frei im Raum schwebend. Würde die Platte in noch kleinere Stücke zerbrochen und ein Laserstrahl auf eines der Stücke gerichtet, dann würde das dreidimensional im Raum schwebende Bild wiederum, aber weniger deutlich, erscheinen. Der Teil enthält also das Ganze! Eine Reihe von Physikern, die auf dem Gebiet der subatomaren und Quantenphysik arbeiten, glauben, daß das Universum holographisch ist. Sie meinen, daß dieses Paradigma die Ereignisse der mikrokosmischen Realität besser erkläre.

tion und Wirksamkeit des Wachtraums bei. Der Wachtraum ereignet sich auf einer Realitätsebene, die sich von der der konkreten Welt unterscheidet. Diese Ebene ist das Korrelat zu Pribrams »anderer Dimension«. »Gehirn als Hologramm verstanden« bezieht sich auf ein Grundprinzip des Wachtraums und des Reichs der Imagination im allgemeinen: daß nämlich das Gehirn das vermittelnde Organ für menschliches Erleben ist. Nach dieser Definition wird »Geist« (mind) in dem Sinne gebraucht, den David Bohm meint, wenn er von der »eingefalteten Ordnung« der Realität spricht (siehe unten). Das Gehirn hat seinen Ort innerhalb des Geistes und vermittelt die Bewegung des Geistes.

Die Imagination wirkt als Laserstrahl, der die jenseits unseres materiellen Körpers existierende Wirklichkeit aktiviert und klärt. Diese Wirklichkeit erscheint uns normalerweise als inkohärentes Liniengewirr oder Interferenzmuster, dessen wir uns im allgemeinen nicht bewußt sind. Und doch enthält dieses Interferenzmuster alle verfügbare Information über das Universum, in dem wir leben. Wie das Hologramm gibt es seine Information nur preis, wenn der Laserstrahl, das heißt die Imagination, Corbins »hinter der konkreten Realität liegendes Wahrnehmungsorgan«, direkt auf das Interferenzmuster auftrifft.

Das Interferenzmuster erzeugt eine dreidimensionale Form. Unsere Sinne nehmen diese Form wahr und geben die Information an das Gehirn weiter. Was wir wahrgenommen haben, kann in Handeln in der Welt übersetzt werden und steht uns in Form von gespeicherten Daten zur Verfügung. Diese Information gibt uns Anweisungen darüber, was man zum Zweck der Selbstentfaltung und Verwirklichung im Leben tun muß.

Meines Erachtens gibt es jedoch einen Unterschied in der Art, wie die rechte und die linke Gehirnhälfte die vom Universum gelieferte Information vermitteln. Die rechte Gehirnhälfte faßt ganzheitlich auf, während die linke interpretiert. Gazzaniga hat ein Experiment entwickelt, um diesen Unterschied zu zeigen: Der rechten und der linken Gehirnhälfte wird unabhängig voneinander dasselbe Bild gezeigt, nämlich ein Mann, der einem anderen Mann eine Schußwaffe an den Kopf hält. Bekommt allein die rechte Gehirnhälfte das Bild zu sehen[11], dann beschreibt die Versuchsperson die beiden Männer und die Schußwaffe als »Überfall«. Bekommt allein die linke Gehirnhälfte das Bild zu sehen, dann interpretiert die Versuchsperson, zieht Schlußfolgerungen und interpoliert eine Erklärung: es handele sich um einen Banküberfall, bei dem bewaffnete Räuber mit Maschinengewehren auf Kassierer zielen, sie in einen anderen Raum scheuchen, usw.

Was die »Übersetzung« betrifft, so kann lineares Denken uns sagen, *wie* wir nutzen sollen, was wir wissen. Deterministische Logik, das heißt materiell wirksame Kausalität, kann die Ausführung unserer Handlungen in der konkreten Welt leiten. *Dies ist die angemessene Anwendung linearen Denkens.* Unangemessen ist es, lineares Denken zur Erklärung, Deutung oder »Analyse« eines Ereignisses zu gebrauchen.

Der Kernphysiker David Bohm (1980) hat das Konzept der »eingefalteten« und »entfalteten« Realitätsordnungen entwikkelt, ein Konzept, das sowohl das Phänomen des Wachtraums als auch das ihm zugrundeliegende holographische Prinzip bereichert. Nach Bohms Ansicht ist die »entfaltete« Realitätsordnung eine sekundäre Manifestation der Realität, aber *nicht deren Quelle.* Dieser *Schein* von Realität ist von einem *ungreifbaren,* nicht leicht zu sehenden Strom abstrahiert, der nicht aus einzelnen Bestandteilen besteht, sondern eine in sich unauflösliche Gesamtverflochtenheit, eine Synthese oder »eingefaltete« Realität darstellt. Bohm fügt hinzu, daß jede Naturwissenschaft, die versucht, primäre physikalische Gesetze dadurch zu entdecken, daß sie die Welt in ihre Bestandteile aufbricht, zum Scheitern verurteilt ist.

Ziel des Wachtraums ist es, von der entfalteten, physikalischen Realität – deren Authentizität nicht bestritten werden soll – zur eingefalteten Realitätsordnung, der Quelle der Wirklichkeit, fortzuschreiten. Im Einklang mit Bohms Ideen zielt der Wachtraum auf Synthese, nicht auf Analyse. Eine der Folgen hiervon ist ein Ausgleich der beiden Gehirnhälften durch Betonung der Aktivität der sogenannten minderen Gehirnhälfte, nämlich der rechten.

Die Brücke

Man hat eine Fülle von psychologischen Techniken entwickelt, die mit dem Anspruch auftreten, die Heilung zu fördern. Doch keines der gegenwärtig im Schwange befindlichen Systeme hat demonstrieren können, daß es eine Heilung von nennenswerter Dauer bringt. Ein Hauptgrund hierfür hängt wohl mit einem Umstand zusammen, der sich anhand der Herkunft der Wörter »heilen« und »heil« erläutern läßt: Beide haben dieselbe Wurzel wie »heilig«, was auf die enge Verbindung von »heilen« und »heilig« hinweist. Um also heil, das heißt ganz zu sein, muß der Mensch in einem Prozeß geheilt werden, der das Heilige einschließt. Dieser Gedanke ist von den meisten therapeutischen Systemen des Abendlandes völlig vernachlässigt, wo nicht verworfen worden. So ist die Freudsche Psychoanalyse, der Prototyp für die meisten westlichen Formen von Psychotherapie[12], in Theorie und Praxis prinzipiell gegen die Erfahrung des Heiligen eingestellt. Freud persönlich war der Meinung, die Religion stünde den Interessen der Wissenschaft, zu der er auch die Psychoanalyse rechnete, feindlich gegenüber. Heute reduzieren die meisten Psychologien die religiöse Erfahrung auf »eine infantile Sehnsucht nach Verschmelzung mit einem allmächtigen und allbeschützenden Elternteil«. Es ist unverkennbar, daß die organisierte Psychiatrie und Psychologie zumindest in der Öffentlichkeit religiöse Überzeugung und Praxis als »neurotisch« betrachtet.

Da das so ist, kann man kaum erwarten, daß die religiösen und spirituellen Potentiale in das psychoanalytische System Eingang gefunden haben. Ferner war Freud der Überzeugung, daß jegliche Erkenntnis mit Hilfe von Logik und Argumentieren mit Worten zugänglich (das heißt Inhalt des linearen Denkens) sei. Es ist aber bekannt, daß viele religiöse und spirituelle

Erfahrungen, die dem Individuum Wissen vermitteln (wie es zum Beispiel Moses auf dem Berg Sinai geschah), mit Worten nicht geschildert werden können. Häufig sind sie überhaupt *nur* erreichbar, wenn das lineare Denken verlangsamt, angehalten und entleert wird, das heißt, wenn man imstande ist, dem, was man wahrnimmt, keinen Namen zu geben und keine Gestalt. Denn Benennen und Gestaltgeben sind die fundamentalen Kennzeichen des linearen Denkens.

Nur wenn man sich solch nichtlineares Denken zu eigen macht, kann es zu einem ganzheitlichen Erleben kommen. Hier also bietet sich eine Möglichkeit des Heilens durch ein Erleben, das die Tätigkeit des linearen Denkens außer Kraft setzt. Wenn dem so ist (und der Wachtraum stützt diese Vermutung), kann die Psychoanalyse immer nur partielle Heilung gewähren; schlimmstenfalls setzt sie die Fragmentierung und das Leiden des Patienten fort, weil sie der nichtlinearen Aktivität keine Möglichkeit bietet, ein Gegengewicht gegen die lineare Tendenz der Psychoanalyse zu schaffen.

Wenn die Therapie versucht, die Beziehung des Menschen zu Gott außer Kraft zu setzen, tut sie es um den Preis der Auflösung unserer fundamentalen Ganzheit. Wenn dies geschieht, kann das Gesamt der Potentiale eines Menschen nicht angesprochen werden, so daß die Therapie unvollständig bleibt. Ich will ein einfaches Beispiel geben. Von einem leitenden Angestellten in einem Betrieb wird erwartet, daß er drei Hauptbeziehungen meistert, um erfolgreich zu sein. Er muß die Gemeinschaft verstehen, das heißt, das Produkt und den Verbraucher sowie das Verhältnis des Betriebes zu seiner Umwelt. Er muß die ihm unterstellten Arbeitnehmer kennen, also die Menschen, die für ihn arbeiten, verstehen und seine Verantwortung für sie kennen. Ferner muß er das Verhältnis zu seinen Vorgesetzten verstehen. Nur dann kann er seiner Aufgabe gerecht werden. Damit ein Mensch »sich selbst erkennen« kann, wie das erklärte Ziel der Therapie lautet, muß er seine Beziehung zur Welt im allgemeinen, zu den Menschen, für die er verantwortlich ist, und zu denjenigen, die für ihn verantwortlich sind, erkennen lernen. Denjenigen, dem die Sorge um ihn anvertraut ist, kann man seinen Schöpfer nennen.[13] Wenn das Leben gelingen soll, müssen *alle drei* Beziehungen berücksichtigt werden.

Eine Therapie, die versäumt, sich mit allen drei Beziehungen zu befassen, kann den Menschen nicht wirklich heilen und ihn »heil« machen, das heißt ganz machen. Wer die Idee eines Schöpfers verwirft, stellt den Menschen als persönliches »Ich« in den Mittelpunkt des Erlebens und leugnet die Verpflichtung des Menschen gegenüber irgend etwas außerhalb dieses persönlichen »Ichs«. Wie kann in einem solchen Fall irgendeine Therapie (oder ein psychologisches System) jemals hoffen, mit dem Problem des »Narzißmus« fertigzuwerden? Dieser Begriff ist zum zentralen deskriptiven Element geworden, wenn es um die Probleme der sogenannten Borderline-Störung, der schizoiden Störung, vieler Charakterstörungen – einschließlich des narzißtischen Charakters –, der psychotischen depressiven Störung und, vielleicht am wichtigsten, der schizophrenen Störungen geht. Durch das Festhalten am Primat des persönlichen »Ichs« wird der Narzißmus gefördert und nicht überwunden.

Um sich dem Problem des persönlichen »Ichs« zu nähern, von dem der Narzißmus nur *eine* Manifestation ist, braucht man eine andere Wahrnehmungsweise. Martin Heidegger tat einen psychologisch-philosophischen Schritt in Richtung auf diese andere Wahrnehmungsweise, wenn er die Bedeutung des Nicht-»Ich«-Feldes hervorhob, das, richtig verstanden und begriffen, dazu beiträgt, die Bedeutung des persönlichen »Ichs« zu mindern (1954):

> Räume und mit ihnen »der« Raum sind in den Aufenthalt der Sterblichen stets schon eingeräumt. Räume öffnen sich dadurch, daß sie in das Wohnen des Menschen eingelassen sind. Die Sterblichen *sind*, das sagt: *wohnend* durchstehen sie Räume auf Grund ihres Aufenthaltes bei Dingen und Orten. Und nur weil die Sterblichen ihrem Wesen gemäß Räume durchstehen, können sie Räume durchgehen. Doch beim Gehen geben wir jenes Stehen nicht auf. Vielmehr gehen wir stets so durch Räume, daß wir sie dabei schon ausstehen,

> indem wir uns ständig bei nahen und fernen Orten und Dingen aufhalten. Wenn ich zum Ausgang des Saales gehe, bin ich schon dort und könnte gar nicht hingehen, wenn ich nicht so wäre, daß ich dort bin. Ich bin niemals nur hier als dieser abgekapselte Leib, sondern ich bin dort, d. h. den Raum schon durchstehend, und nur so kann ich ihn durchgehen. Selbst dann, wenn die Sterblichen »in sich gehen«, verlassen sie die Zugehörigkeit zum Geviert [Erde, Himmel, die Göttlichen, die Sterblichen] nicht. Wenn wir uns – wie man sagt – auf uns selbst besinnen, kommen wir im Rückgang auf uns von den Dingen her, *ohne* den Aufenthalt bei den Dingen je *preiszugeben*. Sogar der Bezugsverlust zu den Dingen, der in depressiven Zuständen eintritt, wäre gar nicht möglich, wenn nicht auch dieser Zustand das bliebe, was er als ein menschlicher ist, nämlich ein Aufenthalt *bei* den Dingen. Nur wenn dieser Aufenthalt das Menschsein schon bestimmt, können uns die Dinge, bei denen wir sind, auch *nicht* ansprechen, uns auch *nichts* mehr angehen. [Hervorhebungen vom Autor] (S. 31 f.)

Eine andere Frage, die von der Therapie im Zusammenhang mit der religiösen und spirituellen Möglichkeit der menschlichen Existenz angesprochen werden muß, ist die der »bewußten« im Gegensatz zur »unbewußten« Aktivität. Diese Begriffe haben sich bisher einer eindeutigen Definition widersetzt und sind in der Humanpsychologie in unterschiedlicher, unbefriedigender Weise verwendet worden. Da »Bewußtsein« psychologisch so schwer zu erfassen ist, stellt sich die schwerwiegende Frage nach dem Wert des Bewußtseins. Eine Hauptfrage ist, ob jener Forschungsbereich, der sich Psychologie nennt, zuverlässig ein Element untersuchen kann, das so fundamental für seine Existenz ist. Ist eine vorurteilsfreie Prüfung der eigenen Voraussetzungen möglich?[14]

Eine andere Schwierigkeit taucht auf, wenn »Bewußtsein« definiert wird als geistig-seelische Aktivität wie etwa Wahrnehmung, Gedächtnis, Lernen usw. Dies setzt voraus, daß Geist/Seele definiert und Bewußtsein als Manifestation »kognitiven«

Handelns verstanden wird. Weitere Voraussetzung ist, daß »kognitives« Handeln eine Funktion des Gehirns ist und die Seele (bzw. den Geist) konstituiert. Aber wohnen Bewußtsein und Seele (bzw. Geist) im Gehirn? Funktionieren Gehirn und Seele/Geist unabhängig voneinander, oder steht das eine im Dienst des anderen? Und wie steht es mit dem fernöstlichen Verständnis, wonach Bewußtsein im größeren Rahmen der »Bewußtheit« steht?

Die Definition von Bewußtsein ist für imaginales Erleben unerheblich, weil wir davon ausgehen, daß die Imagination wirklich ist und daß das Individuum diesen Bereich lebt, erfährt und erkennt. Bewußtsein wird als ein Prozeß akzeptiert, der uns erlaubt, in der konkreten Realität zu existieren. Es wird jedoch in diesem Zusammenhang nicht als psychologisches Konstrukt verwendet und als solches auch nicht benötigt. Wirklichkeit selbst ist kein rein psychologischer Begriff und entzieht sich nicht einer Definition im Zusammenhang mit dem Wachtraum. Hierbei wird Wirklichkeit im Sinne des Erlebens, nicht im Sinne des logischen Schließens oder der Logik verstanden. Die erlebnismäßige Perspektive erkennt Wirklichkeit als absolut, objektiv und subjektiv an. So vermeiden wir die übliche Voreingenommenheit der Psychologie, die alles mit dem Maßstab dessen mißt, was in der konkreten Welt mit den fünf Sinnen gemessen werden kann. Anstatt nur eine einzige Wirklichkeit anzuerkennen, werden wir auf *Ebenen* und *Spielarten* der Wirklichkeit aufmerksam. Wenn wir die Voraussetzung unterschiedlicher Wirklichkeitsebenen akzeptieren (und natürlich ist es nur eine Voraussetzung, bis wir dieses Erlebnis tatsächlich haben), entdecken wir Implikationen auch für die Psychotherapie.

Eine dieser Implikationen ist die neue Wahrnehmung schizophrener Halluzinationen. Wenn wir diese Halluzinationen als für den Patienten subjektiv real anerkennen – auch wenn wir sie nicht mit ihm teilen –, können wir den Patienten auffordern, sein Erleben zu beschreiben, und ohne Vorurteile daran teilnehmen. Dies kann dem Therapeuten helfen, seinen Impuls zur Etikettierung (»verrückt«, »unrealistisch«, »psychotisch« usw.)

zu überwinden und statt dessen eine Atmosphäre des Vertrauens und der Gegenseitigkeit zu schaffen. Der Abstand zwischen den beiden Beteiligten kann auf diese Weise vermindert und die Distanziertheit des Therapeuten gegenüber dem Gegenstand seiner Untersuchung, dem Patienten, verringert werden.

Eine weitere, allgemeinere Implikation ist, daß wir nicht mehr zu etikettieren und zu klassifizieren brauchen. Die Taxonomie der Pathologie, ohnehin bestenfalls willkürlich, erhebt automatisch denjenigen, der die Klassifizierung vornimmt, über den Patienten. Wenn wir die Authentizität alles Erlebens zugeben, können wir aufhören, in Urteilen zu denken, ein Denken, das immer auch mit der Verweigerung offener Annahme verbunden ist. Wird solche Verweigerung institutionalisiert, dann ist keine sinnvolle Psychotherapie mehr möglich.

Generell bezieht sich »objektive« oder »konkrete« Realität[15] auf diejenigen Phänomene, deren Gültigkeit durch Konsens festgestellt werden kann. Beispielsweise würde wohl fast jedermann zustimmen, daß sich das Empire State Building an der Fünften Avenue in der 34. Straße in New York befindet. Subjektive Realität ist oft nicht konsensfähig und der Messung nicht zugänglich.

Ich ziehe es vor, andere Existenzbereiche als »Ebenen der Realität« und nicht als »Ebenen des Bewußtseins« zu bezeichnen. Außerdem benutze ich den Ausdruck *Existenz* und nicht *Funktion*, wenn ich über das spreche, was auf diesen Ebenen oder in diesen Bereichen geschieht. Diese von mir bevorzugten Wörter richten das Augenmerk auf ein wesentliches Prinzip phänomenologischer Arbeit im allgemeinen und der Wachtraumarbeit im besonderen: Das Individuum *existiert als dieselbe Person* in *verschiedenen* Realitätsebenen oder Existenzbereichen. Diese veränderte Einstellung führt dazu, daß nicht nur greifbares, sondern auch nichtgreifbares Erleben akzeptiert wird, was wiederum ein neues Verständnis subjektiver Phänomene wie der Träume fördern kann. Eine solche Verschiebung im Verhältnis zu unserem Traumleben mag dazu beitragen, unsere Einsicht in dieses bedeutsame Erleben zu bereichern.[16]

Die Wendung »Funktionen des Bewußtseins« setzt ein persönliches »Ich« voraus, das für das Erleben von zentraler Bedeutung ist. Dies rührt von der tief in uns verwurzelten Tendenz her, alle Bewußtseinszustände als eine *Abweichung* vom Zustand des Wachbewußtseins anzusehen, an dem alle anderen Bewußtseinszustände gemessen werden. Damit wird vorausgesetzt, daß die Funktion des Wachbewußtseins *der* Realitätsmaßstab ist und daß das Individuum die Funktion als einen Gegenstand oder ein Ding besitzt. Man nimmt an, daß das »Ich«, das auf verschiedenen Realitätsebenen existiert, das persönliche »Ich« sei. Das ist zum Teil richtig; *doch während das persönliche »Ich« existiert, wird es gleichzeitig transzendiert vom Erleben des Seins in anderen Bereichen und von der Erkenntnis, daß das persönliche »Ich« ein Erlebnis ist, das sich speziell auf die eigene Existenz als materielles Wesen im Bereich der konkreten Realität bezieht.* Die Terminologie dieses Buches spiegelt die Voraussetzung wider, daß alle Bereiche des Erlebens in gleicher Weise gültig sind. Wir können diese Bereiche genauso erforschen, wie wir die meßbare, konkrete Welt erforschen können. Wir tun das auf dem Wege der imaginalen Erforschung. Bewußtsein ist lediglich der Prozeß, durch den wir uns von einer Ebene der Wirklichkeit zu einer anderen bewegen.

Wie steht es nun aber um das Individuum, das als Patient den Bereich des Imaginalen erforscht? Die gängige Tradition setzt den Körper des Menschen mit dem persönlichen »Ich« gleich. Wenn man akzeptiert, daß es verschiedene Realitätsebenen gibt, und begreift, daß sich auf manchen Ebenen eine Erforschung *nichtphysikalischer Art*[17] abspielt, beginnt man zu ermessen, *was außerhalb der Grenzen des Körpers erlebt werden kann.* Durch solches Erleben beginnt das Individuum zu erkennen, daß es mehr ist als der eigene Körper. Man beachte, daß ich weder die Bedeutung unseres Körpers noch die unserer körperlichen Existenz hier auf Erden bestreite. Nichts könnte von der Wahrheit weiter entfernt sein; denn während sich der Prozeß des Wachtraums entfaltet, bleiben die Erde und unsere

Verwurzelung in ihr als Menschen, die hier als materielle Formen existieren, von fundamentaler Bedeutung, wie wir noch sehen werden.

Man kann das menschliche Wesen[18] jedoch als ein Vehikel für die Manifestationen der imaginalen Realitätsebene bezeichnen.

Ein wichtiges Nebenprodukt dieser Einsicht ist die Möglichkeit, das kritische Problem des Narzißmus von einer neuen Warte aus zu betrachten. Wenn der Mensch das Vehikel für die Manifestation eines Bereichs der Realität ist und das Individuum dies auch so *erleben* kann, dann ist es der Gefahr entronnen, das »Ich« mit den Objekten seiner Wahrnehmung zu identifizieren, eine Haltung, für die »Narzißmus« nur ein Ausdruck ist.

Wenn man versucht, »Narzißmus« so zu definieren und zu erklären, wie es Otto Kernberg (1975) und Heinz Kohut (1971, 1977) getan haben, begeht man meines Erachtens den Fehler, die Abstraktion für die konkrete Realität und die konkrete Realität für die Abstraktion zu nehmen. Narzißmus ist lediglich eine besondere Abstraktion jener allgemeineren konkreten Realität, die in der Bewegung des linearen Denkens mit seiner Tendenz zur *Erzeugung* von Bildern bzw. der Tendenz des persönlichen »Ichs« zur Identifikation mit dem Gegenstand seiner Wahrnehmung besteht. Doch für das, was gewußt wird, muß es jemanden geben, der es weiß.[19] Der Wissende und das Gewußte (das Subjekt und das Objekt) können niemals identisch sein. Das, was der Wissende weiß, einschließlich seines Körpers, kann daher niemals er *selbst* sein. Das Ich (der Wissende, das Subjekt), das den Gegenstand der Wahrnehmung weiß – und der Körper ist einer der am geläufigsten gewußten Gegenstände –, kann nicht das Gewußte (das Objekt) sein. Trotzdem neigen die Menschen dazu, das persönliche »Ich« (den Wissenden) gleichzusetzen mit dem, was wahrgenommen wird (dem Gegenstand der Wahrnehmung). Das Ergebnis ist stets, daß das persönliche »Ich« in den Mittelpunkt des Erlebens gerückt und dadurch »narzißtisch« wird. (Bei manchen Menschen ist diese Tendenz übermäßig stark ausgeprägt, und das persönliche »Ich«, auch »Ego« genannt, identifiziert sich in weiterem Umfang und wird infolgedessen stärker fragmentiert. Die extremste Ausprägung dieses Prozesses ist die Schizophrenie.)

Wenn Kernberg von »Objektvorstellungen« und »Selbstvorstellungen« spricht, so tut er dies im Zusammenhang eines »Ichs«, das diese Dinge (Objekt- bzw. Selbstvorstellungen) *besitzt*. Laut Kernberg *identifiziert* sich das »Ich« (Ego) *automatisch* mit dem, was es besitzt, und sucht sich von seinen »Besitztümern« zu trennen, wenn es sie als fremdartig empfindet. Der Wahrnehmende wird von Anfang an und fraglos mit dem Gegenstand seiner Wahrnehmung gleichgesetzt, und so dauert die Bewegung zum »Narzißmus« fort. Mit seiner Interpretation oder Theorie fördert Kernberg unabsichtlich genau jene Bewegung, der er Einhalt gebieten will, weil er abstrakte und konkrete Realität miteinander verwechselt.

Um diese Verwechslung zu erkennen, wollen wir die Bewegung eines stetig dahinfließenden Stromes betrachten. Innerhalb dieser Bewegung entsteht eine Turbulenz aus der Bildung kleiner Wellen oder Strömungen. Man könnte meinen, daß die Strömung oder Welle die konkrete, wesentliche Realität sei, weil sie sich in positiver Weise, die unsere Aufmerksamkeit fesselt, manifestiert und zeigt. In Wahrheit kann jedoch das, was in dieser nachdrücklichen Weise erscheint, nicht vom Strom selbst getrennt werden. Und so ist es auch: Wenn diese übertriebene Wasserbewegung aufhört, bleibt immer noch der Strom. Das, was Name und Gestalt zu haben schien, veränderte sich in Wirklichkeit und verschwand, während das, was scheinbar formlos war, unverändert fortbestand. Von dem, was keine Gestalt hat und unverändert fortbesteht, kann man sagen, daß es die allgemeine, konkrete, grundlegende Wirklichkeit ist. Was scheinbar eine Form hatte (das heißt, in einem »objektiven« Sinne real ist und einen Namen bekommen hat), war vorübergehend und momentan, wird aber für gewöhnlich für die konkrete, grundlegende Wirklichkeit gehalten. Die Welle wurde vom Strom abstrahiert (das heißt, aus ihm herausgelöst) und wurde zur besonderen Form des Allgemeinen, unterworfen der Veränderung, dem Verfall und der Unbeständigkeit.

Die Grundprinzipien des Wachtraums stützen diese Sichtweise. Sie besagen, daß der Mensch (das Besondere) ein Vehikel für das Reich des Imaginalen (das Allgemeine) ist und als solcher auch das Vehikel für die Manifestation dieses Reiches auf der Ebene der materiellen, konkreten Realität. Jeder Mensch ist wichtig wegen der konkreten Funktionen, die er erfüllt, und auch in seinen Versuchen, sich Aufklärung zu verschaffen. Er läßt sich jedoch häufig dadurch verwirren, daß er seinen speziellen Beitrag zum Ganzen für das Ganze selbst hält. Er legt einen globalen Eigendünkel an den Tag und versäumt es, die demütigmachende und ernüchternde Erfahrung zu machen, daß seine Existenz einer Seifenblase gleicht, dem Verfall und der Vergänglichkeit in einem Meer des endlosen Wandels unterworfen.

3 Die Reise

Wachtraum und gesteuerte Übung sind Reisen in einen anderen Existenzbereich. Der Wachtraum, der in diesem Buch im Mittelpunkt des Interesses steht, entstammt direkt den nächtlichen Träumen des Beteiligten: Der Träumende wird aufgefordert, dasjenige Element aus seinem Traum auszuwählen, das er am bedeutsamsten, unwiderstehlich oder am auffallendsten findet, und dieses Element wird zum Bild, mit dem die Exploration im Wachtraum beginnt. Die gesteuerte Übung beginnt dagegen mit einem Motiv, das vom Therapeuten vorgeschlagen wird. Beides wird auf dieselbe Weise zum selben Ziel geführt. Beides führt nach kurzer Zeit zu sichtbaren Verhaltensänderungen im Alltagsleben.

Im Laufe der Wachtraumtherapie gleichen sich die nächtlichen Träume den Wachträumen an. Der Träumende wird sich seiner selbst als eines Beteiligten besser bewußt, er ist weniger passiv als in gewöhnlichen nächtlichen Träumen, und er setzt seinen Willen besser durch. Diese wachsende Ähnlichkeit zwischen nächtlichen Träumen und Wachträumen ist deshalb wichtig, weil sie auf eine offene, fließende Verbindung zwischen nächtlichen Träumen, Imagination und Wachleben hindeutet und eine gewandelte Realitätswahrnehmung anzeigt. Die Kontinuität zwischen den drei Zuständen ist ein Zeichen dafür, daß die Wachtraumarbeit Wirkung zeitigt.

Im Gegensatz zur Meditation, die sich auf das Abschalten des gewöhnlichen sensorischen Innewerdens stützt, um andere Realitätsebenen zu erfassen oder zu erleben, stützt sich der Wachtraum auf den Gebrauch unserer fünf Sinne, die uns in Kontakt mit der Welt der konkreten Realität bringen. Aus Erfahrung wissen wir, daß wir uns von unseren Sinnen führen lassen: sie leiten uns, erfüllen uns mit Wünschen und veranlassen uns, uns zu allem, was uns begegnet, zu verhalten. In der Wachtraumarbeit bewegen sich unsere Sinne aus der Welt der konkreten Realität fort. Wenn unsere Sinne andere Realitäten entdecken, können wir diese Welten in derselben Weise erforschen, wie wir die konkrete Welt explorieren. Dadurch, daß wir uns unserer Sinne bedienen, bleiben wir in einem uns bekannten biologischen Rahmen verwurzelt.

Zu Beginn einer Wachtraumtherapie fordere ich mein Gegenüber auf, zu formulieren, was er sich von der Arbeit erwartet oder auf welche Fragen er Antwort sucht. Der Wachtraum bietet damit einen Fokus, eine Richtung in bezug auf das, was erreicht werden soll. Diese Fokussierung ist auch eine Form der Selbsteinweisung in die persönliche Fortentwicklung. Vielen Leuten fällt es schwer, genau zu bezeichnen, was sie wollen, und diese Schwierigkeit deutet auf die Verzettelung in ihrem Leben hin. In diesem Fall mag ein vorbereitendes Gespräch notwendig sein, um ihnen bei der Definition ihrer Ziele zu helfen.

Im allgemeinen bitte ich den Patienten, einen Punkt oder drei Punkte zu nennen. Zwei Punkte vermeide ich, weil sie innerlich eine Spaltung oder Dualität nahelegen. Die Zahl 1 vermittelt das Gefühl der Einheit, die Zahl 3 das der Synthese. Gelegentlich wird ein Patient mehr als drei Punkte aufführen, doch kann man sie im allgemeinen zu drei Hauptinteressen umgruppieren.

Sobald die Ziele erreicht oder die Fragen zur Zufriedenheit des Patienten beantwortet sind, ist die Therapie beendet. Wenn der Patient später einmal wiederkehrt, dann immer, um etwas Neues zu lernen. Die neue Suche mag eine Transformation des zuvor Erreichten sein, vollzieht sich aber immer auf einer höheren Ebene der persönlichen Entwicklung.

Zweckmäßigerweise teilt man sowohl die Wachtraumübung als auch die gesteuerte Übung aus didaktischen und praktischen Gründen in drei Phasen ein.

Stufe 1: Induktion

Induktion ist generell ein belasteter Ausdruck in unserer Kultur, zumal unter den Wissenschaftlern. Häufig assoziiert man dazu Hypnose und damit den Verlust des Willens. Der Wachtraum ist jedoch etwas ganz anderes als Hypnose;[1] es handelt sich dabei um einen Zustand des aktiven Willens und der Aufmerksamkeit in einem anderen Bereich der Existenz – eine höchst ungewöhnliche Kombination. Die Induktion in den Wachtraum hilft dem Patienten, seine Aufmerksamkeit und sein sensorisches Bewußtsein von der Welt der gewohnten Realität ab- und einer anderen Realität zuzuwenden. Ein leichter Entspannungszustand tritt ein, der die für diese Art von Traumforschung erforderliche Bewegung nach innen verstärkt. Äußere Reize sollten, wie in der traditionellen Therapie, soweit wie möglich ausgeschaltet werden. Das Ziel ist ein Zustand der innengeleiteten Aufmerksamkeit, der den Beteiligten ruhigstellt und den Rhythmus seiner gewohnten Aktivitäten unterbricht.

Allerdings unterscheidet sich dieser Entspannungszustand physiologisch vom Zustand der Hypnose oder des Schlafs. Zu den vielen Forschern, die diese Unterschiede untersucht haben, gehören Benson und Wallace (1972); Corby, Roth, Zarcone, Kopell (1978); und Hirai (1974). Benson und Wallace untersuchten Praktiken der transzendentalen Meditation und fanden einen merklichen Rückgang des Blutdrucks, der Pulsfrequenz und des Sauerstoffverbrauchs; die Kohlendioxidausscheidung war herabgesetzt, die Blutlaktatwerte waren entscheidend zurückgegangen, der galvanische Hautwiderstand merklich erhöht. Das allgemeine Bild ist das eines stark entspannten Wachzustandes mit einer gewissen Reduktion des Herzschlags. EEG-Auswertungen zeigten eine merkliche Zunahme von Alphawellen und bei manchen Versuchspersonen auch eine Zunahme der Thetawellenaktivität.

Vereinfacht ausgedrückt, zerfallen die auf Elektroenzephalogrammen sichtbaren Wellen in vier Typen: Alpha-, Beta-, Delta-

und Thetawellen. Diese Wellen sind nicht zustandsabhängig, das heißt, sie treten unabhängig vom Bewußtseinszustand des Individuums auf. Thetawellen sind diejenigen Wellen, die man bei imaginalen Erlebnissen sieht, während Alphawellen in meditativen Erlebnissen anzutreffen sind, Betawellen in Zuständen der Angst und Erregung, Deltawellen in Zuständen körperlicher Erkrankung.

Im Gegensatz hierzu zeigen hypnotische Zustände keine merkliche Veränderung im Stoffwechselindex, während im Schlaf der Sauerstoffverbrauch erst nach mehreren Stunden abnimmt und das Kohlendioxid im Blut signifikant zunimmt. Das EEG der hypnotisierten Person zeigt willkürliche Alphawellen mit ausgeprägterer Beta-Aktivität (Hirai, 1974).[2]

Corby und seine Mitarbeiter untersuchten eine Gruppe, die Meditation nach dem Tantra-Yoga praktizierte. Ebenso wie Benson und Wallace entdeckten sie erhöhten Hautwiderstand, eine Verringerung des Sauerstoffverbrauchs und eine Zunahme der Alpha- und Thetawellen. Im Gegensatz zu Benson und Wallace stellten sie jedoch eine Zunahme der Herztätigkeit fest, eine höhere Amplitude der Atemfrequenz, keinen EEG-definierten Schlaf sowie eine autonome Aktivierung, während Benson und Wallace eine autonome Entspannung feststellten. Corbys Gruppe kam zu dem Schluß, daß die physiologischen Auswirkungen der Meditation von der Geübtheit des Meditierenden abhängen: Während unerfahrene Meditierende zur Entspannung neigen, zeigen geübte Meditierende eine verringerte Reaktion auf äußere Reize, aber auch eine Erregung der autonomen Aktivierung. Mit anderen Worten, Meditationstechniken scheinen, je nach der Technik und Geübtheit des Meditierenden, Zugang zu einer Vielfalt von physiologischen und subjektiven Zuständen zu ermöglichen.

Um eine leichte Entspannung im Wachtraum zu erzielen, sitzt der Patient aufrecht in einem nicht zu weichen Stuhl mit gerader Lehne, stellt die Füße flach auf den Boden und legt die Arme möglichst weit auf den Armlehnen zurück. Der Grund hierfür ist, daß die aufrechte Haltung des Körpers und des Rükkens die Atmung, das eigentliche Instrument der Induktion, erleichtert. Dann schließt er die Augen, um nicht durch visuelle Wahrnehmungen abgelenkt zu werden[3], und beginnt, ruhig und gleichmäßig durch die Nase zu atmen. Während er dies tut, muß er sich vorstellen, daß er bei jedem Ausatmen Abfallprodukte aus dem Inneren seines Körpers ausscheidet. Die Abfallprodukte haben die Form von Kohlendioxid, das er als *grauen Rauch* sehen soll, der sich, wie Zigarettenrauch, in Luft auflöst. Während er einatmet, soll er den reinen Sauerstoff aufnehmen, der den Körper nährt und reinigt, und zwar in Form eines blaugoldenen Lichtes, das aus einer Mischung von hellem, goldenem Sonnenschein und einem wolkenlosen, blauen Himmel besteht. Die Ausatmung erfolgt durch den Mund.

Während er dies tut, muß er beginnen, einen Zyklus rhythmischen Atmens zu bilden, wobei er das blaugoldene Licht in sich aufnimmt und den grauen Rauch ausatmet. Dies erlaubt ihm, sich entspannt, ruhig, friedlich und gelassen zu fühlen. Er erfährt auch, daß er durch dieses gleichmäßige, ruhige Einatmen alles Reine einatmet und alles Unreine ausatmet; daß er alles Gesunde einatmet und alles Ungesunde ausatmet; daß er alles Nährende einatmet und allen Abfall ausatmet.

Dem Patienten wird gesagt:

Ihre Atmung wird ganz ruhig und gleichmäßig. *Denken Sie daran*[4], daß Sie Ihre Gedanken und Ihren Geist sammeln, daß Sie Ihre Aufmerksamkeit von der Außenwelt abziehen und nach innen lenken . . . Sie lenken Ihre Sinne und Ihre Aufmerksamkeit nach innen und stellen sich vor, daß Sie die Außenwelt verlassen und zum Mittelpunkt Ihres Seins vorstoßen. Sie dringen zum Mittelpunkt Ihrer Aufmerksamkeit vor, zum Kern Ihrer Existenz, und Sie konzentrieren sich auf Ihre Atmung, nehmen das blaugoldene Licht in sich auf und atmen den grauen Rauch aus; Sie nehmen in sich auf, was gut für Sie ist, und atmen aus, was nicht gut für Sie ist. Sie atmen ruhig und gleichmäßig, und Sie bewegen sich mehr und mehr zum Mittelpunkt Ihrer Existenz, zum Kern Ihres Seins. Ihre Sinne und Ihre Aufmerksamkeit bewegen sich

immer weiter nach innen. Sie atmen, und Ihre Atmung wird zu einem ruhigen und gleichmäßigen Zyklus.
Sie atmen zugleich mit allen Geschöpfen des Universums. Sie atmen, und Sie atmen gleichzeitig mit allem, was war, was ist und was jemals sein wird, in allem, was Sie tun oder werden wollen. Sie atmen ruhig und gleichmäßig und wenden Ihre Aufmerksamkeit nach innen, und Sie fühlen sich ruhig, friedlich, gelassen und entspannt.
Sie fühlen sich ausgeglichen und ganz bei sich selbst, während Sie vollständig entspannt und gelassen sind, und eine Quelle des Wohlbehagens steigt in Ihnen auf, ein Gefühl der Harmonie beginnt sich in Ihnen auszubreiten, während Sie Ihre Aufmerksamkeit mehr und mehr auf den Mittelpunkt Ihrer Existenz richten, auf den Kern Ihres Bewußtseins, dorthin, wo es friedlich und ruhig und still ist, wo es kein Denken gibt, wo alles gelassen und still und friedlich ist. Sie atmen ruhig und gleichmäßig, und Sie dringen immer mehr zum Mittelpunkt Ihres Seins vor, zum Kern Ihres Bewußtseins.
Sie stellen sich vor, daß das blaue Licht, das Sie eingeatmet haben, durch den Blutkreislauf in alle Teile Ihres Körpers strömt, alle Zellen Ihres Körpers erfüllt und Ringe von blauem Licht um jedes einzelne rote Blutkörperchen bildet. Das blaue Licht zieht mit dem Blutkreislauf in alle Teile Ihres Seins, nährt und reinigt Sie körperlich, seelisch und geistig. Stellen Sie sich vor, wie das blaue Licht aus Ihrem Herzen in die großen Blutgefäße Ihres Körpers kommt; es zieht durch die großen Blutgefäße Ihres Körpers in alle kleineren Blutgefäße. So zieht das blaue Licht in alle Teile Ihres Seins und nährt und reinigt Sie, und Ihr ganzer Körper fühlt sich völlig entspannt.
Und während dieses blaue Licht in alle Teile Ihres Körpers zieht, entspannen sich Ihre Zehen, entspannen sich Ihre Füße, entspannen sich Ihre Fußknöchel; Ihre Waden und Ihre Beine und Ihre Knie und Ihre Hüften, Ihre Lenden und Ihre Bauchdecke, alles entspannt sich. Und Ihr Brustkorb ent-

spannt sich und Ihre Schultern und Ihr Hals, Ihr Rückgrat, Ihr Kreuz, Ihr Gesäß, Ihre Oberarme, Ihre Ellbogen, Ihre Unterarme, Ihre Handgelenke, Ihre Hände, Ihre Finger, Kopf und Gesicht, alles entspannt sich vollständig, während sich das blaue Licht in allen Teilen Ihres Körpers verteilt durch den Blutstrom und Sie nährt und reinigt und Sie völlig entspannt und gelassen werden läßt.

Und Sie fühlen, wie Energie und Stärke in Ihnen aufstrahlen, Sie fühlen, wie Kraft und Stille und Ruhe und Gelassenheit Ihr ganzes Sein durchdringen. Und während sich das blaue Licht in Ihnen sammelt, stellen Sie sich vor, daß es über Ihre Fingerspitzen hinausreicht und eine Aura von saphirblauem Licht um Ihren ganzen Körper legt, Ihren Körper von außen mit diesem blauen Licht erfüllt, das Sie von innen genährt und gereinigt hat. Das blaue Licht erfüllt Ihren Körper von außen mit Energie, Glanz und Kraft, so daß Sie innen und außen von blauem Licht erfüllt sind. Und während dieses blaue Licht außen und innen Ihren Körper erfüllt, werden Sie gewahr, daß Ihr Körper ein Medium für blaues Licht ist, das die Verbindung des inneren blauen Lichts mit dem äußeren blauen Licht erlaubt, und daß Ihr Körper eine Brücke für dieses blaue Licht und ein Medium für das Licht ist. Und Sie werden selbst wie blaues Licht. Sie werden wie blaues Licht, voller Energie, Kraft, Glanz und Stärke.

Und nun stellen Sie sich vor, daß Sie aus diesem Stuhl aufstehen und diesen Raum verlassen, und finden Sie sich zurück in Ihren Traum und finden Sie sich an diesem Platz, wo Sie angekommen sind (nennen Sie mir Einzelheiten über die vorbestimmte Situation und die Stelle, wo Sie angehalten haben). Beschreiben Sie mir, was Sie sehen, was Sie hören, was Sie fühlen, jede andere Sinneserfahrung, die Sie haben. Und bewegen Sie bitte nicht Ihre Hände.[5]

Damit ist die Induktion beendet. Der Therapeut betont Entspannung (Gelassenheit, Ruhe), Schweigen (Stille, Geräuschlosigkeit) und Einssein (Harmonie, Einheit, Synthese). Die Induktionsphase beansprucht zu Beginn der Behandlung zwei bis drei Minuten, nachdem der Patient mit dem Vorgang vertraut ist, nicht mehr als eine Minute.

Stufe 2: Hinweg und Rückkehr

Der erste Teil ist die eigentliche Reise des Wachtraums, die *der Hinweg* heißt. Dieses Erlebnis dauert ungefähr 30 bis 40 Minuten, und es ist üblich, dem Patienten von Anfang an zu sagen, wie lange die Reise ungefähr dauern wird. Diese Information trägt nicht unerheblich dazu bei, daß der Reisende erreicht, was er sich vorgenommen hat. Sie bietet eine *Intention*, die ihn antreibt, diejenigen Entdeckungen zu machen, die für ihn wichtig sind. Der Durchschnittsmensch kann den für diese Art von Arbeit erforderlichen großen Energieaufwand für 30 bis 40 Minuten aushalten, doch gibt es auch Menschen, die früher ermüden, während andere erst zu diesem Zeitpunkt in Fahrt kommen.

Die große Ausnahme ist das erste Wachtraumerlebnis, bei dem die Wanderung eine Stunde oder sogar anderthalb bis zwei Stunden dauern sollte. Der Hauptgrund hierfür ist, daß der Patient an diese Art von Arbeit nicht gewöhnt und häufig skeptisch ist. Die Tätigkeit der Imagination ist für die meisten von uns in dieser Kultur eine schlafende Funktion. Imaginieren ist eine Übung wie jede andere auch, und es bedarf einer gewissen Mühe, um sich auf diesem Gebiet daheim zu fühlen. Die lange erste Reise hilft dabei, gewohnheitsmäßiges Denken umzuorientieren. Die lange Dauer trägt auch dazu bei, daß der Patient sich aus dem ihm vertrauteren Bereich der Phantasie wegbewegt, in dem er gerne verweilt.

Der zweite Teil der Reise besteht aus der *Rückkehr* in das Hier und Jetzt der Wachwelt. Im allgemeinen wird der Patient auf irgendeine Weise zu verstehen geben, daß er jetzt zur Rückkehr bereit ist. Er sagt vielleicht, daß er sich müde fühlt, was ein definitives Zeichen dafür ist, daß er aufhören und zurückkehren sollte. Oder er sagt ausdrücklich, daß er nicht weiterzugehen wünscht. Oder er hat vielleicht erreicht, was er sich für diesmal vorgenommen hat, und braucht daher fürs erste nicht weiterzugehen. Der Therapeut muß darauf achten, welchen Gesichtsausdruck der Patient während des imaginalen Erlebnisses zeigt. Ein Erschlaffen der Muskeln um den Kiefer oder ein Zukken der Muskeln um die Augen sind Anzeichen dafür, daß der Patient physiologisch schwächer wird, und signalisieren, daß die Reise beendet ist und die Rückkehr beginnt.

Der Rückweg, die Rückkehr, sollte flott vor sich gehen. Der Patient sollte wiederkommen, als ob er über die Situation, die er eben durchlebt hat, flöge oder schwebte, ohne sie zu beschreiben. Er kehrt auf demselben Wege zurück, den er gegangen ist, auch wenn dieser ursprünglich furchterregend, schauerlich oder häßlich war. Dem Patienten wird gesagt, daß er das, was ihn zuvor gestört hat, auf neue Weise zu sehen vermag, weil er mit neuer Wahrnehmung und neuem Verständnis zurückkehrt. Die Rückkehr auf demselben Wege trägt auch dazu bei, die Erinnerung aufzufrischen und zu festigen. Zurückkehren bedeutet, die Sinne wieder in das Alltagsleben zurückzubringen.

Die physiologischen Veränderungen, die auf dem Hinweg auftraten, kehren sich bei der Rückkehr um. Die Körpertemperatur sinkt während des Wachtraums häufig ab und muß wieder auf ihre normale Höhe zurückgeführt werden. Wenn der Reisende sich am Ende der Arbeit erschöpft fühlt, läßt man ihn ein kalorienhaltiges Getränk trinken, damit er rasch zu Kräften kommt und wieder in die materielle Welt eintreten kann. Wenn er sich benommen fühlt, sollte er sich hinlegen. Wenn er sich verkrampft fühlt, bedarf es vielleicht noch einiger Eduktionsarbeit (siehe unten). Es können auch andere Beschwerden auftreten, beispielsweise Kopfweh, Übelkeit, Bauchschmerzen oder Heißhunger; doch sind sie von geringerer Bedeutung und klingen bald wieder ab. Sie hängen alle mit der großen Anstrengung zusammen, die mit dieser Arbeit verbunden ist.

Wenn der Patient an seinem Ausgangspunkt angelangt ist, wird er aufgefordert, seine Kommentare zu allem abzugeben, was er bei der Rückkehr bemerkt oder erlebt hat. Dann wird er aufgefordert, in den Stuhl zurückzukehren, auf dem er sitzt, seine Augen zu öffnen und auf einer leeren Wandfläche, ihm gegenüber, den Höhepunkt, die Klimax des Ereignisses, das er eben miterlebt hat, zu *sehen*. Er wird aufgefordert, sich in derselben Situation zu sehen und sie, *ohne zu sprechen*, noch einmal zu erleben. Oft wird er etwas sehen oder erkennen, das er, nachdem er in völlig wachem Zustand, nach Beendigung der Eduktion, in die Wachwelt zurückgekehrt ist, dem Therapeuten im einzelnen schildern kann.

Stufe 3: Eduktion

Nachdem der Patient seine Augen geöffnet und 15 bis 30 Sekunden um sich geblickt hat, beginnt die Eduktion. Der Therapeut sagt zu ihm:

> Das Vorstellungsbild beginnt zu verblassen; Sie atmen ruhig und gleichmäßig. Ihre Füße sind schwer und drücken auf den Teppich, Ihre Arme sind schwer und drücken auf die Stuhllehnen. Ihr ganzer Körper entspannt sich, die Anspannung Ihrer Muskeln verschwindet, Ihr Körper sinkt in den Stuhl. Ihre Schultern sind schwer, als ob ein Gewicht sie nach unten drückt. Sie kommen zurück in das Hier und Jetzt und fühlen sich wach, aufmerksam und eingestimmt in alles, was in dieser Umgebung um Sie herum vorgeht. Sie kommen zurück in das Hier und Jetzt und fühlen sich erfrischt, erneut, verjüngt und wiedergeboren, wie ein neuer Mensch an Körper, Seele und Geist. Sie kommen zurück und fühlen sich gelassen, friedlich, ruhig und entspannt, voller Schwung, Tatkraft und Vitalität. Sie verspüren Energie und keinerlei Spannung. Sie haben ein Gefühl des Einsseins mit dem Innen und dem Außen, ein Gefühl des Ausgeglichenseins, und es herrscht Harmonie. Sie erleben dieses Gefühl des Wohlbehagens und der Zufriedenheit, und Sie spüren, wie alle Spannung von Ihnen abfällt, und Ihre Muskeln fühlen sich vollständig entspannt und locker an.

Im Verlauf der Eduktion wird man an kleinen Anzeichen bemerken, daß der Patient sich wieder im Wachzustand befindet. Die Augenlider werden zucken, er wird seine Finger spielen lassen, den Kopf hin- und herbewegen oder die Arme ausstrekken. An dieser Stelle fragt der Therapeut, ob der Patient irgend etwas sagen oder fragen möchte. Für gewöhnlich ist dies nicht der Fall; dann ist die eigentliche Sitzung beendet. Die Eduktion sollte ebenso lange dauern wie die Induktion (siehe S. 71–72).

Danach wird der Patient aufgefordert, das Erlebte in ein einfaches, unliniertes Schulheft zu schreiben und zu malen. Auf der ersten Seite schreibt der Patient nieder, was er mit seiner Arbeit erreichen, wissen, verstehen, erlangen oder lernen möchte. Auf den restlichen Seiten des Heftes (Vorder- und Rückseite) zieht der Patient auf der Mitte des Blattes von oben nach unten eine Linie. Am oberen Rand wird der Bericht datiert und betitelt, beispielsweise »Wachtraum Nr. 2, 14. März 1981«, und auf der linken Seite des Blattes, wiederum Vorder- und Rückseite, schreibt der Patient alles nieder, was ihm in Erinnerung ist. Auf die rechte Hälfte des Blattes malt er mit farbigen Filzstiften (oder Buntstiften oder Bleistiften) die signifikanten Bilder, die dem Text auf der linken Seite entsprechen. Nötigenfalls müssen die Bilder mit einer Unterschrift versehen werden. Wenn der Patient beim Malen irgendwelche spontanen Gedanken oder Gefühle hat, muß er diese ebenfalls auf der rechten Spalte eintragen. Auf der unteren Seite des Blattes signiert er mit seinem Namen. Damit macht er sich das Erlebnis zu eigen, es gehört ihm nun (Abb. 3, S. 76).

Nächtliche Träume sollten ebenfalls in dieser Weise in das Heft eingetragen werden. Das ist zwar schwierig, und viele versuchen es nicht einmal. Manche schreiben die Träume auf, aber nur wenige schreiben sie auf und malen sie. Manchmal beginnen Patienten, ihre Träume zu malen, sobald die Wachtraumtherapie einen gewissen Fortschritt gemacht hat. Patienten können in der Nacht aufwachen, um ihre Träume aufzuschreiben, doch ist dies keineswegs notwendig und sogar der Gesundheit abträglich.

14. März 1981, Wachtraum Nr. 2

Links	*Rechts*
Geschriebenes	Gemaltes

Abb. 3: Wachtraumprotokoll. Die Wörter »Links«, »Rechts«, »Geschriebenes«, »Gemaltes« sind entbehrlich. Sie sollen in der Abbildung nur die Anlage des Protokollheftes erläutern.

Häufig versucht der Patient, die Reproduktion seiner Übung auf die lange Bank zu schieben. Er möchte die Erfahrung auskosten und fürchtet, sie aufzulösen oder zu zerstören, wenn er sie festhält. Aber wenn die Energie nicht in die Welt hinausgesandt wird, ist sie für konstruktives Handeln verloren und kehrt wieder in das allgemeine Energiefeld zurück, das unsere Existenz erfüllt. Manchmal hat der Patient aus Willensschwäche die Gewohnheit, sich nicht in die Karten sehen zu lassen und nichts zu Ende zu bringen.

Ich bitte den Patienten um eine (farbige) Photokopie der Arbeit, so daß ich sie für mich selbst betrachten kann und eine Unterlage habe, um den Fortschritt der Therapie zu beurteilen. Ich bitte den Patienten auch, sich als Vorbereitung auf unsere nächste Sitzung die Arbeit zu Hause anzusehen. In dem Maße, in dem der Patient das Reich der Imagination zu akzeptieren beginnt, ruft diese häusliche Arbeit oft andere visuelle Phänomene (Träume) hervor.

Das Protokollheft ist ein Analogon des Gehirns. Die linke Spalte ist das Korrelat derjenigen Gehirnhälfte, die den verbalen Ausdruck vermittelt; die rechte Spalte ist das Korrelat derjenigen Gehirnhälfte, die visuelle Phänomene vermittelt; die vertikale Linie in der Mitte der Seite ist das Korrelat des corpus callosum.

Bei der Wachtraumarbeit muß der Therapeut seine Stimme auf einer gleichmäßigen, normalen, alltäglichen Ebene halten. Die meisten Leute neigen dazu, die Stimme bei den Anleitungen zu einer Exploration zu senken, was einen tiefen hypnotischen Zustand induzieren kann, der den Patienten zu rasch von der Wachebene und damit vom Zustand der Verwurzeltheit abbringt. Der Suchende muß selbst das ihm gemäße Tempo finden. Jede Vertiefung des Erlebens durch künstliche Stimulierung ist schädlich.

Die Stimme des Therapeuten wird auch zur »Stimme der Realität«, die während der ganzen Arbeit eingreift, damit der Patient sozusagen mit den Füßen auf der Erde bleibt und nicht »wegfliegt« oder in gewöhnliches Phantasieren verfällt. Letzteres kommt meist dann vor, wenn man inneres Leben vor sich selbst ausbreitet. Die konditionierte Gewohnheit setzt sich durch, und der Patient begibt sich in Regionen, die ihm vertraut sind; die Stimme des Therapeuten hilft ihm, dem gewohnten Modus zu entrinnen.

Es folgt nun die ausführliche Schilderung eines Wachtraums auf der oben beschriebenen zweiten Stufe zwischen dem Reisenden und dem Führer.

Reisender: Der Traum ist so, daß ich zwischen zwei hohen Felsen gehe und mich ganz sicher fühle. Erst sind die Felsen ganz, ganz hoch, und dann werden sie allmählich niedriger, und ich bewege mich irgendwie aufwärts, indem ich gehe oder in irgendeiner Art Fahrzeug schwebe. Ich bin allein; gelegentlich sind Leute da, die ich nicht kenne, die jedoch freundlich sind. Ich komme zu der Stelle, wo die Straße oder der Weg auf gleicher Höhe mit den Felsen verläuft, und dort ist ein Fluß, der an einer Seite zugefroren ist, und während ich am Fluß dahingehe, verschwinden der zugefrorene Fluß, die gefrorenen Bäume, der Schnee und das Eis allmählich; und ich komme an eine Stelle, wo es grün ist und der Fluß ohne Eis dahinströmt. Dann komme ich an eine Stelle, wo ich weitergehen möchte, und wache auf. Das ist der Traum. Es gefällt mir da, ich habe den Eindruck, daß ich eine besondere Stelle gefunden habe, und ich möchte weitergehen. Aber dann klingelt der Wecker, und ich muß aufstehen. Ich glaube, das wichtigste an dem Traum war die Stelle, an der ich mich kurz vor dem Aufwachen befand. Ich finde sie wieder, indem ich den Fluß entlanggehe.

Nachdem der Reisende sich mit Hilfe des Führers entspannt hat, kehrt er zu dem Traum zurück.

Reisender: Ich sitze am Fluß und höre seinem Rauschen zu. Es ist ein angenehmes, plätscherndes Geräusch. Ich schaue ins Wasser und sehe ein schimmerndes, blitzendes Flußbett, über das das Wasser hingeht, wobei es liebliche Geräusche macht – fast musikalisch –, es ist wie Musik, aber es hat keine besondere Melodie.

Führer: Hören Sie dem Geräusch genau zu und bleiben Sie bei dem Geräusch! Denken Sie daran, daß Sie mehr und mehr in dem Geräusch drin sind, daß Sie immer mehr ein Teil dieser ganzen Szene werden, daß sie mehr und mehr zu Ihnen selbst gehört, daß Sie selbst an dem Geräusch des Stromes teilhaben werden. Ist es ein Süßwasserstrom? (An dieser Stelle bringe ich die Sinne des Patienten in den Wachtraum hinein.)
Reisender: Ja, und eben ist die Sonne herausgekommen.
Führer: Und wo steht die Sonne, von Ihnen aus gesehen? (Ich verweise die Sinne des Patienten wieder in den Wachtraum.)
Reisender: Rechts von mir. (Diese Position ist wichtig und wird später genauer beschrieben werden.)
Führer: Sehen Sie die Sonne und fühlen Sie ihre warmen Strahlen. Die Sonne bescheint Sie mit ihren Strahlen, und Sie fühlen sich gereinigter, entspannter und gestärkter. Gehen Sie nun an den Fluß, knien Sie am Fluß nieder und waschen Sie sich mit dem schönen, kühlen, kristallklaren, ruhigen, fließenden Wasser das Gesicht; denken Sie daran, daß Sie alle Unreinheiten von Ihrem Körper abwaschen, wenn Sie Ihr Gesicht mit diesem fließenden, klaren, reinen Wasser aus dem Fluß waschen. Und nun nehmen Sie das kühle, klare, reine Wasser in Ihre hohlen Hände und trinken Sie es sehr langsam. Denken Sie daran, daß Sie, während Sie es langsam trinken, alle Unreinheiten aus dem Inneren Ihres Körpers auswaschen, daß Sie sich innerlich und äußerlich reinigen. Sagen Sie mir, was mit Ihnen geschieht und wie Sie sich fühlen. (In vielen Traditionen auf der ganzen Welt spielen Reinigung und Säuberung als Vorbereitung auf die Reise oder Initiation eine bedeutsame Rolle.)
Reisender: Warm und behaglich. Das Wasser schmeckt frisch. Es schmeckt praktisch wie Eiswürfel, nur ohne das Eis darin. Ich stehe auf und gehe weiter, gehe am Fluß entlang, und der Fluß wird breiter.
Führer: Sagen Sie mir, was Sie sehen und wie Sie sich fühlen.

Reisender: Ich kann den Grund des Flusses nicht mehr sehen, obwohl das Wasser immer noch ganz klar ist. Ich gehe in das Wasser hinein, und es ist ziemlich tief.
Führer: Wie fühlen Sie sich?
Reisender: Angenehm, es ist ein bißchen kalt, weil das Wasser kalt ist, aber ich friere nicht. Es fühlt sich frisch an. Jetzt beginne ich zu schwimmen. Ich schwimme auf die andere Seite des Flusses. Irgendwo scheine ich meine Kleidung gelassen zu haben.
Führer: Sagen Sie mir, was auf der anderen Seite des Flusses geschieht.
Reisender: Ich liege in der Sonne und genieße die Wärme. Ich entspanne mich, fühle mich friedlich. Es erinnert mich jetzt an eine tropische Insel; der Fluß hat sich wohl in einen Ozean verwandelt, und ich liege am Strand.
Führer: Sehen Sie tropische Bäume?
Reisender: Ja. Palmen – Kokospalmen. Und da sind auch Leute.
Führer: Können Sie die Leute beschreiben, die Sie sehen?
Reisender: Leute aus Hawaii oder Tahiti. Balinesen, aber keine Balinesen aus der Gegenwart. Balinesen aus der Zeit, bevor der weiße Mann kam. Sie sind herzlich, freundlich, entspannt. Sie begrüßen mich. Ich begrüße sie auch.
Führer: Sehen sie freundlich aus?
Reisender: Ja.
Führer: Sagen Sie mir, was sie tragen.
Reisender: Ich weiß nicht. Sie sind irgendwie nur halb angezogen. Es wirkt natürlich, sie tragen Blätter oder Tücher, die sie umgebunden haben – Blumen.
Führer: Wie fühlen Sie sich?
Reisender: Gut. Ich gehe mit den Leuten nach Hause.
Führer: Sie nehmen Sie irgendwohin mit?
Reisender: Ja. Nach Hause. Ihr Zuhause und mein Zuhause, obwohl ich der Besucher bin. Aber ich bin nicht mehr der Besucher. Ich verspüre Frieden, Freude, Tanz, Musik. Die Sonne scheint, aber es scheint gleichzeitig Abend zu sein,

aber die Sonne ist immer noch ganz hell. Das Wasser geht bis an den Horizont. Es ist einfach prachtvoll.
Führer: Können Sie die Stelle beschreiben, wohin die Leute Sie mitgenommen haben?
Reisender: Es ist wie eine Hütte, mit einer erhöhten Fläche in der Mitte. Es ist fast wie ein Altar in der Mitte, mit Blumen und einer Veranda, die gehört eigentlich nicht hierher, aber es macht nichts.
Führer: Können Sie die Blumen riechen?
Reisender: Es ist roter Jasmin, hellrot und dunkelrot, mit goldenen Rändern, und er sitzt auf grünen Blättern. Die meisten Blüten sind gepflückt worden, aber manche sind noch da, aber die meisten sind gepflückt und man hat sie auf den Altar gelegt, wo sie immer noch hell sind und glänzen – nein, nicht glänzen, sie sind feucht vom Tau – und in der Mitte – da steht eine Schale mit Obst und noch anderen Blumen. Es sieht fast aus wie eine Andacht zur Feier des Lebens.
Führer: Wie fühlen Sie sich dort?
Reisender: Wie zu Hause – besser kann ich es nicht sagen.
Führer: Als ob Sie ein Stück davon wären?
Reisender: Ja. Wir sprechen irgendwie dieselbe Sprache, ohne zu reden. Wir reden nicht, es ist eine nichtverbale Kommunikation. Wir gleiten dahin.
Führer: Sie meinen, was die Leute tun und wie sie sind?
Reisener: Einfach, wie sie sind.
Führer: Und was machen Sie jetzt?
Reisender: Ich esse Obst. Trinke irgendeinen Fruchtsaft.
Führer: Wie schmeckt der Saft?
Reisender: Gut. Ich wünschte mir, ich könnte wirklich etwas davon trinken. *Aber er ist ja wirklich.* Ich kann ihn schmecken.
Führer: Beschreiben Sie den Geschmack.
Reisender: Herb und süß.
Führer: So wissen Sie also, während Sie diesen Saft schmekken, seinen herb-süßen Geschmack, *daß Sie ein Teil dieses Ortes sind.* Und Sie wissen, während Sie trinken, daß der Saft Sie erfrischt und Sie stärkt.

Reisender: Es ist eine Feier des Lebens und des Todes und der Wiedergeburt. Da ist auch der Fluß wieder, auf der Insel.
Führer: Und wo sind Sie?
Reisender: Ich stehe mit den Leuten am Ufer des Flusses, und wir verbrennen irgend etwas künstlich Hergestelltes. Es ist, als ob ich mich selbst auch verbrenne. (Der Ausdruck *künstlich Hergestelltes* wird nicht gedeutet.)
Führer: Blicken Sie in die Flammen. Sehen Sie zu, wie es brennt, und sagen Sie mir, wie Sie sich fühlen.
Reisender: Ich spüre Wärme in der Flamme. Es ist ein bißchen unheimlich, aber ich will nicht aufhören.
Führer: Gibt es irgend etwas, das Sie bei dem Feuer machen müssen?
Reisender: Es ist ein Feuer, durch das ich hindurchgehen muß, das ich erleben muß.
Führer: Sagen Sie mir, was Sie fühlen.
Reisender: Ich habe Angst und bin gespannt. Ich sage mir, daß ich es überstehen werde.
Führer: Gibt es irgendeinen unter den Balinesen, an den Sie sich wenden oder den Sie um Beistand bitten müssen?
Reisender: Sie sind alle mit mir dabei.
Führer: Sie sind alle mit Ihnen dabei? Wie sehen sie aus?
Reisender: Jeder ist allein und für sich. Jeder geht durch seine eigene Feuer-Waschung hindurch. Irgendwie fühle ich mich durch die Farbe Blau behütet. Es bedeutet nicht, daß ich nicht verbrannt werden muß, aber es ist das Gefühl, daß ich wie Phönix sein werde, daß ich wiedergeboren werde.
Führer: Sagen Sie mir, wie Sie sich fühlen.
Reisender: Ängstlich und erwartungsvoll.
Führer: Was geschieht jetzt?
Reisender: Ich möchte am liebsten weglaufen, aber ich bleibe stehen. Das Feuer wird größer, es verzehrt alles.
Führer: Möchten Sie lieber nicht weitermachen?
Reisender: Nein, ich kann es schon schaffen.

Führer: Dann beschreiben Sie, was mit Ihnen geschieht und was Sie sehen und wie Sie sich fühlen.
Reisender: Um mich ist alles schwarz und rot. Ich spüre, daß noch etwas Blaues übrig ist, aber auch das wird jetzt verbrannt. Es ist, als ob ich jetzt schwebe, aber nicht ich selbst, sondern mein Körper – alles Faßbare an mir, nicht ich selbst. Mit ich selbst meine ich das innere Ich, den Kern. *Der* ist nicht greifbar. Der Geist überdauert; der Körper wird verbrannt.
Führer: Sie sehen also, daß Ihr Körper verbrannt wird, und Sie wissen, daß Ihr Körper nicht alles ist, daß es etwas Unangreifbares gibt. Sagen Sie mir, was geschieht und wie Sie sich fühlen.
Reisender: Mein Körper ist verschwunden, aber ich fühle nichts. Ich habe keine Schmerzen; vielleicht noch etwas Furcht. Ich beginne, mich zu wundern. Was wird es sein? Dort steht ein großer Baum.
Führer: Beschreiben Sie den Baum.
Reisender: Die eine Seite ist grün, und die andere Seite ist mit totem Moos bewachsen. Es ist der Weltenbaum.
Führer: Und wo befinden Sie sich jetzt?
Reisender: Ich betrachte ihn und komme näher. Ich gehe auf ihn zu. Ich gehe, ohne die Füße zu bewegen. Da ist irgendeine Art Antrieb, die mich durch die Luft auf den Baum zubewegt, auf die Mitte des Baumes zu.
Führer: Wie fühlen Sie sich?
Reisender: Ich fühle mich eins mit dem Baum.
Führer: Dies ist Ihr Baum. Er gehört Ihnen.
Reisender: Aber nicht mir allein, sondern allen. Der Baum ist der Anfang und das Ende.
Führer: Sagen Sie mir, was geschieht.
Reisender: Ich verschmelze mit dem Baum, ich bin der Baum. Und da kommen die anderen und verschmelzen auch mit dem Baum. Der Baum erfüllt den ganzen Weltraum. Es gibt nichts anderes, alles ist in dem Baum.
Führer: Sagen Sie mir, wie Sie sich fühlen.

Reisender: Gut. Entspannt. Angenehm. Weder kalt noch warm. Irgendwie – vergeistigt. Farbflammen schlagen herein, blaue und goldene und grüne, aber keine Pastellfarben, leuchtende, strahlende Farben, sie kommen und gehen, wie Wellen.
Führer: Sehr lebhafte Farben?
Reisender: Sehr kräftige Farben, solche, von denen man normalerweise denken würde, daß sie sich beißen. Aber sie beißen sich nicht. Jetzt kommen auch ein paar Pastelltöne dazu.
Führer: Sagen Sie mir, wie Sie sich jetzt fühlen.
Reisender: Ich freue mich. Ich fühle eine *leichte Spannung in meinem Rücken* (Hervorhebung von mir; Zeit zur Rückkehr), in der Mitte meines Rückens. Aber ansonsten fühle ich mich entspannt und angenehm.
Führer: Dann verlassen Sie jetzt diesen Baum, denken Sie daran, daß es Ihr Baum und jedes Menschen Baum ist und daß er Ihnen und jedem anderen gehört, der Weltenbaum, und daß Sie jederzeit zu ihm zurückkommen können, wenn es nötig ist. Dies ist Ihr Ort. Und danken Sie den Balinesen, daß sie Sie hierhergebracht haben. Und sagen Sie ihnen Lebewohl und verlassen Sie schnell diese Insel und gehen Sie den Weg zurück zu dem Punkt, an dem Sie diese Exploration begonnen haben und sehen Sie alles mit neuer Wahrnehmung. Lassen Sie es mich wissen, wenn Sie zu der Stelle zurückkommen, von der Sie ausgegangen sind. Sie kommen jetzt von der Insel zurück, durch den Ozean, in den Fluß. Sie schwimmen durch den Fluß.
Reisender: Ich suche meine Kleidung.
Führer: Ja.
Reisender: Ich ziehe sie wieder an.
Führer: Ja.
Reisender: Ich tue es mit Bedauern.
Führer: Aber Sie wissen, daß dies ein Ort ist, zu dem Sie jederzeit zurückkommen können; denn es ist Ihr Ort und Ihre Existenz, und er ist immer für Sie da. Sie verlassen jetzt jenen Ort und kommen wieder in dieses Zimmer, und

jetzt sitzen Sie wieder in diesem Stuhl. In einem Augenblick werde ich Sie bitten, die Augen zu öffnen und sich selbst auf dem Baum zu sehen, das Verschmelzen mit dem Baum noch einmal zu erleben, so wie Sie es erlebt haben, mit all den Gefühlen, die Sie erlebt haben, und all den herrlichen Farben und allem, was Sie dort gesehen haben. Sprechen Sie nicht dabei. Sie werden alles auf der weißen Wand Ihnen gegenüber sehen. So, öffnen Sie jetzt die Augen und sehen Sie es dort an der Wand, und sprechen Sie nicht. (In diesem Augenblick herrscht Schweigen.) Und jetzt, während das Bild zu verblassen beginnt, kommen Sie wieder zurück ins Hier und Jetzt. Sie fühlen sich erfrischt, erneut, verjüngt, wie ein neuer Mensch an Körper, Seele und Geist. Sie fühlen Ihre Füße auf den Teppich drücken, Ihr ganzer Körper ist schwer, Ihre Schultern sind schwer, als ob ein Gewicht sie nach unten drückte, und Ihre Hände sind sehr schwer und drücken auf die Armlehnen Ihres Stuhls. Und Sie atmen ruhig und gleichmäßig und kommen zurück ins Hier und Jetzt. Sie fühlen sich völlig wach, aufmerksam und eingestimmt und bemerken alles, was um Sie und in Ihnen vorgeht: Sie kommen zurück und fühlen sich gelassen, friedlich, entspannt, voller Energie, und Sie verspüren innerlich und äußerlich Einheit und Harmonie. Und während Sie ins Hier und Jetzt zurückkommen, fühlen Sie sich gelassen und friedlich, alle Spannung weicht aus Ihren Muskeln, und Sie atmen ruhig und gleichmäßig. Jetzt können Sie sprechen, wenn Sie wollen.

Reisender: Ich habe mir überlegt, als Sie davon sprachen, daß ich es malen könnte, aber daß es mir schwerfallen würde, alles aufzuschreiben, weil es so viel ist. Wenn ich es mir überlege, war es auch beim Sprechen so, als ob sich alles in einer Art Kurzschrift abgespielt hätte.

Ein Beispiel für einen Patienten, der die Wachtraumtherapie erfolgreich beendete, ist Fall Nr. 15, ein Mann, der zuvor 17 Jahre Psychoanalyse hinter sich hatte, weil er an Angstzuständen und phobischen Symptomen litt. Trotz enormer Begabung war er unfähig, auf dem von ihm gewählten Betätigungsfeld befriedigend zu arbeiten. Dieser Mann war Künstler und hatte ein Dutzend Jahre zuvor nationale Berühmtheit erlangt. Seit dieser Zeit stieß er ständig seine Kollegen vor den Kopf und beleidigte alle, die seine Arbeit bewunderten und ihm Aufträge geben wollten. Er war reizbar und provozierend. Er litt nicht nur an chronischen Angstzuständen, sondern war auch furchtsam. Er konnte sich weder eine Spritze geben noch Blut abzapfen lassen. Seine Karriere war drauf und dran, in die Brüche zu gehen, und die Psychoanalyse hatte ihm nicht geholfen. Er kam zu mir, weil er verzweifelt war. Er wollte nicht an seinen Ängsten arbeiten, denn er hatte den Eindruck, daß sie unheilbar seien, sondern wünschte ausdrücklich, seine Karriere zu retten.

Im Laufe der Behandlung kam er konsequent auf Wutgefühle zurück, die sich in der Wachtraumarbeit oft so konkretisierten, daß er großen, behaarten Ungeheuern mit erschreckenden Augen begegnete oder menschlichen Scheusalen oder Riesen. Auf diese Begegnungen pflegte er damit zu reagieren, daß er ein Schwert nahm und die Scheusale in Stücke schlug. Selbst in den friedlichsten, idyllischsten Wachtraumszenerien pflegte irgendein unheildräuendes Ungeheuer aufzutauchen, das erschlagen werden mußte. Wenn er einen Begleiter hatte, etwa ein Familienmitglied, verwandelte sich der Betreffende ebenfalls in ein Ungeheuer, das in Stücke geschlagen werden mußte. Der Mann begann, seinen rechten Arm als Vernichtungswaffe zu betrachten. Und das machte es schwierig, diesen selben Arm für schöpferische Arbeit zu gebrauchen.

Etwa auf halbem Wege unserer gemeinsamen Arbeit begleitete ich ihn bei einer gesteuerten Übung (seine Wahl), bei der ich ihn (meine Wahl) dadurch überraschte, daß ich mich plötzlich gegen ihn kehrte und ihn mit einem Schwert in Stücke schlug. Dann forderte ich ihn auf, sich selbst wieder in neuer Weise zusammenzusetzen. Dieser Vorfall markierte einen Wendepunkt in seinem Kampf, sich selbst von seinem lähmenden Verhalten zu befreien.

Er begann einzusehen, daß er nicht länger auf seinen früheren Ruhm bauen konnte, sondern im Hier und Jetzt schaffen mußte. Sein Zorn entstand zu einem guten Teil aus seiner Überzeugung, daß sein früherer Ruhm ihm auch heute noch große Anerkennung einbringen müsse. Schließlich erlebte er einen Wachtraum, in dem er am Rande eines Flusses dahinzog, einem riesigen schwarzen Bären begegnete, dem er ohne Zorn entgegentreten konnte, und ein Tal erkundete, in welchem er einen verborgenen Schatz entdeckte, der, wie ich ihm erklärte, ihm gehörte. Er steckte eine Perle zu sich, bevor er von der Wachtraumwanderung zurückkehrte. Daraufhin regte ich an, daß er in den folgenden drei Wochen (3 hat die Bedeutung der Synthese) jeden Morgen kurz in das Tal zurückkehren, die Perle suchen und sie für einige Sekunden ansehen sollte, mit der Intention, daß er den in ihm selbst verborgenen Schatz entdecke. Das ganze Erlebnis sollte nicht mehr als ein oder zwei Minuten in Anspruch nehmen. Diese Art der täglichen Übung im Anschluß an den Wachtraum hat zum Zweck, die wichtigste Entdeckung des Wachtraumerlebnisses zu verstärken. Sie wird im Zusammenhang mit der Wachtraumtherapie routinemäßig vorgenommen.

Im Anschluß an diese Arbeit wurde mein Patient mit Filmarbeiten an einem Fluß beauftragt, der dem in seinem Wachtraum ähnlich war. Diese Arbeit ging sehr gut vonstatten. Er war fähig, sich auf seine kreativen Bemühungen zu konzentrieren, und sein Selbstvertrauen nahm merklich zu. In dem Maße, in dem er sich selbst besser fühlte, wurde er umgänglicher gegenüber seinen Mitarbeitern. Er war fähig, seinen Verpflichtungen zur Zufriedenheit seiner Auftraggeber nachzukommen, brauchte andere nicht mehr zu beleidigen und war besser als früher in der Lage, die Bedürfnisse seiner Auftraggeber zu erkennen.

Von diesem Moment an nahm seine Karriere einen steilen Aufschwung. Eine Nachuntersuchung zwei Jahre später ergab, daß er noch immer in derselben kreativen Weise tätig war. Eine weitere Nachuntersuchung nach vier Jahren erbrachte, daß er noch immer auf der Ebene arbeitete, die er beim Abschluß der

Wachtraumarbeit erreicht hatte. Er war erfolgreich, und er betrachtete seine Imaginationsarbeit als den entscheidenden Faktor bei dieser Wende.

Was die Reise selbst betrifft, so gibt es viele Grundsätze, die ein fruchtbares Ergebnis garantieren können. Ein Grundprinzip ist, daß der Therapeut im räumlichen Bereich während des ganzen Trips *Anweisungen erteilt.* Instruktionen verschiedener Art gibt es in allen Formen der Therapie. Für gewöhnlich werden sie als Bedingungen formuliert, die man vom Beginn der Therapie an einhalten muß, um einen allmählichen Fortschritt sicherzustellen (Epstein, 1976). Gelegentlich wird dem Patienten gesagt, was er tun muß: »Frei assoziieren«, »Tun Sie nichts, bevor Sie nicht darüber gesprochen haben«.

In der Phänomenologie des Raumes wird der Therapeut zum Führer, der den Reisenden begleitet. Dem Suchenden können auf seiner Wanderung viele Gefahren begegnen. So wie wir uns in einem fremden Land einen Führer wünschen, der uns auf Dinge aufmerksam macht, die interessant sind, aber auch auf solche, *die wir vermeiden müssen,* so wünschen wir uns diese Art von Beziehung auch im Wachtraum. Der Reisende kann abschweifen, er kann sich verirren, er geht vielleicht zu schnell, er liebt das, was er findet, so sehr, daß er gar nicht mehr umkehren möchte, oder er friert fest und ist unfähig, sich zu bewegen. Alles Mögliche kann geschehen, ebenso wie im täglichen Leben. Aufgabe des Führers ist es, die Richtung der Bewegung anzugeben, gelegentlich auf das hinzuweisen, was den Reisenden erwartet, und ihm hin und wieder einen Rat zu geben, was er mit dem, was er gefunden hat, tun soll. Oft mag eine Belehrung vonnöten sein, *nachdem* der Suchende etwas gefunden hat oder ihm etwas begegnet ist oder wenn er darum bittet oder er sich auf gefährliches Gelände begibt.

Ein depressiver Mensch findet möglicherweise sehr schnell ein Grab oder eine Krypta, in der es dunkel und unheilschwanger ist. Zu Beginn der Arbeit mit einem solchen Menschen wäre es unklug, ihn zu rasch in diesen Raum eintreten zu lassen, da das Erlebnis überwältigend sein oder ihn überfordern könnte.

Im Bereich der primären Räumlichkeit, der holographischen Sphäre, ist wegen der Eindringlichkeit dieser Erlebnisse Vorsicht geboten. Unternehmungslustige Reisende stürzen sich oft zu schnell in diese Tiefen und erleben dann unliebsame Überraschungen.

Wichtig ist, diese Art von Vorsichtsmaßregeln nicht zu verwechseln mit jener autoritären Haltung, wie sie allzu häufig aus der psychotherapeutischen Beziehung zwischen Therapeut (Arzt) und Patient entsteht. Die Hierarchie, die den mit »Therapeut« und »Patient« bezeichneten Rollen innewohnt, birgt die Versuchung autoritären Mißbrauchs in sich. Diese Bezeichnungen gehen von der Voraussetzung aus, daß die eine Person etwas zu geben, die andere etwas zu bekommen hat. Der eine übernimmt die Rolle des allmächtigen Lieferanten, der andere die des hilflosen, abhängigen Konsumenten.

Phänomenologisch fundierte Therapien versuchen, diese künstlich geschaffene Hierarchie zu beseitigen, indem sie eine autoritäre Haltung und die erwähnte Aufspaltung der Rollen sorgfältig vermeiden. Im Wachtraum gibt es keine künstlich konstruierte »Übertragungs«-Beziehung. Der Gang der Behandlung hängt nicht von der Herausbildung einer solchen Beziehung ab. Der Führer hat kein »Spezialwissen«, und es wird auch kein spezielles Bild von ihm entworfen. Seine Präsenz als der, der er im gegenwärtigen Augenblick *ist*, dient dazu, das Heilpotential des Reisenden zu fördern.

Unter Heilung verstehe ich die Harmonisierung und den Ausgleich zwischen den rationalen und den nichtrationalen Prozessen der menschlichen Existenz, wobei eine solche Synthese ein Gefühl der Einheit und Ganzheit in bezug auf sich selbst und die Dinge dieser Welt erzeugt.

Der Suchende findet den heilenden Impuls durch sein eigenes, aktives Bemühen, ohne daß der Therapeut das, was er entdeckt, *deutet*. Ja, der Führer wird den Reisenden sogar davon abhalten, das, was ihm begegnet, zu interpretieren. Wenn der Therapeut Deutungen oder Erklärungen anbietet, drängt er sich möglicherweise in das Leben des Patienten ein und stellt jenes Medium her, in dem »Übertragungsabhängigkeit« wächst. Er wird den Wanderer vielmehr daran erinnern, daß diese Arbeit von einem phänomenologischen Ansatz ausgeht, das heißt, daß der Patient das, was ihm begegnet, für sich selbst, als das, was es ist, sprechen läßt.

Aus der Unmittelbarkeit der Begegnung erwächst die Einsicht in das eigene Wesen. Wenn der Patient hartnäckig intellektualisiert, hat er sich noch nicht sehr weit von seinem gewöhnlichen Standpunkt entfernt und ist noch nicht in das Reich des Imaginalen eingetreten. Der Therapeut kann die Heilung nicht dadurch fördern, daß er dem Entdecker interpretierende Erklärungen bietet. Ein solches Verhalten beschränkt den Suchenden in seiner Möglichkeit, die Dinge für sich selbst zu entdecken, und bestärkt ihn in seiner Abhängigkeit. Es stört auch das Erleben, das sich im Inneren des Individuums vollzieht, um Wachstum und Verwandlung zu fördern.

Statt Interpretation bietet der Therapeut *Intention*. Intention bedeutet Wissen im Kontext der Exploration. Sie gibt dem Patienten eine innere Direktive sowie eine Richtung, eine Anregung, und erlaubt ihm, das zu vollbringen, was er für seine Entwicklung tun muß. Man sagt ihm nicht, *was* er finden, spüren oder erleben wird, sondern nur, daß die *Möglichkeit* hierzu existiert. Die einfachste Art, dies in Worte zu kleiden, ist die Wendung *Denken Sie daran*, und zwar wie folgt:

Im Anschluß an die Induktion, am Beginn des *Hinwegs*, wird dem Suchenden der Zweck der *Exploration* mitgeteilt. Dieser Zweck betrifft entweder die Ziele des Patienten in der Behandlung oder die weitere Exploration einer Spur, die bereits im Rahmen des Wachtraums verfolgt worden ist. So würde man beispielsweise zu jemandem, der seine Depressionen zu überwinden wünscht, etwa folgendes sagen: »*Denken Sie daran*, daß Sie, wenn Sie diese Exploration fortsetzen, herausfinden werden, was Sie tun können, um Ihre depressiven Gefühle unter Kontrolle zu bringen.« Oder zu jemandem, der unter Angst leidet: »*Denken Sie daran*, daß Sie, wenn Sie diese Reise fortsetzen, etwas finden werden, was Sie gebrauchen können, um

Ihre Angst zu bekämpfen.« Diese Intentionen kann der Therapeut in seinem eigenen Stil ausdrücken, und ich hoffe, daß meine Leser ihre eigenen Varianten finden werden. Sehr wichtig ist jedoch der Gebrauch der Wendung *Denken Sie daran* (die nicht hervorgehoben werden darf, indem man die Stimme verändert).

Die Bedeutung des Wachtraumerlebens liegt in dem, was der Patient über sich selbst *sieht* und dann unerschütterlich weiß. Was entdeckt wird, ist wahre *Einsicht*, die dann auf das Alltagserleben einwirkt. Die Handlung selbst birgt in sich das Potential der Heilung. Diese Einsicht (von »ein-sehen«) gibt dem Patienten die Freiheit, Tendenzen umzukehren, die zur Gewohnheit geworden sind. Diese Umkehr *ist* das heilende Moment. An dieser Stelle erkennt der Suchende, daß er die Fähigkeit hat, eine Handlung vorzunehmen, die ihm Heilung, Verwandlung und Wachstum bringen wird. Er hat nicht länger das Gefühl, der unglückliche, passive Empfänger all dessen zu sein, was über ihn hereinbricht, sondern er sieht, daß er jetzt *aktiv* sein eigenes Erleben erschaffen kann. Er braucht keinen anderen mehr, der etwas für ihn tut.

Die Vorstellungsbilder, die der Patient aktiv wiedererzeugt, nachdem er sie holographisch entdeckt hat, sind die Konkretisierungen seiner Gefühle. Einer meiner Patienten visualisierte Verzweiflung und Hoffnungslosigkeit als leeren Himmel. Eine andere Patientin sagte, sie fühle sich »trübe«. Aufgefordert, dieses Gefühl in ein Bild umzusetzen, beschrieb sie eine lange Straße ohne Blumen, eine Straße, die sie ganz alleine und ohne jede Hoffnung zu gehen hatte.

Da Gefühle nicht in den Bereich der linearen Logik gehören, zweifeln Therapeuten (oft unterschwellig) an ihrer Echtheit. Dies verleitet den Patienten, selbst an seinem Erleben zu zweifeln, und läßt ihn in einem Zustand der Verwirrung über das, was er fühlt. Die Imaginationsarbeit erlaubt dem Patienten, seine Gefühle zu akzeptieren, zu sehen, was sie sind, und sie zu erforschen, so daß er konstruktiv mit ihnen umgehen kann. Später, sobald er feststellt, daß er wieder in sein gewohntes

Verhalten verfällt, wird der Patient ermutigt, seine neue Haltung bewußt nachzuerleben. Diese kurze Rückbesinnung auf das Wachtraumerleben vermag gewohnte Verhaltensmuster, alte Gedanken und Gefühle zu verändern.

Wir haben es im Wachtraum im wesentlichen mit räumlichen Bereichen zu tun, die gekennzeichnet sind durch Ausdehnung, aber nicht durch konkrete Materie.[6] Im Raum braucht das Individuum einen sicheren Halt, um nicht unwiederbringlich in eine endlose Umlaufbahn abgetrieben zu werden. Der Astronaut, der einen Halt braucht, während er im Weltraum oder auf dem Mond manövriert, ist dafür ein konkretes Beispiel. Der Führer bietet Fingerzeige für die *Verankerung* des Reisenden, der vielleicht nicht zurückkehren möchte oder an eine Stelle kommt – ähnlich dem, was in der Astronomie als »schwarzes Loch« bezeichnet wird –, wo die Gefahr besteht, zu rasch in einen Strudel hineingezogen zu werden.

Ein Patient (Fall Nr. 15) reiste mit einem raketenartigen Fahrzeug in den äußeren Weltraum, schoß rasch an den Planeten vorüber und sah sich bald einem schwarzen Loch gegenüber. Er wartete nicht auf mich, und bevor ich ihn einholen konnte (er hatte diese Reise von Anfang an zu rasch angetreten), stürzte er durch das schwarze Loch und rief aus, dies sei der »Tod«. Dann stürzte er in zusammengekrümmter Position zu Boden und begann, unkontrolliert zu weinen und zu schreien. Schließlich war er seiner Sinne wieder mächtig; er war verstört und verängstigt. Er sagte, nach dem Sturz durch das schwarze Loch sei er nicht mehr fähig gewesen, seinen »Anfall«, den er mit einem epileptischen Anfall verglich, zu kontrollieren. (Er hatte niemals an Epilepsie gelitten, und spätere neurologische und psychologische Tests ergaben keine organische Schädigung.) Obwohl er einen großen Schrecken bekommen hatte, wollte er die Wachtraumtherapie fortsetzen.

Wenn man sich durch die verschiedenen Ebenen der Realität bewegt, muß man sich der Hilfe eines Führers versichern, der den Weg kennt.[7] Nur der Suchende kann das Ereignis erleben, und jeder Versuch des Führers, dem Suchenden seine eigene

Wahrnehmung des Erlebnisses aufzuzwingen, muß als unangemessen betrachtet werden, weil dies den Suchenden aus dem Reich des Imaginären herausreißen und den Moment des Erlebens, den Augenblick der Gegenwart, mit einer plötzlichen intellektuellen Gedankenbewegung – einer Bewegung der linearen Zeit und daher zwangsläufig nicht des gegenwärtigen Augenblicks – unterbrechen und ihm das konkrete Leben aufzwingen würde. Während der Exploration sollte der Therapeut das Ereignis schriftlich oder mit einem Tonbandgerät festhalten, um es für künftige Situationen bereit zu haben.

Die Beschreibung des Entdeckers muß *konkret* und *anschaulich* sein. Dies ist eines der wichtigsten Elemente der Imaginationsarbeit; *hier darf es keine Abkürzungen geben.* Denn erst durch eine anschauliche Beschreibung begibt man sich mit Hilfe der Sinne auf die verschiedenen Ebenen der imaginalen Realität. Für den Entdecker liegt der Wert der anschaulichen, konkreten Beschreibung unter anderem darin, daß damit das lineare Denken angeregt wird, während zugleich nichtlineares Denken gefordert ist. Auf diese Weise wird ein Ausgleich dieser beiden Aktivitäten erreicht. Gelegentlich, wie in dem eben zitierten Beispiel, kommt es vor, daß der Suchende dem Führer davonläuft und das, was er erlebt, nicht gut beschreibt. Das ist ein Zeichen für einen schweifenden, undisziplinierten, verworrenen Geist. Der Führer muß dem Wanderer deshalb helfen, seine gewohnheitsmäßige Übereilung aufzugeben, und er muß ihn anweisen, sorgfältig zu beobachten und zu beschreiben.

Die Handlung des Wachtraums ist ein Gehen und Wiederkommen. Der Reisende kehrt auf demselben Weg zurück, auf einem Pfad also, der nunmehr vertraut, fest und sicher ist. Die verschiedensten Entdecker – sei es Kolumbus, Admiral Perry, Jacques Cousteau, Ariadne oder Theseus – kehren auf dem Weg zurück, auf dem sie gekommen sind. Neurophysiologisch gesprochen, kann man sich die Wanderung als einen neuen Pfad vorstellen, der im Gehirn gebahnt wird, so daß alte, gewohnte Spuren nicht immer wieder aufs neue ausgetreten werden. Vielmehr wird eine neue Spur gelegt. Falls auf dem Rückweg irgendwelche neuen Ereignisse eintreten, kann der Führer den Suchenden bitten, sie zu berichten, sobald er an seinem Ausgangspunkt angelangt ist.

Während der Rückreise soll der Entdecker die guten oder positiven Gefühle für sich selbst behalten; alles, was für ihn wertvoll ist, soll er für sich behalten, sei es ein konkreter Gegenstand, sei es eine Erkenntnis, ein Rat oder eine Antwort. Zugleich soll er alles von sich weisen, was negativ gewesen ist[8], aber nicht, bevor er es geprüft hat. Ihm wird auch gesagt, daß alles, was er entdeckt – Orte, Dinge, Einsichten –, ihm gehört, beziehungsweise, daß er dorthin zurückkehren kann, wann immer er das Bedürfnis danach hat.

Die Diskussion in den folgenden Sitzungen sollte sich auf das Erlebnis des Wachtraums konzentrieren. Dadurch, daß die Diskussion auf das nächste Treffen verschoben wird, wird einer möglichen Intellektualisierung des Erlebens ein Riegel vorgeschoben, und das Ereignis kann innerlich ungestört seine volle Wirkung entfalten.

Die Reaktion des Patienten hängt davon ab, wieweit er bereit ist, sich zu verändern. Manche Patienten sagen, das Vorgefallene sei ganz klar und bedürfe keiner Diskussion. Andere reagieren weniger veränderungswillig. In diesen Fällen ist es ratsam, das Erlebte gemeinsam durchzugehen. Der Suchende legt dem Berater[9] seinen Bericht vor, und der Berater vergleicht ihn mit der Schilderung, die er aufgeschrieben hat, und zeigt am Ende, was der Entdecker nachträglich vergessen oder ausgelassen hat. Das Vergessene wird weder interpretiert noch analysiert. Das Ausgelassene ist nur insofern wichtig, als es nicht in das äußere Leben der Wachwelt assimiliert worden ist. Die Imaginationsarbeit versucht, inneres und äußeres Leben, innere und äußere Wirklichkeit miteinander in Harmonie zu bringen. Dadurch, daß er sieht, was er ausgelassen hat, kann der Suchende darangehen, diese beiden Bereiche in eine Synthese zu bringen. So wird er auf Möglichkeiten in seinem Leben aufmerksam gemacht, die er bisher übersehen hatte oder nicht anerkennen wollte.

Wie bereits erwähnt, findet das Wachtraumereignis in einem qualifizierbaren, räumlichen Bereich außerhalb der linearen Zeit statt. Das Ereignis wird dann in die Zeit, also in die konkrete Welt zurückverlegt. Das Aufschreiben und Malen des Ereignisses sowie das abschließende Sehen des Ereignisses auf einer weißen Wand *holen das Ereignis in die Zeit* – in die Welt des konkreten Handelns herein.

Bei dieser Arbeit muß man immer *im konkreten Leben bleiben*. Wenn das Ereignis nicht in die Zeit geholt wird, zerfällt die Energie und kehrt wieder in die unorganisierte Energie zurück (vergleiche die Diskussion des Hologramms, S. 51 ff.). Dies wiederum hat eine physiologische Auswirkung auf das Individuum, die seine Kraft erschöpfen und es zur Apathie führen kann.

Wird das Ereignis nicht in die Zeit geholt, kann dies auch zur Folge haben, daß der Patient seine Verwurzelung in der Erde verliert. Dem imaginalen Ereignis wird dann vom Patienten ein Eigenleben zugeschrieben, das mit der konkreten Welt nichts zu tun hat. Eine solche Einstellung lenkt ihn von der Aufgabe ab, sein Leben als menschliche Existenz zu leben, und führt zu großer Verletzlichkeit und nachfolgender Depression.

Eine bedeutsame Wirkung des Wachtraums ist die Umkehrung gewohnheitsmäßiger Reaktionen. Anstatt also vor einer Bedrohung, einem Ungeheuer zum Beispiel, entsetzt zu fliehen, behauptet man sich und stellt sich ihm.

Eine Patientin (Fall Nr. 50) träumte von einem riesigen, lebendigen Ungeheuer, das aus dem Wasser emportauchte, worauf sie entsetzt floh. Diese Frau – sie war in mittlerem Alter – lebte ein ungewöhnlich zurückgezogenes Leben. Sie fand sich selbst unattraktiv, war aber durchaus imstande, Männer anzuziehen. Diese Männer behandelten sie jedoch schäbig, und die Beziehungen zu ihnen waren stets unstabil und nicht von Dauer. Sie war von Beruhigungsmitteln abhängig, die sie nahm, um ihre Wut, die sich für gewöhnlich auf die Männer richtete, einzudämmen und eine gewisse sexuelle Intimität zu ermöglichen. In allen ihren sozialen Beziehungen war sie bedürftig, abhängig, furchtsam und scheinbar hilflos. Sie kam zu mir mit dem

Wunsch, eine dauerhafte Bindung an einen Mann herstellen zu können. Sie hatte 16 Jahre Psychotherapie hinter sich, was dazu geführt hatte, daß sie ihr Verhalten beständig rationalisierte und es mit dem zudringlichen, erstickenden Verhalten ihrer Mutter und der kalten Distanziertheit ihres Vaters zu erklären versuchte. Sie lebte in ständiger, panischer Angst vor Intimität. Als Kind hatte sie sich eine Weltanschauung zurechtgemacht, in der sie selbst häßlich, wertlos und unerwünscht war. Und wie es für gewöhnlich mit jenen Menschen zu gehen pflegt, die sich in jungen Jahren Weltbilder zurechtmachen, setzte sie alles daran, ihr Weltbild als richtig zu beweisen. Einer ihrer früheren Therapeuten hatte sich darauf konzentriert, sie zur Korrektur ihres Weltbildes zu bringen. Dieses Unterfangen verstärkte aber nur ihre wütende Entschlossenheit, an ihrem Weltbild festzuhalten.

In der vorangegangenen Behandlung war das Phänomen »Übertragung« zu einem wichtigen Problem geworden, und die Patientin veränderte ihr Bild von sich selbst buchstäblich, und zwar durch mehrere kosmetische Operationen. Sie hoffte, daß ein solcher Ausdruck der Liebe ihren Therapeuten veranlassen würde, sie wiederzulieben. Was sie sich jedoch einhandelte, war steinerne Kälte. Dies verdoppelte ihren Eifer, und sie versuchte, sich durch weitere kosmetische Operationen noch drastischer zu verändern, was jedoch wiederum mit Kälte beantwortet wurde. Schließlich endete ihre Verzweiflung in einem Zusammenbruch, und die Behandlung wurde abgebrochen.

Im Verlauf der Wachtraumtherapie berichtete sie von einem Traum, in dem sie vor einem Ungeheuer geflohen war, das aus dem Meer aufgetaucht war und ein am Meer gelegenes Haus, das sie bewohnte, zu verschlingen drohte. In dem Wachtraum, der dem nächtlichen Traum folgte, kehrte sie an diese Küste zurück und wollte schon reflexartig weglaufen vor dem, was aus dem Meer emporsteigen würde. Ich wies sie darauf hin, daß sie bleiben könne, wenn sie dies wünsche, und daß sie jede Abwehrwaffe mitbringen könne, die sie wolle. Sie entschied sich dafür, ohne jede Verteidigungswaffe zu bleiben. Das Ungeheuer tauchte auf, und zwar in Gestalt eines blonden, männlichen Wesens von riesiger Statur. Sie sah ihm unverwandt in die Augen – so lange, bis es freundlich und zahm wurde. Sie fühlte, daß sie eine große Hemmung in sich selbst überwunden hatte.

Später sagte sie, daß sie in bezug auf ihre Fähigkeit zu einer dauerhaften Verbindung zu einem Mann zwar noch nicht über den Berg sei, sie fühle sich aber nicht mehr so hoffnungslos wie in der Vergangenheit, da sie in ihrem Wachtraum die Möglichkeit entdeckt habe, das Ungeheuer bzw. die erschreckenden Eigenschaften von Männern auf ein erträglicheres Maß zu reduzieren. Diese Erkenntnis ließ sie eine neue Art der Beziehung zu Männern finden. Ungefähr zwei Wochen nach diesem Erlebnis begegnete sie dem Mann, mit dem sie die erste dauerhafte Beziehung in ihrem Erwachsenenleben einging.

Eine andere Suchende (Fall Nr. 86) war eine Frau von beträchtlichem Scharfsinn, die chronisch depressiv war, mit zwischenzeitlichen Anfällen von Angst. Sie hatte das Gefühl, daß das Leben an ihr vorbeigehe. In ihrer Imaginationsrealität entdeckte sie einen Wasserfall in der Nähe eines frischen, plätschernden Baches. Sie badete in diesem Wasserfall. (Wasser ist die Quelle von Reinheit und Stärke, Eigenschaften, die ihr früher unzugänglich waren und die sie brauchte, um ihren »schmutzigen« Gefühlen entgegenzuwirken.)

Diese Frau war ihr ganzes Leben lang von Gefühlen der Wertlosigkeit geplagt worden. Sie lebte, um diesem Weltbild zu entsprechen. Einerseits schwelgte sie in ungezügeltem sinnlichen Genuß, andererseits fühlte sie sich befleckt. Sie ließ sich allzu leicht von anderen beeinflussen, und dies, verbunden mit der ihr eigenen Sinnlichkeit, führte für sie zu schrecklichen emotionalen Konflikten. Ihr sittliches Empfinden lag in Fehde mit ihrer Sinnlichkeit. Sie suchte unablässig nach irgendwelchen Methoden, sich zu reinigen, und sie erwartete, daß andere ihr die Erlaubnis gaben, rein zu sein. Dieses Suchen war fruchtlos und frustrierend. Sie hatte Schwierigkeiten, moralische Vorbilder zu finden: Ihre Eltern hatten gelebt wie sie, und es fiel ihr nicht ein – so wie es den meisten Menschen nicht einfällt –, daß sie ihr eigenes Vorbild sein konnte. Als sie im Verlauf einer gesteuerten Übung mit einer Quelle der Reinheit in ihr selbst in Berührung gebracht wurde, konnte sie sich in ihrer imaginalen Existenz von Schuld reinigen. Da sie auf diese Weise fähig geworden war, die Möglichkeit zur Reinigung in sich selbst zu finden, konnten auch ihre Gefühle der Depression, die ja mit ihren Schuldgefühlen zusammenhingen, in der konkreten Realität abgewaschen werden. Die im Bereich des Imaginalen erblickte Möglichkeit gibt Hoffnung auf eine Entscheidungsalternative, die bis dahin als nicht verfügbar betrachtet wurde. Dieses Ereignis gibt den Anstoß zur Veränderung.

Ich sagte der Frau, daß sie jeden Tag damit beginnen solle, sich ein oder zwei Minuten lang in ihrem Wasserfall zu waschen, wenn sie das Bedürfnis danach verspüren sollte. Auf diese Weise wurde das Erlebnis zu einem dauerhaften Bestandteil ihres Alltagslebens gemacht. Ihre sozialen Ängste, die mit ihren moralischen Skrupeln verknüpft waren, verringerten sich erheblich. Sie wurde in schöpferischer Weise in einer Organisation tätig, die sich um Randgruppen bemühte. Ihre Ehe, die zum Teil darunter litt, daß sie sich ihres Mannes unwürdig fühlte, festigte sich in dem Maße, in dem sie sich wertvoller fühlte und ihre Beziehung weniger durch ihre Eskapaden belastet war.

Solcher Beispiele gäbe es noch Dutzende. Das Entscheidende ist, daß der Wachtraum neue Pfade eröffnet und einen Neuanfang im Handeln erlaubt. Die Umkehr selbst ist das Heilende. Die Patientin erkennt ihre Fähigkeit zu einem Handeln, das zu ihrer Heilung und Verwandlung und zu ihrem inneren Wachstum führt. Sie fühlt sich nicht länger als passiv Empfangende von etwas, das über sie einbricht, sondern kann nun aktiv ihr eigenes Erleben erschaffen.

Das, was im Wachtraum erlebt wird, kann im täglichen Leben aktiv angewandt werden. Eine Malerin (Fall Nr. 90) entdeckte in ihrer Imaginationsarbeit eine Schar von Adlern. Einer der Adler stieß hernieder. Sie setzte sich auf ihn und flog mit ihm gen Himmel. Sie fühlte sich freudig erregt. Im Anschluß an diese Arbeit flog sie jeden Morgen eine Minute lang auf dem Rücken ihres Adlers durch die Lüfte. Sie hatte die Adlernatur in sich entdeckt, und dies führte zu einer dramatischen Aufhellung ihrer chronischen Depressionen sowie zu einem Ausbruch an schöpferischer Energie und einer Verwandlung ihres Malstils. Zuvor hatte sie abstrakte Bilder in schwarzen und grauen Farben gemalt. Jetzt begann sie, starke Farben zu gebrauchen; sie bevorzugte nun Motive, die Leben und Energie repräsentierten.

Es gehört zu den Aufgaben des Beraters, den Patienten darauf hinzuweisen, täglich eine solche Übung zu machen. Die meisten Patienten sind sich nicht bewußt, daß eine Übersetzung des imaginalen Erlebens in das alltägliche Leben vorgenommen werden kann und muß. Die Hereinnahme des Imaginationserlebens in das Alltagsleben erlaubt uns, unsere gewohnte Einstellung zum Leben zu ändern und die Verbindung zwischen den beiden Existenzbereichen lebendig zu erhalten. Das adlergleiche Fliegen der Malerin erinnert sie täglich an die vom Reich des Imaginalen gebotene Möglichkeit der Freiheit, das, was sie bisher in Fesseln hielt, ein Stück weit zu überwinden. Ich sagte der Patientin auch, daß sie den Adlerflug immer neu wieder erleben kann, sobald sie fühlt, daß sie in eine Depression zu fallen droht.

Ich muß wiederholen, daß der Berater in den Gesprächen über das im Wachtraum Erlebte sich davor hüten muß, Interpretationen oder Erklärungen anzubieten. Anstatt nach zurückliegenden Ursachen zu suchen, richtet sich das Augenmerk darauf, die Zeichen bezüglich der Bewegung des eigenen Lebens zu verstehen. Berater und Patient versuchen, das reine Jetzt zu erhaschen und ganz im gegenwärtigen Augenblick zu leben. Im gegenwärtigen Augenblick zu leben ist Leben.

Wir müssen uns noch einmal vergegenwärtigen, wie die phänomenologische Auffassung der Existenz (oder Existenzen) mit der imaginalen Arbeit zusammenhängt. Zunächst einmal wird das imaginale Ereignis als konkrete Realität begriffen. *Das Ereignis ist niemals eine Metapher für etwas anderes. Das Erlebnis des Wachtraums sowie der Inhalt nächtlicher Träume sind reale Ereignisse, die vom Menschen gelebt werden.* Da wir im Wachzustand darauf eingestellt sind, gemäß den Regeln rationaler Denkprozesse und den ihnen zugeordneten syntaktischen Regeln zu leben, können wir für gewöhnlich nicht erfassen, was uns in diesen nichtrationalen Ereignissen offenbart wird. Die Bedingungen müssen erfüllt sein, wenn wir den Zusammenhang zwischen den beiden Bereichen herstellen wollen. Erstens müssen wir die im imaginalen Ereignis eingebetteten Zeichen erkennen. Zweitens müssen wir das Symbol im Alltagsleben leben. Drittens müssen wir die Ereignisse aus den nichtrationalen Bereichen in konkretes Handeln in der Alltagswirklichkeit übersetzen und die Möglichkeiten für unsere Existenz verwirklichen.

Eine junge Frau (Fall Nr. 59) erstieg einen Berg und fand eine Gruppe von Wesen, die anscheinend Engel waren; sie saßen im Kreise beieinander, spielten Instrumente und sangen. Sie wurde eingeladen, sich mit in den Kreis zu setzen. Währenddessen sah sie plötzlich die drei »Mutterbuchstaben« des hebräischen Alphabets: Alef, Mem und Schin (א מ ש). Diese Buchstaben waren von großer Kraft und Bedeutung für die Frau erfüllt (obgleich sie damals keinen Kontakt zu jüdischem Leben hatte und sich auch nicht dem Studium des Judentums widmete), und sie übertrug diese Gefühle in ihr Wachleben. (Im Judentum sind diese drei Buchstaben die hauptsächlichen Bausteine der Schöpfung; P. Epstein, 1978.) Die Frau konnte daraufhin den Kontakt zu ihrem schöpferischen Potential herstellen, zu dem sie jahrelang keinen Zugang gehabt hatte.

Sie lebte nicht in den Vereinigten Staaten und konnte daher nur zu einer einzigen Sitzung kommen. Sie wollte einen Weg finden, ihre schöpferischen Fähigkeiten zu nutzen. Sie hatte eine Ausbildung als Therapeutin und Schauspielerin, fürchtete aber, bei der direkten Arbeit mit einem Hilfesuchenden zu versagen. Deshalb hatte sie sich mit einem routinemäßigen Bürojob begnügt und fühlte nun, daß sie innerlich nicht weiterkam. Im Anschluß an ihr Wachtraumerlebnis gab sie ihren Bürojob auf und fing an, therapeutisch zu arbeiten. Sie machte sich selbst einen Talisman, indem sie die hebräischen Buchstaben als Triptychon malte und in ihrer Wohnung aufhängte, um stets an ihr Potential und ihre auf eine schöpferische Arbeit gerichtete Intention erinnert zu werden.

In der Imaginationsarbeit müssen beide Teilnehmer den auftauchenden Zeichen Beachtung schenken. Diese Zeichen dienen als Wegweiser zum Handeln. Die Zeichen werden nicht benutzt, um Interpretationen darüber abzugeben, warum jemand so ist, wie er ist, sondern vielmehr, um einen Weg des Handelns zu finden, den der Patient einschlagen kann. Indem er handelt, erfährt er weit mehr über sich selbst, als er durch die Entgegennahme von Interpretationen über seine Handlungen erfahren würde. Nur als *Handelnder* kann man die Möglichkeiten der eigenen Existenz verwirklichen.

Man könnte hier einwenden, daß jemand, auch wenn er die Zeichen versteht, zwangsläufig seine alten, gewohnheitsmäßigen Handlungen wiederholen wird, weil er den Grund für sein wiederholendes Verhalten nicht kennt. Doch die Zeichen werden in der Unmittelbarkeit der Imaginationsarbeit erlebt, erkannt und verstanden, es kommt zu einer blitzartigen Einsicht, die zu neuem Handeln drängt. Angesichts solcher Einsicht und solchen neuen Handelns erübrigt sich die Notwendigkeit, den Grund für das repetitive Verhalten zu kennen. Das alte Verhalten wird als überflüssig erkannt und abgelegt. Meine Erfahrung und meine Beobachtungen als Versuchsperson, als Führer/Berater und als Überwacher anderer Führer/Berater bei der Wachtraumarbeit haben dies bestätigt.

Je weiter die Wachtraumtherapie fortschreitet, desto mehr reduziert sich die Rolle des Führers/Beraters; im Sinne des Lenkens der Bewegung oder des Warnens vor Gefahren gibt es weniger zu tun. Das hat gewöhnlich zwei Hauptgründe. Erstens gewöhnt sich der Reisende mehr an die Imaginationswirklichkeit und ist deshalb in stärkerem Maße fähig, sich selbst zu leiten. Zweitens *findet er oft seinen eigenen inneren Führer.* Dieser kann ein Mensch, ein Tier, ein Fabelwesen oder ein Wesen aus den alten Religionen (auch ein Engel) sein; er führt den

Reisenden dorthin, wohin er gehen muß, beantwortet Fragen über das, was er braucht, oder gibt dem Reisenden irgendeinen Gegenstand (beispielsweise ein Juwel, ein Buch oder einen Zauberstab), den er verwenden kann, um etwas zu finden, was er braucht, oder um ihn an etwas zu erinnern, was er behalten muß. Diesen Gegenstand bezeichnet man als *Amulett* oder *Talisman*. Er ist ein Sinnbild für eine Haltung oder ein Gefühl, die man erwerben und zu einem Bestandteil der eigenen Persönlichkeit machen muß. Wird ein solcher Gegenstand im Wachtraum erworben, ist es wichtig, daß ein ähnlicher Gegenstand auch in der Alltagswirklichkeit erworben und behalten oder getragen wird. Er erinnert den Träger an das Gefühl, das festgehalten und weiterentwickelt werden soll. Der Berater ist dafür verantwortlich, den Reisenden von dieser Notwendigkeit zu unterrichten. Es ist ferner notwendig, den Reisenden darauf hinzuweisen, daß er in der Wachrealität irgendeinen Ort *aufsuchen* muß, der dem entspricht, was er im Wachtraumerleben erkundet hat, falls ein solcher Ort konkret zugänglich ist. Ob der Entdecker dieser Anregung Folge leistet oder nicht, ist ausschließlich seine eigene Sache.

Dieser innere Führer, der ein anderer Teil des Selbst ist und der in der Imaginationsrealität entdeckt wurde, erfüllt mindestens vier verschiedene Funktionen, die dem Reisenden vermittelt werden sollten: 1. Dieser innere Führer gehört zu ihm und ist ein Teil von ihm. 2. Der innere Führer ist wirklich. 3. Er kann jederzeit gerufen werden, wenn er Probleme oder Schwierigkeiten lösen helfen soll. 4. Was der innere Führer für den Reisenden leistet, muß in die Welt der konkreten Wachrealität übertragen und dort angewendet werden. Als anderer Teil unseres Selbst zeigt er uns vielleicht den Weg zu dem, was wir im Augenblick brauchen, um uns selbst voranzubringen. Der innere Führer muß vom Entdecker selbst gefunden, er darf nicht vom Therapeuten suggeriert werden.

Der Suchende muß sich für gewöhnlich darauf *vorbereiten*, in Kontakt zu einem anderen Teil seiner selbst zu treten, indem er zunächst herausfindet und festhält, was er braucht. Vor Beginn der Imaginationsarbeit muß der Therapeut abschätzen, ob der potentielle Reisende bereit ist, sich dieser Arbeit zu unterziehen. Er darf zur Imaginationsarbeit so lange nicht aufgefordert werden, bis er dazu willens ist; vielleicht muß er zunächst Vertrauen zum Therapeuten entwickeln oder seine gewohnheitsmäßige Skepsis überwinden.

Zur *Vorbereitung* gehört auch, daß sich der Reisende über seinen eigenen Beitrag zu dem, was ihm begegnet, im klaren ist. Das heißt, dem Patient muß bewußt werden, in wie starkem Maße er selbst die Verantwortung für die Gestaltung von Ereignissen trägt, die er als verwirrend und hemmend ansieht. Wenn jemand merkt, daß er selbst eine Verzerrung vornimmt, ist es verfrüht, ihn zum Gebrauch der Imagination aufzufordern, um eine solche gewohnheitsmäßige Verzerrung zu korrigieren.

Ein junger Mann, der Schwierigkeiten in seiner Beziehung zu Frauen hat, erkennt am Beginn seiner Behandlung nicht, daß er sich beim Zusammensein mit Frauen, die er gern hat, abscheulich benimmt. Seine Grübeleien erschöpfen sich in der Klage, daß Frauen sich nichts aus ihm machen oder daß sie ihn nur ausnutzen oder verletzen wollen. Da er seinen eigenen Beitrag zu dem Problem nicht erkennt, wäre es unzweckmäßig, ihn zu einer gesteuerten Übung oder einem Wachtraum aufzufordern, in dem er eine Möglichkeit findet, sein Verhalten oder seine Einstellung zu korrigieren. Angezeigt wäre es statt dessen, mit ihm eine gesteuerte Übung vorzunehmen, in der er seine Beziehung zu Frauen zunächst einmal *sieht*. Auf diese Weise gewinnt er vielleicht eine anschauliche Vorstellung von seinem unerträglichen Verhalten und wird auf die spätere Imaginationsarbeit vorbereitet, die das, was ihm jetzt offensichtlich geworden ist, korrigieren soll.

Zu Beginn der Behandlung schreibt der junge Mann vielleicht nieder, daß er engere Beziehungen zu Frauen herstellen möchte. Der Therapeut könnte fragen, *wie* seine früheren Beziehungen in die Brüche gegangen sind, und je nach der Antwort den Ausgangspunkt bestimmen. Falls der junge Mann sagt, daß ihm die Folgen seines eigenen Verhaltens oder seiner eigenen Einstellung absolut schleierhaft seien, könnte die Arbeit damit beginnen, daß man ihm hilft, zu sehen, *wie* seine Einstellung bzw. sein Verhalten ist. Vielleicht räumt er auch sofort ein, daß er selbst die Ursache erfolgloser Beziehungen ist. In diesem Fall könnte die Arbeit damit beginnen, daß man sich ansieht, *wie* seine repetitiven Handlungen verändert werden können.

Für Patienten, die keine Vorstellungsbilder sehen können, ist eine andere Vorbereitung notwendig. Für gewöhnlich neigen diese Menschen stark zum Intellektualisieren, manchmal zu zwanghaftem Verhalten. Um sie in die Imaginationsarbeit einzuführen, läßt man sie die Augen schließen, sich eine vertraute Gegend vorstellen, beispielsweise eine Wiese, ein Feld oder einen See, und diese im einzelnen beschreiben. Sobald Details gebracht werden, kann man von hier aus weitergehen und das Gelände jenseits der vertrauten Gegend erforschen lassen. Eine andere Übung für Patienten, die nicht ohne weiteres imaginieren, besteht darin, daß man sie einen (imaginierten) roten oder gelben Luftballon in beide Hände nehmen und aufblasen läßt; dann läßt der Patient den Ballon aus dem Fenster fliegen und folgt ihm auf seinem Fluge.

Die Entscheidung, welche Art von Übungen und Situationen angewandt werden sollen – das ist die Kunst der angewandten Wachtraumtherapie. Ich kann nur die der Wachtraumarbeit zugrundeliegenden Grundsätze angeben und im übrigen jeden Therapeuten an seine eigene Phantasie verweisen. Jeder Wachtraumtherapeut muß seine eigenen Übungen entwerfen, die auf seiner persönlichen Alltagserfahrung sowie auf der Lektüre aus möglichst vielen verschiedenen Gebieten basieren.

Um die Wachtraumtherapie erfolgreich praktizieren zu können, muß der Führer/Berater fünf Bedingungen im Gedächtnis behalten:

1. Er darf dem Suchenden nicht seinen eigenen Willen aufzwingen.

2. Er muß vorgefaßte Meinungen vermeiden.
3. Er sollte Skepsis, persönliche emotionale Reaktionen und Urteile vermeiden.
4. Nicht die erste Person Plural (»wir«) benutzen.
5. Die Beschreibung in der Gegenwartsform halten.

Resultate zeitigt die Wachtraumtherapie, nach meiner Erfahrung, innerhalb von drei Monaten bis einem Jahr, bei ein oder zwei Sitzungen pro Woche. Wenn der Patient stark darauf ausgerichtet ist, sich auf den Inhalt seines Denkens zu konzentrieren, und mit der Erwartung in die Therapie kommt, seine Existenz zu analysieren, ist gewöhnlich eine Vorbereitungszeit erforderlich. Häufig muß ein solcher Patient erst Vertrauen zu dem Therapeuten fassen. Im allgemeinen betont der Therapeut die Fähigkeiten des Patienten zur Verwirklichung seiner Möglichkeiten und leitet dann zum richtigen Zeitpunkt eine vorbereitende Imaginationsarbeit ein (sie wird auf den Seiten 127 ff. beschrieben). Diese Prozesse stimulieren das Auftreten von Vorstellungsbildern und bieten eine Motivation, sich auf die Imaginationsarbeit einzulassen. In Fällen, in denen die Wachtraumarbeit erst nach einer Vorbereitungszeit begonnen wird, stellen sich die therapeutischen Resultate, bei ein oder zwei Sitzungen pro Woche, innerhalb von zwei Jahren ein. Die Entscheidung über die Anzahl der wöchentlichen Sitzungen ergibt sich aus der Beurteilung des Therapeuten und der Motivation des Patienten. In manchen Fällen, etwa bei einer akuten emotionalen Situation, wird der Patient auch häufiger als zweimal pro Woche kommen müssen.

Der Wachtraum ist bei allen diagnostischen Klassifikationen angezeigt. Für seine Anwendung gibt es keine Kontraindikationen. Das Interesse der phänomenologischen Arbeit gilt dem Prozeß der Einheit, Harmonisierung und des Gleichgewichts, nicht dem *Etikett*, das einer Person angehängt wird. Für den phänomenologisch arbeitenden Therapeuten ist eine psychologische Kategorisierung nicht von wesentlicher Bedeutung. Die notwendige Voraussetzung dafür, daß der imaginale Bereich erreicht wird, ist, vom phänomenologischen Standpunkt aus gesehen, allein das Vorhandensein der rechten Gehirnhälfte. Und so besteht die Gruppe der Patienten, für die die Methode des Wachtraums angezeigt ist, in Wirklichkeit aus allen Menschen, die eine entsprechende Motivation mitbringen. In der Wachtraumtherapie sind Auswahlkriterien viel weniger relevant als die Fähigkeit des Therapeuten, die *richtige Übung* für den Patienten auszuwählen.

4 Beispiele

Die Wachtraumarbeit läßt sich auf viele Gebiete der klinischen Begegnung anwenden. Der entscheidende Punkt ist, daß diese Methode, unabhängig vom diagnostischen Etikett, eine starke Wirkung auf das Leben des Patienten haben kann. Keine Schilderung kann das Erleben des Wachtraums ganz erfassen, und keine zwei Fälle von Wachtraumerleben sind einander gleich. Da ich lediglich versuche, in breiten Pinselstrichen Grundprinzipien anzudeuten, bleiben die Feinheiten jedem einzelnen »Maler« überlassen, das heißt dem Führer/Berater. Er muß seinen eigenen Weg finden und seinem eigenen Einfallsreichtum folgen. Die klinischen Beispiele können lediglich einen Eindruck von der Arbeit vermitteln und die Arbeitsprinzipien umreißen.

Die klinische Methode der Phänomenologie des Raumes befaßt sich mit dem Prozeß des Seins, besser gesagt, mit dem Prozeß des Werdens. Wie es auf dem Apollontempel zu Delphi im alten Griechenland stand: *Werden ist jetzt.* Das Ziel, einem anderen Menschen dabei zu helfen, eins zu werden mit seinem Sein, seine äußersten Möglichkeiten zu verwirklichen und den Zweck seines Lebens zu erfüllen, veranlaßt den Wachtraumtherapeuten, nicht nach kausalen Interpretationen Ausschau zu halten, sondern sich vielmehr darauf zu konzentrieren, *was jemand durch Handeln und gelebtes Erleben ist.* Daher bleibt bei der Wachtraummethode das Ziel nicht offen, wie es beispielsweise bei der Psychoanalyse der Fall ist. Statt dessen muß sich der Patient auf das konzentrieren, was er mit seiner Arbeit erreichen will. Damit stellt sich der Entdecker die Aufgabe, etwas Wesentliches über sich selbst herauszufinden. Je spezifischer der Wunsch ist, desto direkter verläuft die Arbeit. Manchmal ist das, was er will, vage und verschwommen. Doch wird ihm nach dem ersten oder zweiten Wachtraum oder einer gesteuerten Übung viel klarer, was er will. Im weiteren Verlauf findet er vielleicht heraus, daß dieser Wunsch sich verändert, und so arbeitet er mit einer neuen Intention weiter. Oft findet der Entdecker, was er braucht, und diese Erkenntnis hebt ihn auf eine neue Ebene der Lebenstüchtigkeit und des Verständnisses über sich selbst und sein Verhältnis zum Leben. Das Ziel der Wachtraumarbeit ist, dem Betreffenden einen Stoß zu geben, so daß er über ein Hindernis hinwegkommt und sein Leben rhythmischer führen kann. Er beginnt, mit neuer Wahrnehmung und dem Gefühl zu leben, daß er seine Existenz selbst gestalten kann. Er beginnt, unmittelbarer in der Gegenwart zu leben. Wenn er auf seinem weiteren Weg wiederum steckenbleiben sollte, mag ein erneuter Anstoß durch den Wachtraum angezeigt sein. Die Notwendigkeit einer ausgedehnten Analyse besteht nicht. Die Wachtraumarbeit ist eine Arbeit der Synthese, bei der der Patient lernt, im Erleben seines Lebens zu *sein*, anstatt das Erleben seines Lebens durch Kausalinterpretation kennenzulernen. Diese Technik ist universell anwendbar. Ihre Wurzeln reichen bis in biblische Zeiten zurück, und sie hat sich zu Formen wie Mythen und Märchen entwickelt, die unsere Kultur geprägt haben.

Eine junge Künstlerin (Fall Nr. 90), von der bereits die Rede war, litt darunter, daß ihre schöpferische Energie blockiert war, sie fühlte sich frustriert und deprimiert. In einem Wachtraumerlebnis schritt sie eine goldene Rampe empor, die sich in einen steilen Pfad mit drei sehr weit auseinanderliegenden Stufen verwandelte. Als sie oben angelangt war, sah sie in weiter Ferne weiß und rötlich schimmernde Berge, vor denen ein glatter, unbewegter See lag. Dann erlebte sie, wie sie von der Spitze der Leiter über den See und das Gebirge schwebte. »Ich bin wie ein Adler, der ganz hoch oben in den Lüften kreist und schwebt. Es ist ein herrliches Gefühl.« Nach ihrer Rückkehr erkannte sie das Adlerpotential in ihrem Wesen. Sie trat mit diesem Potential in Fühlung und konnte mit diesem Erleben eins werden.

Das Potential des Aufsteigens und all die Möglichkeiten, die für sie in dieser Bewegung enthalten waren, wurden in der imaginalen Existenz erlebt. Als sie imstande war, eine Gegenbewegung gegen ihre Depression (die sie »Tief« nannte) zu sehen, wurden nach oben gerichtete Energien in ihr freigesetzt. Der Adler ist bekanntlich das am höchsten fliegende Tier in der Natur; er zeigte ihr die großen Höhen, die zu erreichen sie fähig war. Diese Frau war zuvor in ihrem künstlerischen Ausdruck stark gehemmt gewesen. Sie hatte für gewöhnlich immer einen Grund gefunden, ihre künstlerische Arbeit wegen anderer Angelegenheiten zu unterbrechen. Begreiflicherweise konnte sie sich nicht anders als deprimiert fühlen, weil sie ihr künstlerisches Potential nicht ausschöpfte und ihre Möglichkeiten nicht auslebte. Wenn man – phänomenologisch gesehen – die Verwirklichung der eigenen Bedürfnisse der Verwirklichung fremder Bedürfnisse unterordnet, ist die daraus entstehende Stimmung eine Depression. (Dies ist nicht der einzige Grund für Depressionen, doch muß die Diskussion hierüber einer anderen Gelegenheit vorbehalten bleiben.) Das Erklettern der Leiter zeigt die Abgetrenntheit des Raumes; der Eintritt in den Raum stellt sich als Absprung von der Leiter dar; der nichtlineare Modus ereignet sich, wenn die Frau selbst zum kreisenden Adler wird.

Mit Hilfe ihres Adlers unternahm sie weitere Exkursionen, die ihre drückende Depression linderten und eine Freisetzung von Energie mit sich brachten. Diese ergoß sich in ihre künstlerische Arbeit, die eine neue, vitalere Richtung nahm. Bald darauf wurden Kunsthändler auf die Ausstrahlungskraft ihrer neuen Arbeiten aufmerksam, und sie bekam ihre erste Ausstellung. Eine Nachuntersuchung nach drei Jahren zeigte ein stabilisiertes emotionales Leben mit kontinuierlichem Wachstum und Expansion ihrer künstlerischen Arbeit.

Ein von Energie strotzender, unermüdlich tätiger leitender Angestellter (Fall Nr. 6), der eine fünfjährige Psychoanalyse hinter sich hatte, war mit seinem Ehe- und Sexualleben unzufrieden. Er war ein intelligenter und warmherziger Vater, empfand aber gegenüber seiner Frau Wut und Ressentiments. Er wußte nicht recht, was er von seiner Ehe halten sollte, denn eigentlich paßte seine Frau sehr gut zu ihm. Der folgende Wachtraum war für ihn aufschlußreich und fruchtbar.

Zunächst sprach er mit mir über einen nächtlichen Traum, in dem er sich in einer großen, luxuriös eingerichteten Praxis mit drei Ärzten befand. Der eine war sehr groß, mager, blond und homosexuell. Der andere war klein, stämmig und dunkelhaarig. Den dritten konnte er nicht ausmachen. Der Raum war durch rote Vorhänge geteilt, die mein Patient aufzuziehen begann; doch der große Arzt erlaubte ihm nicht, hinter die Vorhänge zu sehen, und zog sie wieder zu. Seiner Gewohnheit entsprechend, sprach er mit mir über seine Homosexualitätsängste und seine Gedanken über mich, den er mit dem homosexuellen Arzt gleichsetzte (obwohl ich weder besonders groß noch mager, noch homosexuell, noch blond bin). Vor allem die roten Vorhänge irritierten ihn, weil der große Arzt nicht wollte, daß er sie aufzog.

Im darauffolgenden Wachtraumerlebnis befand er sich wieder bei den roten Vorhängen. Er begann, sich sehr traurig zu fühlen, und weinte. Er sprach zu seiner eigenen Überraschung vom Tod seiner Mutter. Sein Vater hatte ihm von ihrem Tod erzählt und ihm auch gesagt, daß er, der Patient, weder in das Begräbnisinstitut noch zum Begräbnis selbst, noch auf den Friedhof gegangen sei, und er hatte sich deswegen immer geschämt. Die Vorhänge im Wachtraum waren die des Begräbnisinstituts, wo seine Mutter aufgebahrt lag. Er konnte ihr totes Gesicht sehen, blaß und still. Dieses Erlebnis erschütterte ihn sehr.

Nach der Rückkehr ins Wachleben bestand er darauf, »genau zu wissen«, daß er sehr wohl in dem Begräbnisinstitut gewesen sei und seine tote Mutter gesehen habe. Er meinte, sein Vater müsse ihn sein Leben lang angelogen haben, als er ihm erzählt hatte, daß er nicht dort gewesen sei. Er nahm sich vor, einen Verwandten zu fragen, was damals wirklich geschehen war. Wenn er tatsächlich dort gewesen war, mußte er wissen, warum sein Vater mehr als drei Jahrzehnte lang an dieser Verdrehung der Tatsachen festgehalten hatte – sei es als bewußte Lüge, sei es aufgrund eines Irrtums.

Von einem Onkel erfuhr er, daß er in der Tat in dem Begräbnisinstitut und auch auf dem Friedhof gewesen war und daß sein Vater dies infolge seines eigenen Kummers und Grams einfach vergessen hatte.

Nachdem er die Wirklichkeit des Todes seiner Mutter in sich aufgenommen hatte und der Entstellung seines Vaters nicht mehr glauben mußte, konnte er die Bande zu der emotional wichtigen verstorbenen Person lockern, den in seiner Kultur üblichen Trauerprozeß durchmachen und seine Energien der emotional wichtigen gegenwärtigen Beziehung zu seiner Frau zuwenden. Er wurde viel warmherziger zu seiner Frau und stellte fest, daß er auch sexuell viel freier mit ihr sein konnte. Er führte diese Veränderung darauf zurück, daß er sich konkret dem Tod seiner Mutter gestellt hatte. Er kam in direkten Kontakt mit der Eifersucht, die er seit seiner Kindheit empfunden hatte: erst Eifersucht gegenüber der Beziehung seines älteren Bruders zur Mutter, die den Bruder vergöttert hatte, und jetzt Eifersucht auf die Beziehung seines Stiefsohns zu seiner Frau.

Später berichtete er von einem Traum, in dem er und seine Frau sich in einem schneeweißen Wochenendhaus an einem Ort befanden, der Ähnlichkeit mit Cape Cod hatte. Irgendwie war er von seiner Frau getrennt und damit beschäftigt, die anderen Häuser zu mustern. Sie waren alle schmutzig und schäbig und stachen unvorteilhaft von seinem eigenen, schneeweißen Haus ab. Als er erwachte, erkannte er, wie sehr er sich selbst erniedrigt hatte und wie unangemessen es gewesen war, seine Frau für sein eigenes Verhalten verantwortlich zu machen.

Nach dem Traum und den vorangegangenen Ereignissen war er fähig, Verantwortung für sich selbst zu übernehmen. Er legte seine selbsterniedrigende Haltung ab und beendete die Behandlung mit dem Gefühl, durch die erfolgreiche Lösung seiner ehelichen und sexuellen Schwierigkeiten, derentwegen er die Behandlung begonnen hatte, erwachsen geworden zu sein.

Ein anderer Mann (Fall Nr. 42) klagte über unüberwindliche Schwierigkeiten, Beziehungen mit Menschen einzugehen und intime Bande herzustellen, weil er sich von der Aggressivität, der geistigen Überlegenheit oder der Kreativität eines anderen einschüchtern ließ. Er berichtete von einem Traum, der immer wiederkehrte und seine Misere anschaulich verdeutlichte: »Ich bin in einer Südweststaaten-Umgebung, auf einer Ranch, die irgendwie heruntergekommen aussieht. Ich liege auf dem Boden, und ein Mann, der wie ein Cowboy angezogen ist, hat mir einen Fuß auf die Brust gestellt und hält mich nieder. Er bedroht mich mit der Faust und sagt: ›Du kommst mit mir in die Wüste.‹ Ich will nicht mitgehen, aber ich habe Angst. Und aus den Augenwinkeln bemerke ich eine alte Frau in dem Haus. Ich vermute, daß sie die Mutter der Familie ist.«

Ich wies ihn darauf hin, daß er mit der Absicht zu dem Traum zurückkehren müsse, sich der Einschüchterung zu stellen und herauszufinden, was er gegen sie tun könne. Er kehrte zu der dramatischsten Stelle zurück: zu dem Mann, der ihm den Fuß auf die Brust gestellt hatte. Ich bat ihn, den Mann zu beschreiben. Er sagte, der Mann sei 1,65 Meter groß, sehr stämmig und habe ein lederartiges, sonnengebräuntes Gesicht, wie ein Cowboy, und er befehle ihm, meinem Patienten, mit ihm in die Wüste zu kommen. Er fühlte sich in dieser Situation, als ob er in eine Falle gegangen wäre. Ich sagte ihm, er solle einen Weg finden, sich zu befreien. Er packte den Fuß des Cowboys und verdrehte ihn mit einer heftigen Bewegung, woraufhin der Cowboy rückwärts zu Boden stürzte. Mein Patient sprang auf, und der Cowboy begann, ihn rund um einen Tisch zu jagen. So entging mein Patient der Gefangennahme und brachte die Situation zu einem Patt.

Ich bat ihn, den Raum zu beschreiben, und er beschrieb ihn als ein Treppenhaus, das in ein anderes Zimmer führte. Ich schlug ihm vor, die Treppe hinaufzusteigen. Er sagte, die Treppe bestehe aus drei Stufen, die in einen anderen Raum führten; dieser Raum sei leer, weiß gestrichen und enthalte eine Tür. Ich forderte ihn auf, durch die Tür hindurchzugehen, und als er dies tat, stand er plötzlich im Finstern. Er hatte Angst. Ich fragte ihn, ob er Licht brauche und ob er weitergehen wolle. Er sagte, daß er nichts brauche und daß er weitermachen wolle.

Er trat ins Dunkle und sah sich durch eine Tür nach der anderen gehen. Es war ihm merkwürdig, daß er diese Türen nicht zu öffnen brauchte, um durch sie hindurchgehen zu können. Es war, als würden sich seine Moleküle auflösen und auf der anderen Seite der Tür wieder zusammensetzen. Er ging durch sieben solcher Türen, bis er schließlich in einem Garten stand.

Dieser Garten wurde als wild wuchernder Dschungel beschrieben, überwachsen von großen, dunkelgrünen Blättern, die kaum das Sonnenlicht eindringen ließen. Begrenzt wurde der Garten von hohen, nach außen geneigten Mauern. Als mein Patient über die Mauern emporblickte, sah er Licht. Ich forderte ihn auf, über die Mauern zu klettern. Er sagte, daß er dies ohne Leiter oder sonstige Hilfsmittel tun könne, weil die Mauern so eng beieinanderstünden, daß er sich wie in einem Kamin mit den Füßen emporarbeiten könne. So kam er nach oben, rollte bäuchlings über die Mauer und ließ sich auf der anderen Seite an einem Seil in die Tiefe. Dann stand er auf einmal an einem Sandstrand. Er schöpfte Sand mit der Hand und ließ ihn durch die Finger rinnen.

Ich forderte ihn auf, ein Sandkorn auf seine Handfläche zu legen, es zu betrachten und zuzusehen, wie es sich unter seinem Blick verwandeln würde. (Sand kann sich ja natürlicherweise in Perlen verwandeln; künstlich wird Sand zu Glas verarbeitet.) Ein winziger Ritter, der auf einem winzigen Pferd saß, erschien auf seiner Handfläche. Der Ritter wollte auf den Strand gesetzt werden. Als sie den Boden berührten, wurden der Ritter und das Pferd etwas größer. Ich schlug meinem Patienten vor, den Ritter zu fragen, wie er heiße und ob er ihm bei seiner Suche nach einem Mittel gegen seine Schüchternheit und Ängstlichkeit helfen könne. Der Ritter sagte, sein Name sei Lothar und der Patient solle ihm folgen.

Der Ritter geleitete den Patienten wie ein *Führer* in eine mittelalterliche Stadt, die ziemlich klein war und in der alle Menschen dieselbe Größe hatten wie der Ritter. Der Patient wurde hungrig, und die Leute in der Stadt boten ihm zu essen an. Er aß, hatte aber ein schlechtes Gewissen dabei, weil er entsprechend seiner Körpergröße aß und somit die Lebensmittelvorräte der Leute bald aufgebraucht haben würde. Sie sagten, er könne sich revanchieren, indem er Land für sie rodete, so daß sie mehr Land für den Ackerbau hätten. Er begann, vor den Toren der Stadt Bäume auszureißen, was ihm leichtfiel, da die Bäume, wie die Menschen und die ganze Stadt, ziemlich klein waren.

Nachdem er sich dieser Aufgabe entledigt hatte, fragte er die Leute, ob sie ihm helfen könnten, etwas Bestimmtes in Erfahrung zu bringen. Lothar sagte ihm, er solle hinunter an den Rand des Gewässers gehen.

Das tat er auch, und am Strand fand er ein prächtiges Boot, das schönste Boot, das er je gesehen hatte. Es war aus natürlichem Holz gemacht und meisterlich behauen und ausgeschliffen. Er kletterte hinein, hißte das weiße Segel und fuhr davon. Er segelte nach rechts und hatte das Gefühl, als ob er sehr frei sei und eins werde mit dem Wasser, der Luft, dem Himmel und der Sonne. Plötzlich tauchte ein sehr großes, schwarzes Dampfboot auf, das links an ihm vorbeizog. Er sah die Nieten an den stählernen Wänden des Schiffes blitzen. Während es an ihm vorüberfuhr, fühlte er sich plötzlich aus dem Wasser emporgezogen. Er blickte sich um und sah, daß von der Seite des schwarzen Schiffes eine Winde herabgelassen worden war, an deren Ende ein großer Haken saß, der sein Boot erfaßte. Mitsamt seinem Boot wurde er auf das Deck des schwarzen Schiffes gehievt. Ich sagte ihm, daß er vielleicht in seinem Schiffchen etwas finden würde, womit er die Winde durchschneiden und sein Boot retten könne. Er sagte, er wisse, daß er sich dem stellen müsse, was ihn auf dem schwarzen Schiff erwarte; so entschloß er sich, zu bleiben, wo er war. Er wurde auf das Deck gesetzt, wo er, sehr zu seiner Überraschung, eine Gruppe von Männern antraf, die auf Ruhekissen lagen. Sie trugen Pluderhosen, seidene Hemden und Turbane in verschiedenen Pastellfarben. Er stand über ihnen. Keinen von ihnen hatte er je zuvor gesehen. Er war »verblüfft« über das, was er sah. Er »hatte dies niemals erwartet«.

Er wurde ärgerlich und verlangte, daß die Männer ihn laufenließen – sie hätten überhaupt kein Recht, sich in seine Angelegenheiten einzumischen. Sie erklärten sich bereit, ihn wieder zu Wasser zu lassen, luden ihn aber ein, mit ihnen zu essen. Sie zeigten auf ihre üppig besetzte Tafel. Doch er lehnte das Angebot ab und verließ das Schiff.[1] Er wurde von derselben Winde, die ihn emporgezogen hatte, neben dem Schiff wieder zu Wasser gelassen. Ich wies ihn darauf hin, daß er entdeckt habe, wie er sich zu den einschüchternden Möglichkeiten, die er in der Welt und in sich selbst erkannt hatte, verhalten könne.

Wieder in seinem Schiffchen auf dem Wasser, fühlte er sich sehr frei und befreit, als er davonsegelte. Er beschloß, für diesmal keine weitere Exploration zu unternehmen. Ich sagte zu ihm, dann solle er das Boot an die Küste bringen und daran denken, daß dies nun sein Boot sei, das er zu Forschungsreisen benutzen könne, wann immer er wolle. Danach trat er rasch den Rückweg an, vorbei an der mittelalterlichen Stadt, den Leuten und Lothar, die mittlerweile alle ihre »normale« Größe erreicht hatten. Durch sein Handeln im Wachtraum hatte der Patient einen notwendigen Schritt in Richtung auf einen konstruktiven Umgang mit Einschüchterungen getan: Indem er der Einschüchterung – hier verkörpert durch das unheimliche schwarze Schiff und die ruhenden Männer – entgegengetreten war, hatte er sie zum Rückzug gezwungen.

Nun war er frei, gegenüber andauernden Herausforderungen eine andere Option zu finden. Von phänomenologischer Warte aus betrachtet, ist es nichts Ungewöhnliches, daß das, was man als Existenzmodus noch nicht gemeistert hat, ständig wiederkehrt. Es wird einem ständig wiederbegegnen, solange man es nicht hinreichend lebt. Sobald sie gelebt und gemeistert werden, stellen solche Erlebnisse keine Schwierigkeit mehr dar, und in manchen Fällen tauchen sie nie wieder auf.

In den darauffolgenden Wochen berichtete der Patient, daß er mindestens vier einschüchternde Situationen von der Art, der er vor dem Wachtraumerlebnis immer ausgewichen war, erfolgreich gemeistert hatte. Er stellte einen Arbeitskollegen zur Rede, der ihn vier Monate lang gepiesackt hatte, und der Mann machte einen Rückzieher. Er brachte einen Streit um Familienerbstücke zur Entscheidung, der jahrelang zwischen ihm und seinem Bruder geschwelt hatte. Er begann, seine Freundin zur Rede zu stellen, wenn sie ihn heruntermachte, während er früher in solchen Situationen stets ohnmächtig gewesen war. Und er behauptete seinen Parkplatz gegen einen Mann, der ihn verdrängen wollte.

Auch sein Verhältnis zu jenen Menschen, die er früher als einschüchternd wahrgenommen hatte, veränderte sich. Er gewann Einblick in ein sich ständig wiederholendes Problem, das bisher alle seine intimen Beziehungen zu Frauen beeinträchtigt hatte. Er war von der Voraussetzung ausgegangen, daß geistige Leistungen ihm versagt wären, und hatte sich daher auf seine Partnerin(nen) gestützt, um dieses Defizit auszugleichen. Der Intellekt seiner Partnerinnen hatte ihn jedoch eingeschüchtert und in ihm ein Gefühl der Distanz erzeugt. Das Wachtraumerlebnis trug dazu bei, aus einem Feigling einen auf sich selbst vertrauenden Menschen zu machen.

Ein 67jähriger Witwer (Fall Nr. 23) kam in die Behandlung, nachdem er eine zwei Monate vorher vorgenommene Prostatektomie hinter sich hatte. Sieben Monate zuvor war seine Frau nach 27 Jahren Ehe an einer langjährigen Krankheit gestorben. Auf den Tod seiner Frau hatte er mit großem Schmerz reagiert, in den sich ein Gefühl der Erleichterung gemischt hatte; die Erfahrung der Prostatektomie jedoch erfüllte ihn mit schwerer Angst, Depression und Erregung. Begleitsymptom war der Alkoholismus, der begonnen hatte, als der Mann Anfang 30 war, und endete, als er im Alter von 61 Jahren den Anonymen Alkoholikern beitrat. AA hatte ihn in den vergangenen fünf Jahren vor dem Alkohol bewahrt. Der Patient wies darauf hin, ihm sei klar, daß seine Probleme langfristiger Natur seien und daß der Alkoholismus nur symptomatisch sei. Er betrachtete sich selbst als oberflächlich; er glaubte, ein gewisses Talent zu besitzen, das er jedoch niemals zu seinem vollen Potential entwickelt hatte, weil er sich davor fürchtete, trotz der vielen Gelegenheiten, die sich ihm boten. Er hatte sich eine recht erfolgreiche Karriere aufgebaut und stand an der Spitze eines eigenen, in bescheidenen Maßen profitablen Unternehmens in der Werbebranche.

Die folgende Sitzung spielte sich zwei Monate nach Beginn der Behandlung ab. Sie zeigt, wie der Wachtraum dem Patienten helfen kann, einen wesentlichen Existenzmodus zu finden, der bisher verborgen geblieben war und der zu einer Verringerung seiner intensiven Unlustgefühle führte. Er begann damit, daß er den folgenden Traum berichtete: »Ich befand mich im Versammlungsraum der AA. Ein jüngerer Mann kam auf mich zu, begrüßte mich und schüttelte mir die Hand. Er war die Treppe von oben heruntergekommen, wo er sich irgendeiner Behandlung unterzogen hatte und geheilt worden war, worüber er sehr froh war.«

Er sagte, daß er den jungen Mann nicht recht einordnen könne. Nach dem Erwachen aus diesem Traum fühlte er eine Niedergeschlagenheit, die er sich nicht erklären konnte, da doch in diesem Traum etwas Erfreuliches geschehen war – wenn auch nicht ihm. Obwohl er vor der Sitzung einen ziemlich guten Tag gehabt hatte, hatte er einen Anflug von Furcht empfunden. Stolz erzählte er, daß der Tag der Sitzung sein Geburtstag sei. Er erwähnte, daß sein Schwager an einer Depression gelitten hatte, die mit einem unglücklichen äußeren Umstand zusammenhing. Dieser Schwager hatte einen Psychiater aufgesucht, war nach sechs Sitzungen von seiner Depression geheilt und seither depressionsfrei. Mein Patient räumte ein, daß seine eigenen Depressionsgefühle weit zurückreichten und schon seit seiner Jugend aufgetreten waren. Er wollte nicht länger zu den AA-Versammlungen gehen, weil dort nur »Lippenbekenntnisse« zur Selbsterforschung abgelegt würden. An die Stelle der AA-Sitzungen trat für ihn die Therapie, und er hoffte, hier die Möglichkeiten gebrauchen zu lernen, die ihm helfen konnten, sich selbst zu helfen.

Der Patient sagte dann weiter, daß er an einem überempfindlichen Gewissen leide und sich vielleicht schuldig fühlen werde, wenn er die AA verließ. Weil er erkannte, daß sein Problem sehr alt war, beklagte er sich nicht darüber, daß seine Behandlung länger dauern würde als die sechswöchige Kur seines Schwagers. »Solche Probleme brauchen ihre Zeit«, sagte er und war froh darüber, wieviel besser er sich in den bisher vergangenen zwei Monaten der Behandlung schon fühlte.

Er trat in den nächtlichen Traum ein, und ich bat ihn, die Treppe in dem geträumten AA-Versammlungsraum zu beschreiben. Er sagte, zunächst kämen zwei Stufen, dann eine Kehre in der Treppe, dann zehn Stufen, die zu einer weiteren Kehre führten, und dann drei Stufen, die in die nächste Etage führten. Ich bat ihn, die zwei Stufen hochzusteigen und seine Gefühle zu beschreiben. Er sagte, er empfinde Angst. Es war völlig dunkel, und er konnte absolut nichts sehen. Er schlug vor, eine Taschenlampe zu Hilfe zu nehmen. Dann stieg er die zehn Stufen bis zu der Kehre empor und eilte schließlich rasch die letzten drei Stufen hinauf. Sein emotionaler Zustand schien sich aufzuladen. Er sagte etwas erregt, daß er sich in einer Abteilung für Alkoholiker befinde. Es gab hier fünf bis zehn Patienten, alle mit schmutzigen, stoppelbärtigen Gesichtern, denen der Speichel aus dem Mund floß. Der Anblick gefiel ihm nicht. Am Ende der Abteilung stand ein weißgekleideter Mann. Er war anscheinend der Arzt, der diese Leute behandelte. Offenbar war der Mann, der die Treppe heruntergekommen war, ebenfalls hier behandelt worden. Hinter dem Arzt befand sich eine gläserne Kabine. Er beschloß, zu dem Arzt hinzugehen und ihn nach seinem Namen zu fragen. Es stellte sich jedoch heraus, daß der Mann nur ein Pfleger war.

Dann wurde seine Aufmerksamkeit plötzlich von einem der Betten gefesselt. Ihm fiel das Bettgestell auf, das aus einer Zeit vor 50 oder 60 Jahren zu stammen schien. Es war sorgfältig markiert, und die Farbe blätterte von ihm ab. In dem Bett lag ein bärtiger Mann, der schmutzig, bleich, hager und eingefallen aussah. Bei näherem Hinsehen entdeckte er, daß der Mann sein Vater war, und diese Entdeckung erschütterte ihn sehr.

Als er aus dem Wachtraum herauskam, durchlebte er plötzlich noch einmal die Situation, als sein Vater mitten in der Nacht ins Krankenhaus gebracht werden mußte, um am Blinddarm operiert zu werden. Er erlebte noch einmal, wie der von Pferden gezogene Rettungswagen durch die Straßen klapperte. Seine Mutter trug ihn auf den Armen und folgte dem Ambulanzwagen ins Krankenhaus. Er mochte damals zwei oder drei Jahre alt gewesen sein. Er äußerte, daß er seinen Vater hasse, da er ihn abstoße.

Dann erlebte er noch einmal, wie er, etwa im gleichen Alter, im Haus seiner Tante war. Der eine Schuh war halb ausgezogen. Er rief nach der Mutter, die ins Zimmer kam, und war erleichtert, als sie kam. Er erlebte dann, wie er noch einmal, im Alter von etwa sechs Jahren, im Haus seiner Tante war, zu der Zeit, als sein Bruder geboren wurde. Seine Mutter war nicht da. Er hörte Sperlinge, die vor dem Fenster in einem Käfig gehalten wurden, und er sah die lange Eingangshalle, die ins Haus führte. Ihm fiel auf, daß seine Mutter immer weg war, wenn ein anderes männliches Familienmitglied als er selbst ebenfalls weg war; seine Mutter kümmerte sich nicht um ihn, sondern um die anderen. In seinen späteren Gedanken kam er darauf zurück, wie Schuldgefühle in ihm erzeugt wurden, wenn er die ungeteilte Aufmerksamkeit seiner Mutter beanspruchte.

In der darauffolgenden Sitzung sagte er, er fühle sich sehr gut. Er schien weit weniger ängstlich, furchtsam und erregt zu sein. Er sprach ausführlich davon, wie er sich sein Leben lang selbst gequält habe. Er sagte, daß sein Gewissen ihn ständig bestrafe. Er erwähnte, wie er sich im Alter von 57 Jahren beim Tod seines Vaters froh und erleichtert gefühlt hatte.

Er beschrieb ein Gefühl der unmittelbaren Einsicht, als er das Sterben seines Vaters in seinem Wachtraum erlebte. Er meinte, dieses Einsichtserlebnis sei, »wie wenn man einen Pingpongball unter Wasser hält und dann losläßt. Man sieht, wie er vor einem in die Luft hüpft, und man sieht dann diesen kleinen weißen Ball«. Diesen Ball zu sehen war gleichbedeutend mit der Erkenntnis, welchen Einfluß sein Vater auf sein Leben gehabt hatte, und auch mit der Erkenntnis, warum seine Mutter ihm nicht die ungeteilte Aufmerksamkeit schenken konnte, nach der er sich gesehnt hatte.

In einem der darauffolgenden Wachträume sah er sich selbst in einem eleusinischen Gefilde inmitten einer Gruppe von Gestalten, die in weiße Togen gehüllt waren und Nektar tranken. Er hatte das Gefühl, daß diese friedliche Existenz eine ihm erreichbare Möglichkeit sei. Doch fragte er sich, ob sie ihm noch zu Lebzeiten offenstünde. Er hatte die Idee, daß diese römisch-antike Umgebung ihn an eine frühere Existenz erinnerte. Das war für diesen Patienten eine außergewöhnliche Aussage, denn er war ein Rationalist, der keine besonderen religiösen oder spirituellen Neigungen hatte. Er sagte dann noch, wenn es ihm nicht gelänge, diese Möglichkeit in seinem jetzigen Leben zu verwirklichen, so werde ihm dies doch in einem späteren Leben gelingen.

Kurz danach zog er in einen anderen Bundesstaat; während der Dauer unserer gemeinsamen Arbeit (annähernd sechs Monate) hatte er sich ganz des Alkohols enthalten.

In diesem Fall wurden die Möglichkeiten der Vergangenheit *und* der Gegenwart demonstriert. Dieser Patient zeigte die Vergangenheit *in* der Gegenwart sowie das Potential für seine eigene Besserung, und zwar an dem jungen Mann, der in seinem Traum geheilt wurde.

Der Patient wich davor zurück, sein Leben zu verwirklichen, weil er sich, um erfüllter leben zu können, die Wut, das Ressentiment und die Eifersucht hätte eingestehen müssen, die das Verhältnis zum Bruder und zum Vater bestimmten. Er wollte die ungeteilte Aufmerksamkeit seiner Mutter. Doch um sie zu erhalten, hätte er sie verlangen müssen, und er war nie fähig gewesen zu verlangen, was er wollte. Seine Mutter erzeugte Angst- und Schuldgefühle in ihm, wenn er ihre Aufmerksamkeit forderte, während sie sich dem Vater und dem Bruder zuwandte. So wich er vor seinen Haß- und Brudermordgefühlen zurück und blieb ewig eingesperrt, wie die Sperlinge, denen er in seiner Erinnerung wiederbegegnet war.

Durch den Wachtraum erkannte er jedoch, daß er ein und

denselben Menschen gleichzeitig lieben und hassen konnte. Die Käfigtür öffnete sich, und die chronische Depression des Patienten hellte sich auf.

Die traditionelle Psychotherapie geht davon aus, daß eine psychologische Deutung den Patienten für weitere Einsichten öffnet. Vom Standpunkt der Phänomenologie und besonders der Wachtraumtherapie ist es dagegen nicht gerechtfertigt, die Gegenwart oder Wahrnehmung eines Phänomens zu erklären; dies lenkt den Patienten davon ab, sich auf die Unmittelbarkeit seines Erlebens einzulassen. Ferner bringt die Unmittelbarkeit eines solchen Erlebens auch all die anderen damit zusammenhängenden Erlebnisse ins Blickfeld. So führte die Krankenhausszene im Wachtraum den Patienten dazu, den Zusammenhang dieser Szene mit seinem Aufenthalt im Haus der Tante während des Krankenhausaufenthalts des Vaters und während der Geburt seines Bruders zu er»leben«, und erlaubte ihm gleichzeitig, die vielen bedeutsamen Male zu er»leben«, bei denen er sich unnötigerweise schuldig fühlte.

Ein 28jähriger freiberuflich tätiger Mann (Fall Nr. 37) kam in die Behandlung, um Potenzschwierigkeiten und vorzeitigen Samenerguß zu überwinden. Auch wollte er fähig werden, eine stabile Beziehung zu einer Frau herzustellen.

In der Woche vor dem Wachtraum, der im folgenden beschrieben wird, sprach er mit mir über die Bindung an seine Mutter: er hielt sie über alle seine Aktivitäten mit Frauen auf dem laufenden und sprach häufig mit ihr am Telefon.

In einer Sitzung, die dreieinhalb Wochen nach Beginn der Behandlung[2] stattfand, begann er damit, über seinen Verkehr und seinen vorzeitigen Samenerguß zu klagen, die seine sexuelle Leistungsfähigkeit beeinträchtigten. Er sagte, seit dem Gespräch über seine Mutter nach seinem ersten Wachtraum schienen seine Symptome zurückgegangen zu sein, und er habe in der vergangenen Woche dreimal erfolgreich mit seiner Freundin verkehrt. Doch anstatt über diesen Erfolg froh zu sein, fühlte er sich deprimiert. Ihm fiel auch auf, daß er in der vergangenen Woche seine Mutter nicht angerufen hatte und daß auch sie ihn nur einmal angerufen hatte. Als er in das Haus seiner Eltern kam, »quetschte sie mich nicht über meine Freundin aus und machte sich auch sonst keine Gedanken über mein Leben«.

Er sprach dann weiter über seine Gefühle der Depression. Er hatte Lust, seine berufliche Karriere an den Nagel zu hängen und sich auf einen einsamen Berg zurückzuziehen, um »nichts« zu tun. Er glaubte, daß dies eine »unrealistische« Vorstellung sei. Ich fragte ihn, was seiner Meinung nach daran unrealistisch sei. Er erzählte, eine Reihe seiner Freunde hätten dies getan, um zu meditieren, daß er aber den Verdacht habe, drei Viertel von ihnen seien zurückgekommen, ohne etwas davon gehabt zu haben, oder sie seien vielleicht schlimmer daran als zuvor. Dann sagte er, daß ihm plötzlich Träume einfielen, die er in den letzten paar Tagen gehabt hatte:

> *Traum 1:* Ich bin in einem Ruderboot auf einem See, und mein Vater ist mit mir im Boot. Das Boot kippt um, und wir fallen ins Wasser. Mein Vater verschwindet, und ich bin allein im Wasser. Ich schwimme umher, und schließlich erreiche ich das Ufer, wo mein Vater schon auf mich wartet und mir aus dem Wasser hilft.
>
> *Traum 2:* Ich lese den Gesellschaftsklatsch in der Zeitung. Ich sehe ein Bild von meiner Freundin und einer anderen Freundin, die beide in einem Nachtklub sind. Auf dem Bild ist noch ein Mann zu sehen, ein Filmstar. Die Mädchen tragen durchsichtige Blusen, was mich eifersüchtig macht. Es scheint noch ein drittes Mädchen dazusein, eine Freundin von meiner Freundin, die ebenfalls eine durchsichtige Bluse trägt. Ich stelle meine Freundin wegen dem Bild zur Rede, und sie erinnert mich daran, daß ich ebenfalls in dem Nachtklub war.

Im Gespräch über diesen Traum fiel meinem Patienten ein, wie nachlässig er sich kleidete. Er sagte, daß er kein enganliegendes T-Shirt tragen möge, doch trage er gelegentlich das T-Shirt seiner Freundin, das ganz eng anliege.

Plötzlich fiel ihm auch wieder ein, wie er im Alter von vier

Jahren mit einem kleinen Mädchen, der Nachbarstochter, im Haus gespielt hatte. Er zeigte ihr seinen Penis. Als ihre Eltern ins Haus kamen, verriet sie ihnen, was er getan hatte. Er fühlte sich verlegen und gedemütigt. Seine Mutter wurde wütend, während sein Vater ihn halbherzig »ermahnte« und ihm dabei zuzwinkerte, als ob er ihm die Sache verzieh. Mein Patient meinte, daß der Vorfall ein Zeichen für seine damalige Hemmung der sexuellen Impulse gewesen sei, daß »das aber nicht alles war«. Er bemerkte außerdem, daß er vor Frauen nicht gerne nackt sei. Er war auch verblüfft darüber, daß er im Traum in einem Nachtklub war und den Gesellschaftsklatsch in der Zeitung las, da er bisher weder das eine noch das andere getan hatte.

Beim Gespräch über den ersten Traum erwähnte er, daß seine Mutter immer unruhig wurde, wenn er schwimmen ging, weil sie Angst hatte, er könnte ertrinken. Ich fragte ihn, was für ihn das Besondere an diesem Traum sei. Er sagte: »Das Schwimmen im Wasser.« Ich bat ihn, sich vorzustellen, daß er wieder in dem ersten Traum und im Wasser wäre.

In seinem Wachtraum sagte er, daß das Wasser schmutzig sei, daß ihm das Umherschwimmen keinen Spaß mache und er hinaus wolle. Ich fragte ihn, ob er den See ergründen wolle, bevor er aus dem Wasser herausging. Er sagte, er wolle unter Wasser tauchen. Ich wies ihn darauf hin, daß es auf dem Boden von Gewässern oft irgendwelche Gegenstände gebe, die für ihn von Interesse sein könnten. Er sagte, er spüre keine Angst vor dem Tauchen. Unter Wasser sah er ein »gebrauchtes Kondom«, das er aufnahm und an die Oberfläche brachte. Er brachte es an die Küste, wo er es (wörtlich und im übertragenen Sinne) in einem anderen Licht betrachtete.

Er sagte dann spontan, daß es seinem Vater gehöre, und er erinnerte sich an etwas, das er im Alter von elf oder zwölf Jahren erlebt hatte: Sein Vater hatte ihn gebeten, etwas aus dem Schlafzimmer zu holen, und als er danach suchte, fand er in einer Schublade lauter Kondome seines Vaters, worauf er mit »höchstem Erstaunen« reagierte; er dachte bei sich: »Das kann nicht wahr sein! Meine Eltern tun so etwas nicht!« Er sagte dann, daß es das erstemal sei, daß er sich diese Wahrnehmung eingestanden hätte. Er sprach vom Masturbieren, mit dem er in der Kindheit begonnen und bis auf diesen Tag nicht aufgehört hatte. Die Größe seines Penis beschäftigte ihn, er fand es spannend, ihn wachsen zu sehen. Er meinte, Masturbation habe etwas mit dem Erlebnis von Männlichkeit zu tun, und er hoffte, deshalb keine Schuldgefühle empfinden zu müssen.

Nach einer einleitenden »Aufräumübung« (siehe S. 128) berichtete er einen Traum, in dem er einen Heuhaufen erkletterte. Zu jener Zeit hatte er ein »Gefühl des Versinkens – wie ein Gefühl der Leere«. Er hatte dasselbe »Gefühl des Versinkens« in dem Traum mit dem umgekippten Boot beschrieben und auch, als er die Kondome seines Vaters entdeckte, und er bemerkte nun die Ähnlichkeit seiner Reaktion auf diese Ereignisse.

In der Woche nach dem Wachtraum verschwanden die sexuellen Beschwerden, derentwegen er in die Behandlung gekommen war. Er begann dann, die vielfältigen Auswirkungen seiner masturbatorischen Praxis durchzuarbeiten. Er empfand große Scham und Verlegenheit, da er diese Erlebnisse zum erstenmal in seinem Leben einem anderen Menschen enthüllte. Als er die Erfahrung machte, daß ich sein Tun akzeptierte, empfand er große Erleichterung und fühlte sich zunehmend »männlicher«. Er zeigte dies, indem er seiner Mutter, seiner Freundin und seinen Kollegen ohne Scham oder Angst gegenübertrat.

Im Anschluß an den eben beschriebenen Wachtraum hatte er einen Traum, in dem er auf den Stufen eines Gebäudes stand und mit jemandem sprach. Er ging die Treppe empor und befand sich am Eingang eines altrömischen Gebäudes. Nähere Untersuchung des Gebäudes ergab, daß es sich um eine Irrenanstalt mit enorm dicken Patienten handelte. Er lehnte es ab, das Gebäude zu betreten, konnte die Patienten aber durch das Fenster beobachten. (Tatsächlich war er außerordentlich dünn, seine Mutter außerordentlich dick.) Er sagte, daß er große Angst davor habe, verrückt zu werden; er enthüllte, daß er früher LSD genommen und deshalb befürchtet hatte, wahnsinnig zu werden. Allmählich erkannte er, daß seine Angst vor dem Wahnsinn in seiner Beziehung zur Mutter wurzelte.

Später berichtete er einen Traum, in dem er zusammen mit einer Gruppe von Leuten in den Bergen gewesen und auf eine Geisterstadt gestoßen war. Er entfernte sich von der Gruppe und bekam Angst, daß er sie aus den Augen verlieren könne. Bei der Erforschung des Terrains im Wachtraum entdeckte er einen verlassenen Bergwerksschacht. Er ging in den Schacht hinein und entdeckte zwei vertrocknete Leichen. Es waren, wie er feststellte, sein Vater und er selbst. Dann erblickte er eine Spinne. Er bekam Angst, doch nahm er die Spinne in einem Netz mit nach draußen. Dann erstieg er eine Anhöhe. Dabei wurde die Spinne immer größer, zerriß das Netz, tastete nach seinen Hoden und verwandelte sich in seine Mutter. Er sagte, er erlebe seine Mutter als eine angsteinflößende Spinne, die ihn kastriere, aussauge und seiner Männlichkeit beraube. Sie habe seinen Vater ausgesaugt und versuche nun, ihn ebenfalls auszusaugen. Dann dachte er an ihr Übergewicht und an die dicken Leute in der Irrenanstalt. Er erkannte, wie sehr sie seine Freiheit beeinträchtigte.

Das zentrale Thema dieses Patienten war das Erlebnis der Männlichkeit. Er erkannte, daß er seine Männlichkeit nicht länger den Bedürfnissen seiner aussaugenden Mutter unterwerfen mußte und daß es nicht mehr notwendig war, nach dem Schutz durch den Vater Ausschau zu halten.

Die räumliche Bewegung in einem Wachtraumerlebnis gibt ein klares Bild von dem Träumenden. Die räumliche Bewegung ist insofern analog zur Handschrift des Individuums, als sie gewisse grundsätzliche Charakterzüge der Persönlichkeit enthüllt. Der oben beschriebene Patient schwamm aus dem Wasser nach links, dorthin, wo sein Vater auf ihn wartete, um ihm zu helfen. Die Bewegung nach links bedeutet Beschäftigung mit der Vergangenheit, und der unmittelbar darauffolgende Bericht des Patienten über Vorfälle aus seinem fünften und zwölften Lebensjahr bestätigt dies.[3]

Das Wasser im Traum wird als reinigend, kreativ und erneuernd erlebt. Wir deuten das Phänomen Wasser nicht, wir sagen nicht etwa, das Wasser stehe für die Rückkehr des Patienten in eine »präödipale Urvereinigung«. Das Wasser wird vielmehr als solches, als Wasser erlebt. Wasser kann als Ebbe und Flut erlebt werden. Es verändert sich ständig und bleibt doch immer dasselbe. Es läßt Dinge wachsen, trotzdem verbirgt es vieles. Es hängt zusammen mit Geburt, Leben und Verwandlung.

Das Erleben früherer Existenzen – im allgemeinen durch Erinnerungen oder Phantasien – ist ein Gefühl, das immer wieder auftritt. Ein solches Gefühl kann als Bewegung des linearen Denkens in der Zeit definiert werden. Die Erinnerung wird in einer räumlichen Dimension außerhalb der materiellen Welt gelebt. Da keine Bewegung der Energie jemals verlorengeht und da jedes Erleben eine Bewegung von Energie ist, existiert jedes Erleben für alle Zeiten. Erleben und Erinnerung existieren räumlich, als räumliche Realität, die in einem bestimmten Augenblick gelebt und wiederentdeckt wird, wenn sie irgendeinen phänomenologischen Bereich berührt, in dem der menschliche Organismus gerade lebt. Das Gehirn kopiert dann das, was es aufgrund seiner holographischen Tendenz entdeckt.

Intensive, immer wieder auftretende Emotionen können als Reaktion auf die Imaginationstätigkeit selbst, nicht auf den Inhalt der Exploration, auftreten. Es handelt sich dabei oft um Angst oder Furcht, die einen Widerstand gegen die Arbeit hervorrufen. Er manifestiert sich als mangelnde Bereitschaft zum Wachtraum oder als Hemmung des Träumens selbst. Manchmal wird der Patient auch nur an den im Traum aufgetretenen Erscheinungen arbeiten wollen, ohne in den Traum selbst einzutreten.

Das Eintauchen in frühere Existenzmodi ist etwas, das im Wachtraumerleben sehr häufig vorkommt. Ein Patient (Fall Nr. 14) entdeckte im Wachtraum einen Satz von Photographien, die ihn im Alter von einem oder zwei Jahren auf dem Arm der Eltern zeigten. Auf den Bildern lächelte er. Er entdeckte diese

Bilder im Schlafzimmer seiner Eltern. Plötzlich wußte er, daß er bis zum Alter von zwei Jahren im Schlafzimmer seiner Eltern geschlafen und dann ein eigenes Zimmer bekommen hatte. In diesem Augenblick empfand er Wut über seine Ohnmacht. Er wußte ferner, daß seine chronische Wut gegen seinen Vater nicht mit dem Gefühl zu tun hatte, unerwünscht und abgeschoben zu sein, sondern mit seinem Gefühl der Ohnmacht. Er war über diese Entdeckung »wie von den Socken«, und er fragte seine Eltern, wo er als Kind geschlafen habe. Ihre Version deckte sich mit dem Wachtraum.

Im Anschluß an dieses Wachtraumerlebnis verringerte sich seine Wut gegen den Vater, und seine Arbeitsgewohnheiten änderten sich. Er war Arzt und hatte bisher lediglich eine Funktion in einem Team gehabt. Jetzt wurde er Leiter von mehreren Forschungsprojekten, die er selbst ins Leben rief.

Anwendung der imaginalen Funktion

Der Wachtraumprozeß läßt sich im therapeutischen Zusammenhang auf dreierlei Weise verwenden. Es sind dies: gesteuerte Übungen, Wachtraumtherapie und Wachtraum in Verbindung mit traditioneller Therapie.

Viele Autoren haben verschiedene Möglichkeiten der Technik der gesteuerten Übung diskutiert (Assagioli, 1965; Desoille, 1966). Ich habe festgestellt, daß es sehr instruktiv sein kann, einige spezifische Übungen zu entwickeln. Im allgemeinen können diese Übungen in der Beratungsphase zu Beginn der Therapie begonnen werden. Sie vermögen ein ausgezeichnetes Bild vom inneren Gesicht des Patienten und vom Kern seines Problems zu geben und in manchen Fällen von prognostischer Bedeutung zu sein. So sah eine Frau (Fall Nr. 7) einen unüberwindbaren, eisernen Zaun vor sich, der sich ins Endlose hinzog. Dieser Zaun versperrte ihr den Weg. Ein solches Hindernis ließ kein günstiges Ergebnis unserer Arbeit erhoffen, und so war es auch.

Zu den Übungen, die ich benütze, gehört, daß ich den Patienten auffordere, einen Raum oder einen Garten aufzuräumen; sich vorzustellen, daß er sich in einer ruhigen, weiten, klaren Gegend unter freiem Himmel befindet; daß er sich am Strand befindet; daß er sich auf einer Wiese befindet; sich auf einen Punkt in einem Kreis zu konzentrieren; oder einen Schlüssel zu finden und mit ihm eine Tür zu öffnen.

Bei der Übung mit dem Aufräumen des Zimmers muß sich der Patient vorstellen, daß er sich in seinem Lieblingszimmer, einem wichtigen oder dem gegenwärtig am meisten von ihm benutzten Zimmer aufhält. Dann muß er den Raum im einzelnen beschreiben, und zwar mit geschlossenen Augen, um jede Ablenkung durch äußere Reize auszuschließen. Dann wird er aufgefordert, das Zimmer von oben nach unten zu reinigen: zuerst die Decke, danach die Wände (von oben nach unten) und zuletzt den Boden. Während er dies tut, muß er alle Gefühle und Gedanken, die ihm kommen, berichten. Er sollte sich in seiner Vorstellung mit den notwendigen Geräten ausrüsten, einschließlich einer Leiter.

Alle Gegenstände, die ihm bei seiner Arbeit in die Hände fallen, müssen in die Mitte des Raums gebracht und beschrieben werden. Falls es sich um ein Schlafzimmer handelt, muß alles auf das Bett gelegt werden, vorausgesetzt, es steht wirklich in der Mitte. Andernfalls sagt man dem Patienten, daß er einen Behälter braucht – eine Truhe, eine Kiste, ein großer Karton oder ähnliches. Am nützlichsten ist ein Behälter, den er erst während des Aufräumens findet.

Während er auf diese Weise alles in die Mitte des Zimmers trägt, wird er angewiesen, alles, was er nicht behalten will, in diesen Behälter zu werfen. Alles, was er wegwirft, muß er beschreiben. Er muß die Fenster putzen, den Boden und den Teppich saugen, staubwischen usw. und alles, was er tut, beschreiben. Wenn der Patient andere Arbeiten ausführen möchte, etwa die Wände streichen, die Möbel polieren usw., sollte man ihn hierzu ermutigen. Sobald er alles, was er nicht mehr braucht, in den Behälter geworfen hat (falls er auch Möbelstücke wegwerfen will, muß er sie gleichfalls in einen geeigneten Behälter tun), sollte er das, was übrigbleibt, nach seinen Vorstellungen wieder im Zimmer verteilen.

Der Patient wird angewiesen, den Behälter vor die Tür zu stellen und dann die Mitte des Raumes zu reinigen. Danach fordert man ihn auf, den Behälter an einen passenden Ort zu bringen und entweder völlig zu verbrennen oder ihn, mit Gewichten beschwert, im Wasser zu versenken, bis er auf dem Grund des Gewässers verschwunden ist. Nachdem der Patient beschrieben hat, was er gedacht und gefühlt hat, während er den Behälter brennen oder versinken sah, kehrt er in das Zimmer zurück, sieht sich um und beschreibt, was er fühlt. An dieser Stelle endet die Übung. Sie sollte nicht länger als eine Stunde dauern.

Der Zweck bei dieser wie bei allen anderen Übungen besteht darin, dem Patienten eine Richtung oder Intention anzugeben, die anzeigen soll, daß ein Zusammenhang zwischen dieser Imaginationsarbeit und deren Auswirkung auf sein inneres Leben besteht. So ist es nützlich, dem Patienten zu sagen, er solle daran denken, daß er mit dem Aufräumen des Zimmers auch sich selbst »aufräumt«. Man sagt dem Patienten auch, daß alles Heilsame, das er entdeckt, ihm gehört und sein Eigentum bleibt.

Diese letztgenannte Anweisung ist außerordentlich wichtig, weil es darauf ankommt, die Entdeckung oder Entdeckungen in die Alltagswelt einzubringen. Der Patient wird geneigt sein, dies zu tun, wenn er weiß, daß er im Besitz einer Eigenschaft ist, die er dazu nutzen kann, seine imaginale Realität in das Alltagsleben einzuführen.

Bei der Blumenübung sitzt der Patient auf einer Wiese. Für gewöhnlich findet er eine Blume. Er pflückt sie und beschreibt sie eingehend – Farbe, Gestalt, Beschaffenheit, Geruch. Damit wird verstärkt, was bereits in der Induktionsphase begonnen wurde, das heißt, die Sinne werden auf das Reich der Imagination gerichtet und führen den Patienten dazu, in diesem Raum zu existieren. So wie unsere Sinne uns ermöglichen, in der konkreten Welt zu existieren, können sie auch in der Imaginationswelt gebraucht werden. Wenn man das Rascheln der Blätter hören, das Wehen des Windes spüren und vielleicht die Vögel zwitschern hören kann, werden Gehör und Tastsinn erregt. – Nachdem der Stengel beschrieben worden ist, kommen die Blätter an der Basis der Blume (sofern es welche gibt) an die Reihe. Danach werden die Blütenblätter beschrieben, berührt und gezählt. Diese Zahl ist bedeutsam, da sie oft das emotionale Alter bezeichnet, in dem der Patient fixiert ist und das er hinter sich lassen muß, bevor er seine natürliche Entwicklung fortsetzen kann. Von Zeit zu Zeit kann während der Therapie die Zahl überprüft werden, als Hinweis auf eine mögliche Entwicklung des Patienten. Dies ist analog zu dem, was in Träumen erlebt wird.

So berichtete ein Patient (Fall Nr. 112) in der Anfangsphase der Therapie von mehreren Träumen, in denen er 15 Jahre alt war und die höhere Schule besuchte. Als die Therapie ihren Fortgang nahm und er eine Bewegung in seinem Leben erfuhr, berichtete er von einem Traum, in dem er als Zwanzigjähriger das College besuchte. Dies entsprach genau seinem Erleben des eigenen Wachstums. Das emotionale Alter in seinem Traumleben näherte sich seinem wirklichen Alter. So kann es auch bei der Blumenübung vorkommen, daß beispielsweise zu Beginn der Behandlung 18 Blütenblätter gezählt werden und später, bei einer anderen Blume, 30 Blütenblätter.

Nach dem Aufräumen eines Gartens (Jäten, Rechen, Stutzen usw.) kann der Patient etwas säen und das Wachsen einer Pflanze, möglichst eines Baumes, beschreiben. Bei dieser Übung ist es wichtig, daß der Patient weiß, daß er und der Baum zusammengehören. Dies erinnert ihn daran, daß er *wie* ein Baum sein kann.

Bei jeder Übung sollten die folgenden Punkte unbedingt beachtet werden:

1. Der Patient muß berichten, was er sieht, hört und fühlt. (Zwanghaften Patienten schlägt der Führer eine umgekehrte Reihenfolge vor, das heißt, sie berichten zuerst, was sie hören, und *dann*, was sie sehen.)

2. Die Dauer der Übung darf eine Stunde nicht überschreiten.
3. Der Patient muß sein Erlebnis aufschreiben und malen und stets, wie jeder schöpferische Künstler, nach Beendigung der Arbeit diese signieren, um anzuzeigen, daß sie zu ihm gehört.
4. Der Patient berichtet in der Gegenwartsform.

Es ist nicht notwendig, dem Patienten die Bedeutung der Zahlen oder der Situationen zu erläutern. Solche Erklärungen verstärken lediglich das Intellektualisieren, das sich in die nichtrationalen Prozesse einmischt und ihre Kraft verringert.

Ein Patient (Fall Nr. 14), von dem bereits die Rede war, begann die Therapie damit, daß er ein Zimmer aufräumte. Er empfand eine tiefe Traurigkeit, Einsamkeit und Leere. Er wies darauf hin, daß er noch niemals so intensive Empfindungen erlebt und daß dieses Ereignis noch 24 Stunden in ihm nachgewirkt habe.

Diese Entdeckung der Tiefe des Gefühls ist charakteristisch für Imaginationsarbeit. Imagination ist am besten geeignet, sich in das emotionale Leben einzustimmen. Da die Sprache bei der Imaginationsarbeit insofern als eine »sekundäre« Funktion dient, als sie beschreibend (denotativ) und nicht interpretierend (konnotativ) benutzt wird, behindert sie den emotionalen Ausdruck nicht. Die Durchdringung des im imaginierten Bild verkörperten Symbols ist Aufgabe der Imaginationsarbeit; sie setzt die im Symbol selbst enthaltene emotionale Energie frei.

Die durch den Wachtraum erregten Emotionen sind in tiefer und echter Weise auf den gegenwärtigen Augenblick bezogen. Sie erlauben eine neue Organisation der Wahrnehmung, die ein Bindeglied zwischen innerem und äußerem Leben zu schmieden beginnt, welches der gewohnten, erinnerungsbefrachteten Emotion unerreichbar ist. Letztere führt den Patienten dazu, das innere vom äußeren Leben zu trennen, aus Furcht, dem wiederzubegegnen, was die Erinnerung und damit zwangsläufig Emotionen und die ihr entsprechenden schmerzlichen wachrufen würde. Die neue Organisation der Wahrnehmung ist für den Genesungsprozeß von fundamentaler Bedeutung.

Für gewöhnlich folgt auf eine gesteuerte Übung ein Traum, aus dem ein Wachtraum hervorgeht. Die gesteuerte Übung ist der erste Versuch, die Imaginationsrealität von der äußeren Welt zu trennen, und der Traum, der auf sie folgt, hat für gewöhnlich mit den gewohnten Erlebnissen des Alltagslebens nichts zu tun. Die gesteuerte Übung bereitet den Boden für eine Exploration auf Bahnen, die von den logischen Bedingungen wegführen, welche unser Verhältnis zur Welt der konkreten Realität beherrschen.

Im Laufe der Therapie können gesteuerte Übungen eingeführt werden, wenn spezielle Probleme auftauchen oder eine Blockierung den Patienten hindert, weiter vorzudringen. Es kann zum Beispiel sein, daß Angst den Patienten hindert, auf dem Wege zu seinen ursprünglichen Zielen fortzuschreiten. In diesem Fall könnte eine gesteuerte Übung mit einem imaginierten Bild aus einem früheren Wachtraum beginnen; oder damit, daß der Führer den Reisenden bittet, die Angst ausfindig zu machen, indem er an einen dunklen Ort hinabsteigt; oder, wenn dies nicht möglich ist, daß er den Reisenden nach einem (Vorstellungs-)Bild fragt, das für ihn die Konkretisierung der Angst ist.

Gesteuerte Übungen können auch dazu benutzt werden, spezifische Gebiete des Wachtraums näher zu untersuchen: ein Gebiet, das man erweitern oder vertiefen möchte, ein Gebiet, das im vorigen Bericht im Protokollheft vergessen wurde, ein Gebiet, das unmittelbar mit früheren Zielen zu tun hat.[4] Klinische Erfahrung wird den Therapeuten darüber belehren, wann er gesteuerte Übungen anwenden muß.

Der Wachtraum bringt die Erkenntnis, welche Existenzmöglichkeiten einem Menschen gegeben sind. Darüber hinaus erlaubt der Wachtraum eine Synthese aus Denken, Visualisieren (Fühlen) und Verhalten, die innerhalb der imaginalen Existenz gelebt wird. Es ist allein diese erlebte Synthese, die der Existenz eines Menschen neue Bedeutung verleiht. Er kehrt in die

Alltagswelt zurück, in die er diese Synthese, die er im Wachtraum gelebt hat, einzubringen hat. Natürlich steht es dem Menschen frei, das, was er gelernt hat, nicht einzubringen; doch wenn er weiß, was seine Aufgabe wäre, sie aber verfehlt, bleibt er seiner eigenen Existenz etwas schuldig. Diese Schuld meldet sich in Form von Gewissensbissen. Durch den Wachtraum erhält der Patient Gelegenheit, seine Existenz zu verwandeln und sein Verhältnis zur Welt neu zu definieren.

Es ist das Handeln, welches gleichbedeutend ist mit Leben, das wiederum gleichbedeutend ist mit Werden; das Handeln ist derjenige Modus, der dem Menschen erlaubt, sein Potential und damit sein Wesen zu verwirklichen. Jedes Tun birgt in sich ein Nichttun. Ein repetitives, zwanghaftes Handeln aufzugeben, ist ein Nichttun, das die Freiheit mit sich bringt, etwas *anderes* zu tun. (Der jüdische Sabbat zum Beispiel bringt diese Idee zum Ausdruck; am Sabbat ist der Jude gehalten, die üblichen Aktivitäten der übrigen sechs Wochentage zu unterlassen.)

Eine der wesentlichsten Facetten des Wachtraumerlebnisses (und phänomenologischer Methoden überhaupt) ist, daß sie »ja« zum Leben sagen. Der Wachtraum *gibt Hoffnung*, indem er von Anfang an alles akzeptiert, was ist. Die psychotherapeutische Untersuchungsmethode sagt gewohnheitsmäßig »nein« zur Realitätsversion des Patienten und ersetzt sie durch das interpretierende, logische Denken eines »sekundären Prozesses«, wodurch das Ziel einer »angemessenen Beziehung zur Realität« erreicht werden soll. Auf dem Prüfstand steht die Logik, nicht das Leben. Die phänomenologische Methode sagt »ja«; sie läßt dem Leben den ihm gebührenden Platz, und sie läßt die Logik an ihrem Platz.

In der Wachtraumtherapie dreht sich die Diskussion um die Existenzmöglichkeiten, die in der Imagination erforscht worden sind, und um diejenigen Geschehnisse im Wachleben, die mit dem Wachtraum zu tun haben. Dies kennzeichnet den Zusammenhang zwischen Wachtraum und Wachleben.

So entdeckte eine Patientin (Fall Nr. 125) während einer langwierigen Wachtraumexploration, daß sie unter einem Baum saß und dabei grüne Hosen und grüne Schuhe anhatte. Sie war überrascht, weil sie Grün verabscheute und es selten trug. Ferner entdeckte sie im Wachtraum ein Zimmer, an dessen Wänden Bilder hingen, die sie betrachtete und schön fand.

In der folgenden Woche machte sie bewußt den Versuch, grüne Kleidung zu tragen. Sie sagte, nach dem Wachtraumerlebnis habe sie anderthalb Tage lang die tiefste Depression erlebt, die man sich denken könne – intensiver und von anderer Qualität als irgendeine andere, an die sie sich erinnern konnte. Sie bemerkte, daß sie früher versucht hätte, sich von der Depression abzuwenden, während sie sich ihr diesmal bewußt aussetzte. Sie entdeckte, daß die Depression dabei rasch verschwand. Ihr nächster Schritt war der, sich an einer Kunsthochschule einzuschreiben, um ernsthaft Malerei zu studieren. Sie war der Überzeugung, daß dieser Schritt eine echte Freiheit ausdrückte, wie sie sie bisher nicht gekannt hatte. Der Wachtraum enthüllte ihr, daß die Depression ein Zeichen für ihr nicht verwirklichtes Potential als Malerin gewesen war. Auch die Bilder an den Wänden waren ein Hinweis auf das, was zu tun war.

Zeichen lenken unser Interesse auf das, was im gegenwärtigen Augenblick in der Welt vor sich geht. Sie lassen uns die Notwendigkeit erkennen, zu handeln. Sie sind entweder als Korrektur oder als Bestätigung unserer Handlungen zu lesen. Sie brauchen nicht analysiert zu werden; auch ist es nicht notwendig, ihre Existenz aus irgendeiner Ursache zu erklären. Die dunkle Wolke ist ein Zeichen dafür, daß Regen kommt. Fische, die aus einem Teich springen, sind ein Zeichen dafür, daß ein Erdbeben kommt. Wir sind ohne Unterlaß mit Zeichen konfrontiert. Im Hinblick auf unser persönliches Leben sind solche Zeichen Leitpfosten, die unser Verhalten tiefgreifend beeinflussen können. Die phänomenologische Arbeit legt großen Wert darauf, den Patienten dazu zu erziehen, daß er Zeichen erkennt und sie beachtet: Ein Patient träumte vom College, während seine früheren Träume an der höheren Schule gespielt hatten. Dieser Schauplatzwechsel ist sowohl für den Therapeuten als auch für den Patienten ein Zeichen dafür, daß der Patient Fortschritte gemacht hat. Wenn die von einem ersten Zeichen nahegelegte Korrektur vorgenommen worden ist, pflegt sich für gewöhnlich ein bestätigendes Zeichen einzustellen.

Das Auftreten und die Bedeutsamkeit von Zeichen sind ein Phänomen, das mit formaler Logik nicht ohne weiteres zu begreifen ist. Kausales Denken auf die spontane und oft poetische Sprache von Zeichen anzuwenden, bedeutet, »nein« zu diesem Phänomen zu sagen. Die richtige Einstellung zu einem Zeichen besteht darin, es als das zu würdigen, was es *ist*, nicht als das, was es (im Sinne irgendeiner interpretierenden Formulierung) *bedeutet*.

Zeichen werden oft mißachtet, weil sie den Menschen zu irgendeiner Korrektur aufrufen. Die damit verbundene Anstrengung ist unter Umständen weit größer, als der Betreffende sie normalerweise aufwenden würde – auch dies ein Hinweis auf die Notwendigkeit einer Willensanstrengung, und zwar im Modus der Bemühung oder des Handelns.

Ein Patient begegnete zu Beginn der Behandlung im Wachtraum Fabelwesen, die alle grau waren. Am Ende der Therapie kehrten die Fabelwesen wieder; doch jetzt glänzten sie golden. Dies ist ein klares Zeichen für sein Verhältnis zu seinem Triebleben; es steht im Einklang mit seinem ganzen Wesen, welches am Ende der Behandlung harmonisch (golden) ist, während es am Anfang Gefahr (grau) signalisierte. Wir kommen später darauf noch einmal zurück.

Der Patient wird gebeten, seine Aufzeichnungen über den Wachtraum in seinem Protokollheft in der nächsten Sitzung vorzulesen. Der Therapeut hat seine eigene, wörtliche Darstellung der Exploration aufbewahrt und folgt dem Bericht des Patienten, um festzustellen, was dieser vergessen oder hinzugefügt hat. Wird nichts vergessen, deutet dies darauf hin, daß der Patient mit seinem inneren Leben in Kontakt steht, was bedeutet, daß das nächste Wachtraumerlebnis reibungslos verlaufen wird. Eine Ausschmückung des Berichts kommt selten vor. Ausschmückungen lassen darauf schließen, daß nach dem Wachtraumerlebnis irgend etwas geschehen ist, wahrscheinlich zur Zeit der Niederschrift, etwas, das eine Einsicht in das eigene Wesen bewirkt hat. Werden Teile des Erlebnisses vergessen, zeigt dies den mangelnden Kontakt zwischen dem äußeren und dem inneren Leben des Patienten an und verweist auf Bereiche, die der Aufmerksamkeit bedürfen. Die ausgelassenen Teile geben dem Therapeuten unter Umständen Aufschluß darüber, welche Art von gesteuerter Übung angezeigt ist, um diese Bereiche zu erforschen. Häufig kann die gesteuerte Übung vom Therapeuten ganz spezifisch im Hinblick auf diese Situation gestaltet werden.

Für gewöhnlich kann man dem Patienten selbst das Vorstellungsbild entlocken, von dem man auszugehen hat. Ein Patient (Fall Nr. 77) beschrieb Gefühle der Furcht und des Alleinseins, die auch eine elfjährige Analyse nicht hatte beseitigen können. Ich bat ihn, diese Gefühle zu konkretisieren. Er beschrieb sich selbst als kleinen Jungen von drei oder vier Jahren; er trug einen Schlafanzug und stand vor einer Höhle mit einem dunkel drohenden Eingang. Bei näherer Untersuchung entdeckte er einen kleinen Fluß, auf dem eine Gondel zum Vorschein kam. Zunächst weigerte er sich, die Gondel zur Exploration der Höhle zu benutzen; doch als wir eine Weile zusammen gearbeitet hatten, begann er, die Gondel durch das Flüßchen zu steuern, und war überrascht und befriedigt, daß er fähig war, sein Schiff durch einen einst so schreckenerregend, abweisend und unheimlich wirkenden Ort zu steuern. Während er weitermachte, entdeckte er, daß er größer und älter wurde. Er beschloß, mehr Anstrengung in seine Arbeit zu investieren.

Er war ein Student im höheren Semester, der vom Dogmatismus seiner Lehrer wie vor den Kopf geschlagen war. Außerdem hatte er den Eindruck, daß ihre Wertvorstellungen den seinen diametral entgegengesetzt waren. Seine Antwort bestand darin, daß er sich herausfordernd, ja geradezu feindselig verhielt. Er legte sich mit seinen Professoren und der Universitätsverwaltung an und mußte sich darauf gefaßt machen, von der Hochschule verwiesen zu werden. Er konzentrierte sich immer weniger auf seine Arbeit, und seine Noten spiegelten dies wider.

Beim Abschluß unserer gemeinsamen Bemühungen, sieben Monate später, ging es mit seiner Arbeit bergauf. Er stellte viel freundlichere Beziehungen zum Lehrkörper her und widmete sich ernsthaft seinen Studien. Am bedeutsamsten war für ihn die Feststellung, daß er auf seinem Gebiet einen eigenen, schöpferischen Ansatz verfolgen konnte und daß unterschiedliche Wertvorstellungen das Lernen nicht unbedingt zu beeinträchtigen brauchen.

Auch sein Verhältnis zu Frauen änderte sich. Er fühlte sich seit jeher zu selbständigen Frauen hingezogen, doch diese Selbständigkeit stand häufig zu seinen persönlichen Bedürfnissen im Widerspruch. Er pflegte seine eigenen Ansprüche auf Intimität oder Verständnis den Bedürfnissen der Frau unterzuordnen, empfand aber im stillen Wut und Ressentiments darüber. Nach der Wachtraumarbeit erkannte er, daß er ein Recht darauf hatte, daß auch seine eigenen Bedürfnisse ernst genommen wurden.

Bei seiner letzten Reise in der Gondel gelangte er an eine offene, sonnenüberflutete Stelle, an der er badete. Er sagte, daß er nun die Freiheit habe, sein Schiff dahin zu lenken, wohin er wolle. Dies signalisierte offenkundig das Ende der Therapie. In den sieben Monaten seiner Therapie, bei einer Sitzung pro Woche, hatten sich seine Gefühle der Furcht, des Alleinseins und der Wut aufgehellt, und bei einer Nachuntersuchung nach zwei Jahren war er immer noch ausgeglichen.

Während der ganzen Therapie sprachen wir weder über die Bedeutung der Gondel noch über die der Höhle mit dem schwarzen Eingang. Vielmehr wurde die Gondel zum Medium, durch das er seine Freiheit finden, seine Verwandlung erreichen und jenen gewohnten Gefühlen entgegentreten konnte, die seine Entwicklung hemmten. Die Höhle war das zu erforschende Element; sie war der Speicher seiner gewohnten Gefühle. Er drang in diese Form ein und war imstande, seine Gefühle zu verändern, was ihn befähigte, die Stärke und Initiative zu finden, sein Leben in Ordnung zu bringen.

Dadurch, daß der Wachtraum zwischen imaginalem und verbalem Modus – *die beide in der ihnen angemessenen Weise benutzt werden* – hin und her schwingt, erreicht er seine tiefreichende, heilende Wirkung. Die verbale Komponente konzentriert sich auf die von der Imagination angebotenen Zeichen, Möglichkeiten und Potentiale und bestätigt dem Patienten auch die Echtheit und Glaubwürdigkeit seiner Existenz. Klinische Erfahrung und Übung werden dem Therapeuten sagen, wie er das Gleichgewicht von imaginaler und verbaler Arbeit herstellt.

Die Bilder und Zeichnungen

Der Bildbericht ergänzt den geschriebenen Bericht, weil er die Lage der einzelnen Elemente zueinander (Figuren, Situationen usw.) und die Farben zeigt und auch erkennen läßt, was auf dem Bild fehlt. Die Kunstfertigkeit des Bildes ist natürlich irrelevant.

Ein Patient (Fall Nr. 92) berichtete im Wachtraum, daß er die Hand einer Frau hielt, während er mit ihr einen Weg entlangging. Auf dem dazugehörigen Bild hing dagegen sein Arm schlaff am Körper herunter. Dafür war der Arm der Frau nach seiner Hand ausgestreckt. Dieser Mann hatte keine engen Beziehungen zu Frauen und konnte nicht auf sie zugehen. Wie gehemmt er tatsächlich war, seine Möglichkeiten, Frauen nahe zu sein, zu verwirklichen, wurde ihm klar, als er sein Bild betrachtete.

Wenn ein Patient ein Haus ohne Fenster zeichnet, dann wird man auf ein Gefühl des Eingekerkertseins schließen müssen; das Fehlen von Türklinken dürfte anzeigen, daß der Patient nicht imstande ist, einen Ausweg zu finden. Mit anderen Worten, das Vorhandensein oder Nichtvorhandensein von Einzelheiten deutet auf Fähigkeiten und Unzulänglichkeiten hin, die die Richtung der weiteren Arbeit angeben.

Die Lage der einzelnen Elemente zueinander ist ein Anzeichen dafür, wo der Patient in bezug auf seine innere Bewegung und Freiheit steht. Wiederholte Erfahrung mit vielen verschiedenen Patienten hat folgendes gelehrt: Wenn Gestalten nach links zeigen oder sich nach links bewegen, ist der Patient auf die Vergangenheit ausgerichtet oder auf seine Mutter, oder er kämpft mit emotionalen Konflikten. Bewegung nach rechts steht für Bewegung in die Zukunft oder die Befreiung der eigenen Existenz. Bewegung nach oben bedeutet Aufsteigen und hängt zusammen mit Durchbruch, Überwinden oder Transzendieren. Sie ist ein Zeichen der Stärke. Bewegung nach unten ist ein Zeichen für das, was noch dunkel und verborgen ist, für die Notwendigkeit, in die Tiefen oder den Mittelpunkt des eigenen Ichs hinunterzusteigen. Bewegung von links unten nach rechts oben ist ein Zeichen für Kraft, Initiative, Anstrengung, Willensbemühung und Neuerschaffen der Vergangenheit. Bewegung von rechts unten nach links oben deutet auf fehlende Willenskraft, mangelnde Anstrengung und ein Gefangensein in der Vergangenheit. Dies ist kein günstiges prognostisches Zeichen. Wenn die Figuren in der Mitte sind, unbewegt stehen oder sich direkt nach vorne bewegen, liegen die Probleme des Patienten in der Gegenwart. Eine solche Konfiguration deutet noch nicht auf eine Bewegung hin, doch kündigen sich bereits Initiative und Willenskraft an. Das Stehen vor einem unüberwindlichen Hindernis deutet im allgemeinen an, daß der Patient sich nicht verändern will. Bewegung nach links unten deutet auf die dunklen Schlupfwinkel der Vergangenheit, während Bewegung nach rechts unten darauf hindeutet, daß Licht aus der Dunkelheit kommt.

Die Farbgebung ist eine zu komplizierte Materie, als daß sie in diesem Buch ausführlich behandelt werden könnte; jeder, der sich mit diesem Prozeß vertraut machen möchte, muß sich eingehender damit beschäftigen (Haule, 1977). Im folgenden gehe ich nur kurz auf die Bedeutung der Farbe im therapeutischen Prozeß ein. Zunächst einmal stellt man fest, ob die Farben dunkel oder hell sind. Dunkle, düstere Farben finden sich für gewöhnlich in den Bildern von Patienten, die depressiv sind. Sobald sich die Depression aufhellt, werden auch die Farben auf den Bildern heller, kräftiger und lebhafter. Die Veränderung der Farben hin zum Gold oder überhaupt das Auftreten der

Farbe Gold bedeutet die Vollendung der Verwandlung. Generell deutet die Veränderung von Farben auf Bewegung innerhalb der Persönlichkeit. Die Veränderung von Dunkel zu Hell deutet auf eine Klärung und Reinigung des emotionalen Lebens hin. Wenn sich Veränderungen der Farbtöne und Schattierungen innerhalb einer einzelnen Farbe vollziehen, so läßt dies auf inneres Wachstum schließen. Ein Patient (Fall Nr. 34) befand sich zu Beginn seiner Wachtraumarbeit auf einer Wiese mit gelbgrünem Gras. Später zeigte das Gras ein frisches, kräftiges Grün. Er hatte die Arbeit als apathischer junger Mann begonnen, der im Leben kaum ein Ziel hatte. Dank der Wachtraumtherapie begann er zu spüren, daß er den Gang seines Lebens selbst beeinflussen könne; seine Perspektive hellte sich auf, seine Energie nahm beträchtlich zu.

Fast jeder hat eine Vorstellung von den Gefühlswerten, die Farben gewohnheitsmäßig zugeschrieben werden. Dieselben Werte gelten bei der Einschätzung der Imaginationsarbeit. Man muß jedoch bedenken, daß keine Farbe nur *einen* Aspekt repräsentiert; sie bringt sofort einen komplementären oder konträren Aspekt mit sich. (Dasselbe gilt im übrigen auch für Sprache – man kann kaum kein Wort benutzen, ohne sofort sein Gegenteil heraufzubeschwören.)

So ist es auch im Gefühlsleben: Wir könnten nicht wissen, was Wut ist, wenn wir die Freude nicht kennten; nicht, was Trauer ist, wenn wir das Glück nicht kennten. Deshalb ist es unklug und unkonstruktiv, sich beim Gespräch mit einem Patienten allein auf das Negative zu konzentrieren. Dieser Grundsatz gilt auch für das Erörtern von Farben. Die Farbe Rot bedeutet für gewöhnlich Wut; sie steht aber auch für Stärke, Leben und Vitalität. Orange kann Hemmung bedeuten; es steht aber auch für Durchtrennen, Eindringen oder für weibliche Stärke. Gelb kann Feigheit oder Furcht widerspiegeln, und wenn es mit Grün vermischt wird, bedeutet es, daß jemand nicht hinreichend sozialisiert ist; es steht aber auch für Offenheit, Großzügigkeit und Intelligenz.[5] Grün bedeutet herkömmlicherweise Neid und Eifersucht, und Dunkelgrün bezeichnet

Melancholie; es steht aber auch für Sinnlichkeit, Wachstum (verborgene Möglichkeiten) und Stille. Blau wird für gewöhnlich in Zusammenhang gebracht mit Depression (falls mit Rosa vermischt) und mit Introversion (falls es blaßblau ist oder mit Grau vermischt); doch kann es auch zusammenhängen mit dem Erreichen von Höhen und Erfolg, mit Frieden und Geselligkeit (falls es ein starkes Blau ist). Violett kann ein Zeichen für Zorn oder Liebeskummer sein, aber auch für eine große Liebe, für Wohltätigkeit und Extraversion. Grau signalisiert zugleich Gefahr und Vorsicht (beispielsweise Nebel), während Braun gleichzeitig ordinär und elegant ist. Die kontrastierenden Farbtöne Weiß und Schwarz bezeichnen Reinheit und Integration beziehungsweise Dunkelheit, Tod und Auflösung.

Aus den Bildern kann hervorgehen, daß der Patient eine bestimmte Farbe vermeidet. Er mag sie nicht, und er vermeidet es für gewöhnlich, sich in dieser Farbe zu kleiden. Das systematische Vermeiden einer Farbe ist offenkundig von Bedeutung, und es kann für den Patienten nützlich sein zu versuchen, gerade diese Farbe zu tragen, allerdings *ohne* daß zuvor über den Zusammenhang zwischen dieser Farbe und dem Seelenleben gesprochen wird. Für gewöhnlich entdeckt der Patient den Zusammenhang mit dem emotionalen Leben allein, ohne das Eingreifen des Therapeuten. Das *selbständige Auffinden der Bedeutung* hinterläßt, wie in den meisten anderen Therapien auch, stets einen größeren Eindruck als alles andere. *In der ganzen Wachtraumtherapie wird stets Wert darauf gelegt, daß der Patient die Antwort allein findet.*

Eine Patientin (Fall Nr. 63) hatte vierzehn Jahre Psychotherapie und Psychoanalyse hinter sich. Sie kam in die Wachtraumtherapie, weil sie einen inneren Stillstand verspürte und etwas gegen ihre Unfähigkeit unternehmen wollte, sich über ihre weitere berufliche Laufbahn – übrigens auf dem Gebiet der Psychotherapie – klarzuwerden. Wir entdeckten, daß sie es vermied, Orange zu tragen (wie bereits erwähnt, bedeutet Orange einerseits Hemmung und Durchtrennen, andererseits weibliche Stärke). Sie hatte zwar eine Ahnung von dieser Vermeidungshaltung, hatte aber in den bisherigen Analysen niemals versucht, darüber zu sprechen. Sie erklärte sich bereit, für kurze Zeit Orange zu tragen. (Allerdings sollte ein solches Experiment nicht zur Gewohnheit werden und auch nicht zwangsweise durchgeführt werden, denn wichtig ist dabei vor allem die Spontaneität der Erfahrung). Sie begann damit, daß sie einen orangefarbenen Schal trug, und bemerkte bald, daß ihre Kollegen sich anders zu ihr verhielten. Sie brachten den Ideen meiner Patientin mehr Interesse und Achtung entgegen und lieferten ihrerseits Ideen, die sie prüfen und vielleicht für ihr eigenes berufliches Gebiet nutzbar machen konnte.

Vor Beginn der Wachtraumtherapie glaubte sie innerlich zu stagnieren. Sie hatte nicht die Kraft aufgebracht, ein Ventil für ihre Energien zu finden. Sie hatte damit gerechnet, daß sich diese Ventile durch ihren Beruf von selbst finden würden, sie diese also nicht durch eigene Anstrengungen finden müßte. Sie hatte bereits mit dem Gedanken gespielt, ihren Beruf an den Nagel zu hängen.

Nach der Wachtraumtherapie arbeitete sie mit größerer Aktivität und Initiative und übernahm eine führende Stellung, in der sie unmittelbar für die Gestaltung eines Ausbildungsprogramms für den Nachwuchs auf ihrem Gebiet verantwortlich war – eine Stellung, die sie sich schon lange gewünscht, die man ihr aber noch nie angeboten hatte.

Die Farbe ist neben der Zahl das dichteste, ausdrucksstärkste und tiefste Symbol, das der Mensch kennt. Alle Menschen haben eine angeborene Vorstellung davon, was Farbe bedeutet und wie sie mit Emotionen zusammenhängt. So erlangte beispielsweise die Frau, die Orange trug, größere Harmonie und Ausgeglichenheit in sich selbst und in bezug auf die Außenwelt. Sie stellte eine größere Ausgewogenheit her zwischen dem, was ihr gefiel, und dem, was ihr nicht gefiel. Das blieb nicht ohne Auswirkungen auf die Art und Weise, wie sie sich der Außenwelt präsentierte. Indem sie sich selbst anders präsentierte, änderten sich auch die Reaktionen ihr gegenüber und wurden weniger automatisch. Farbe schien insofern einen »magischen«

Effekt zu haben, als es keine unmittelbare, logische Erklärung für die veränderten Reaktionen gab.[6] Farbe dient als eine nichtverbale Verbindung zum emotionalen Leben des Individuums. Sobald man in der Wachtraumtherapie zu wachsen beginnt, verbessern sich auch Schrift und Malweise. Die Farben werden kräftiger, die Schrift wird klarer und verbundener.

Das Verbinden des lexikalischen mit dem visuellen Modus durch Schreiben und Malen erzeugt ein Gleichgewicht zwischen der linearen und der räumlichen Dimension, das den Willen beeinflußt, und zwar auf dem Weg über seinen Vermittler, den Körper. Durch den Willen werden die erforderlichen Handlungen (oder Nichthandlungen) veranlaßt, die eine Harmonisierung zwischen dem Aktionalen (Handlungsmäßigen), dem Lexikalischen und dem Visuellen bewirken und dadurch das Leben im gegenwärtigen Augenblick bereichern. Von dem inneren Erlebnis geht der Impuls aus, die in uns schlummernden Möglichkeiten zu verwirklichen und die Verwandlung mit zu vollziehen und zu erleben. Dieser Vorgang demonstriert, wie die Zeit mit ihrer künstlichen, funktionalen Unterteilung in Vergangenheit, Gegenwart und Zukunft transzendiert wird. Diese Erfahrung beschreibt Schwaller de Lubicz (1977) brillant in seinem Aufsatz »The Intelligence of the Heart: An Outline of the Symbolic Method and Its Hieratic Nature«.

Schwaller de Lubicz betont, daß die Naturwissenschaft mit den ihr eigenen Beobachtungsmethoden beispielsweise nicht alle Schritte erfassen kann, die vom Weizenkorn zum Weizenhalm führen. Um diesen Prozeß wirklich zu kennen, muß man die Funktion des Weizenkorns leben. Man muß an dem Prozeß, der aus der Essenz (dem Korn) die Existenz (den Halm) macht, selbst teilnehmen und ihn erleben. Dies ist genau das, was im Wachtraum geschieht. Man lebt die Verwandlung, das Wachstum von Entwicklungsstufe zu Entwicklungsstufe, was in der Veränderung unserer Wahrnehmung der Welt sichtbar wird. Der lexikalische oder deskriptive Modus zeigt uns unsere gegenwärtige Situation und unsere Existenzmöglichkeiten in einer statischen, konkretisierten Form; deren sprachliche Gestalt ist die lineare, an die wir gewöhnt sind. Während der lexikalische Modus unsere Möglichkeiten definiert, zeigt uns der visuelle Modus, wie wir zur Verwirklichung des Potentials finden können, beziehungsweise das Potential selbst. Im Handeln vollzieht sich die Verwandlung. Dies muß stets »subjektiv« erlebt werden, während das Ergebnis »objektiv« wahrgenommen, das heißt, durch Konsens auf seine Gültigkeit überprüft werden kann.

Weizenkorn und Weizenhalm sind »Dinge« (Größen) und können beide durch »objektive« Wahrnehmung auf ihre Gültigkeit überprüft werden, der Verwandlungsprozeß selbst jedoch nicht. Prozesse bestehen nicht aus Volumen, Masse oder sichtbarem Stillstand. Dies macht sie grundsätzlich nicht konsensfähig.

Wie die meisten therapeutischen Methoden hat auch der Wachtraum einen persönlichen, intimen, vertraulichen und heiligen Aspekt. Der Patient wird ermahnt, mit niemandem über seine Arbeit zu sprechen und sein Wachtraumprotokoll niemandem zu zeigen. Dies verringert die Tendenz zur Intellektualisierung des Prozesses und beugt jeder Profanierung durch die Umwelt des Patienten vor.

Nächtliche Träume

Träumen ist organisch mit dem Wachtraum und der gesteuerten Übung verbunden, wie ich weiter unten zeigen werde. Träume dienen in der Wachtraumtherapie einem dreifachen Zweck. Der erste und wichtigste Zweck ist, daß sie als eine Art Sprungbrett für Wachtraumexplorationen dienen. Der Traum ist eine Brücke zwischen dem Wachleben und dem Imaginationsleben. Träume haben mit dem zu tun, was den Menschen im Wachleben beschäftigt, und sind insofern auch mit den Abhängigkeiten und Gesetzen, die unserem Alltagsleben zugrunde liegen[7], verknüpft. Im Traum selbst herrschen jedoch Gesetze vor, die in einer nichtbedingten, akausalen Realität gültig sind. Da Träume ureigenste Erfahrungen des Träumenden sind und ihm nicht von einem äußeren »Urheber« aufgedrängt wurden, wird die darauffolgende Wachtraumexploration als organischer Bestandteil des eigenen Erlebens des Individuums erfahren, der mit Traumleben und Wachleben zusammenhängt. Auf diese Weise wird die Traumexistenz erweitert und vertieft. Der Traum führt dann in die Realität der imaginalen Ebene ein, in der die Wahrnehmung des Alltagslebens aufgelöst, das heißt, der das Alltagsleben beherrschenden Dualität und ihrer besonderen Form entkleidet und in ihrer phänomenologischen Präsenz erlebt wird.

Es ist die einzigartige Eigenschaft des Wachtraums, daß man dabei gleichzeitig Beobachter und Beobachtetes, Zeuge und Bezeugtes, Erlebender und Erlebtes ist. Der Traum wiederum bietet die Möglichkeit, dieser Einheit gewahr zu werden. Doch anders als im Wachtraum, wird dieses Gewahrwerden im Traum nicht aufmerksam erlebt. Im Wachtraum ist man selber Handelnder, während man in Träumen für gewöhnlich einem passiven Prozeß unterliegt. Im Traum ist man nicht bemüht, irgendwohin zu gelangen, ein neuartiges Reich zu erleben, das Immaterielle zu materialisieren oder die vertikale Achse anzunehmen. Der Wachtraum ist ein aktiv eingeleitetes Ereignis, bei dem der Mensch sich selbst den Auftrag erteilt, sein *Dort* zu erforschen und es in die Welt des *Hier* einzubringen.

Die zweite Funktion des Traumes besteht darin, sowohl dem Therapeuten als auch dem Patienten die *Wirkung* der Wachtraumarbeit vorzuführen. Sobald die Wachtraumtherapie Wirkungen zeitigt, kommen in den Träumen klare Hinweise auf Wachträume oder gesteuerte Übungen vor. Das Auftreten des Imaginalen im Traumerleben setzt den Prozeß der Zusammenführung von Imagination, Traum und Wachleben fort und liefert das letzte Bindeglied bei der Verknüpfung dieser drei Erlebnisbereiche. Das harmonische Ineinanderfließen von Imagination, Traum und Wachleben bewirkt ein Gleichgewicht zwischen qualitativem und quantitativem Erleben, was als Anzeichen nicht nur für den Erfolg der Wachtraumtherapie, sondern auch für die Beendigung der Therapie anzusehen ist.

Eine nachdenkliche, sensible junge Frau (Fall Nr. 82) hatte große Schwierigkeiten, trotz ausgezeichneter Erfolge in Beruf,

Ehe, Familie und trotz sozialer Kontakte in ihrem Leben einen Sinn zu finden. Sie ließ sich auf Wachtraumtherapie ein, weil ihres Erachtens dieser Therapieform alles fehlt, was »traditionelle« Psychotherapie ausmacht, das heißt, sie wollte keine Analyse, die sich zum Ziel setzt, irgendeine ihren Handlungen zugrundeliegende Bedeutung aufzuhellen. Dementsprechend sah sie auch keinen Sinn darin, Deutungen ihres Verhaltens oder ihrer Motive zu erhalten. Sie war eine kultivierte Frau, die durch ihre Arbeit in Kontakt mit Fachleuten auf dem Gebiet der seelischen Gesundheit kam. Ihr schien es gefährlich, die ohnehin schon fragmentierte Existenz eines Menschen noch weiter dadurch auseinanderzureißen, daß man versuchte, gegenwärtiges Verhalten als Produkt irgendeines anderen, lange zurückliegenden Ereignisses zu verstehen. Ihrem Gefühl nach raubten solche Bemühungen ihr ihre Unmittelbarkeit und Wesensechtheit und führten nur dazu, daß sie sich noch elender fühlte. Sie wollte die Sicherheit haben, daß man sie so akzeptierte, wie sie war. Ich gab ihr diese Zusicherung (wie ich sie jedem geben würde, der nach ihr verlangt). Die Behandlung dauerte drei Monate.

Im Verlauf ihrer Therapie erlebte sie einen Wachtraum, in dem sie sich in einem Zirkus befand. Sie verwandelte sich in einen Clown, der einen Schirm besaß, mit dem er sich in die Lüfte tragen lassen konnte. Auf ihrer Reise entdeckte sie eine Quelle. Sie setzte sich ins Wasser und badete. Sie fühlte, daß sie ganz bei sich selbst war, und erlebte, wie Lichtpulse langsam durch sie hindurchströmten. Das Licht war in der Mitte gelbgrün, und in konzentrischer Anordnung folgten grün-purpurne, rot-schwarze, blaue, purpurne und hellrote Ringe. Die Farben verschwammen ineinander und wurden zu Grün, Hellrot und Braun. Dann gab es hellere Strahlen weißen Lichts und größere und kleinere Lichter. Es gab Lichtkreise von verschieden starker Glut; dann führte Hellblau zu Purpur und Grün. Meine Patientin saß außerhalb des weißen Lichts und verschmolz dann mit den anderen Farben.

Ich forderte sie auf, die Farben in irgendeine Form zu bringen. (Ich tat dies, um den Vorgang des Verschmelzens nicht zu verlängern; es ist nämlich für den Patienten schwierig, von einem solch lustvollen Erlebnis zurückzukehren.) Ihr Körper veränderte sich; sie hatte abwechselnd das Gefühl, daß sie sinke und sich ausdehne. Als sie nach dem Erlebnis ins Zimmer zurückkam, spürte sie Leichtigkeit und daß ihr Kopf ganz groß war.

Mit geöffneten Augen sah sie das ganze Zimmer voller Farben, nicht nur die konkreten Gegenstände, sondern auch den Raum als solchen. Sie sagte, ihr Körper fühle sich weniger verdreht und weniger unförmig an.

Diese Frau hatte zu Beginn der Behandlung geschrieben, daß sie drei Ziele habe: Sie wollte fähig werden, die verschiedenen Facetten ihres Wesens in Einklang und Synthese zu bringen. Außerdem wollte sie mutiger werden und schließlich mit mehr Freude und weniger innerem Druck leben. Diese letzteren Ziele waren eingebettet in ihren Wunsch, ihre innere Einheit zu finden.[8]

Im Anschluß an diesen Wachtraum träumte sie, daß ein Nachbar von ihr von einem fischähnlichen, übernatürlichen Ungeheuer beeinflußt würde. Unerhörte Ereignisse hatten stattgefunden, und der Nachbar empfand große Furcht. Er war dabei, ein Buch darüber zu schreiben.

Die Patientin berichtete dann weiter: »Ich komme zu Ihnen und spreche mit Ihnen über die Ereignisse. Sie kommen zu dem Schluß, daß ich nicht verrückt bin, nur fragen Sie, ob ich einem Trugschluß im Zusammenhang mit dem Ungeheuer unterliegen könnte. Aber Sie geben auch zu, daß Sie nicht mehr wissen, was Wahrheit und was möglich ist.

Verschiedene Leute kommen, um mich zu untersuchen, auch ein Psychiater. Die Frau des Psychiaters fragt Sie, ob ich verrückt sei. Sie antworten: ›Nein.‹ Der Psychiater sagt, das Ungeheuer habe eine gewisse Ähnlichkeit mit den frühen Seeschlangen. Ich sehe frühe Lithographien von Seeschlangen à la Loch Ness vor mir. Diese Meeresungeheuer kamen jahrhundertelang im Frühling. Die Menschen pflegten am Eingang eines

Hafens das Standbild eines Drachen aufzustellen oder einen Hai in den Gewässern auszusetzen; aber dann wurden diese Gewässer gefährlich.«

In unseren nächsten beiden Sitzungen diskutierten wir diesen Traum, in dem die Patientin die Möglichkeit zu Wachstum, Kreativität, Reife und Freiheit gesehen hatte. Sie war also gerüstet, die Hauptaufgabe die sie sich für die Behandlung gestellt hatte, zu lösen. In dem Wachtraum, von dem sie berichtete, hatte sie schon ansatzweise Mut und Freude gezeigt. Zu Beginn erkletterte sie eine Strickleiter, die in einem früheren Traum aufgetaucht war. Sie kam zu einer Plattform, fand ein Seil und schwang sich in großen, bogenartigen Schwüngen von der Plattform hinab. Sie schwang sich auf eine höhere, gefährlichere Plattform, empfand aber dennoch ein Gefühl des Gleichgewichts. Das Seil verschwand, und sie sah eine Treppe, die von der Plattform in die Höhe führte.

Ich fragte sie, ob sie hinaufsteigen wolle. Sie sagte »ja« und ging empor. Sie erstieg fünf Stufen. Sie war bereits hoch oben, wußte aber nicht, was ganz oben sein würde. Auf der fünften Stufe entdeckte sie ein Drahtseil, das bis zum Boden reichte. Sie gab sich selbst einen Schirm und wanderte auf dem Drahtseil. Dabei entdeckte sie weitere Plattformen und neue Treppen; sie behielt ihr Gleichgewicht und schwenkte ihre Arme; sie fühlte, daß sie sich selbst unter Kontrolle hatte. Die Sache machte ihr Spaß. Und dann wurde sie zum Clown.

Ihr Mut zeigte sich darin, daß sie etwas erkletterte, das ihr normalerweise Angst eingejagt hätte; auch empfand sie mehr Freude als Bedrängnis, und dies konnte jetzt zum Erreichen der Einheit nutzbar gemacht werden.

Die Diskussion von Träumen ist eine ausgezeichnete Methode, den Reisenden auf den Eintritt in das Wachtraumerlebnis vorzubereiten.[9] Zwischen dem vorletzten und dem letzten Wachtraumerlebnis dieser Frau diskutierten wir ihren nächtlichen Traum im Hinblick auf die Verwirklichung der Potentiale, die sie darin zu erkennen begann. Wir bemerkten, wie der Schwerpunkt der Handlung sich vom Nachbarn weg zu ihr verlagerte. Im Traum entdeckten wir Wachstum (Frühling), Kreativität (ein Buch schreiben), Reife (sich dem Seeungeheuer stellen, zum Mittelpunkt des Handelns werden) und Freiheit (nicht verrückt sein).

Nach dieser sorgfältigen Traumdeutung nahm sie, in der dritten Sitzung nach dem Clown-Traum, den Faden des Traumes wieder auf, und zwar an der Stelle mit dem Seeungeheuer (einer Kombination aus Seeungeheuer und Wächter-Drachen). Sie hatte den folgenden Wachtraum:

> Das Meeresungeheuer schlängelt sich über und unter der Wasseroberfläche dahin. Es befindet sich neben dem Drachen. Der Drache ist olivgrün und wendig. Er hat Schuppen aus sich überlappenden Fünfecken. Wegen der Überlappung sehen sie aus, als ob es Achtecke wären. Ich schwimme im Wasser neben dem Drachen. Das Wasser ist kalt. Ich bin bei dem Drachen und irgendwie eins mit ihm. Ich schlängele mich im Wasser dahin. Ich tauche in die Tiefe des Wassers und finde Goldklumpen, die in der Dunkelheit von Licht umstrahlt sind. Sie sind rechteckig. Das Licht kommt von der grünen Farbe des Wassers. Ich sammle das Gold ein und häufe es auf. Das Licht ist jetzt weniger diffus, es ist konzentrierter.
>
> Ich schwimme in dem Licht, das durch den Lichtkranz rund um den Goldhaufen erzeugt wird. Ich sehe gut aus. Ich sehe aus wie eine Meerjungfrau mit goldenen Schuppen. Ich bewege mich im Wasser und ergründe alle Ecken auf dem Boden des Sees. Ich schieße wie ein Fisch dahin und empfinde ein Gefühl von Kraft und Geschwindigkeit. [Ich bitte sie, an die Oberfläche zu kommen – vertikale Bewegung.]
>
> Ich breche durch das Wasser nach oben. Ich sehe aus wie eine grüne Pflanze. Das Gold spiegelt sich auf dem Wasser, aber nicht auf mir. [Ich sage ihr, sie solle versuchen, das Gefühl der Kraft und der Geschwindigkeit zu behalten.] Meine Blätter breiten sich aus wie die Blätter von Getreidehalmen. Sie recken sich nach unten. [Beschreiben Sie sie.]
>
> Sie haben oben auf der Spitze eine rote Blume. Ich sehe ein

ganzes Büschel von Blumen. Ich rieche den Duft der Blumen. Sie stecken in mir selbst. Ich gehe über das Wasser, und um meine Schultern trage ich einen langen, wehenden Umhang. [Beschreiben Sie ihn.] Er ist weiß und ganz durchsichtig und besteht aus Gaze.[10]

[Wohin gehen Sie?] Ich verlasse das Wasser und gehe am Strand umher. Ich sehe Koniferen. Es ist sehr dunkel zwischen den Bäumen, an einzelnen Stellen dringt Licht hindurch. Ich habe keine Kleider an. Ich fühle mich allein, als ob ich der einzige Mensch in diesem Wald wäre.

[Wohin gehen Sie?] Ich gehe durch den Wald. Er besteht aus kleinen Kiefern. Ich begegne einem Eichhörnchen. Ich sehe weiße und lavendelfarbene und gelbe Blumen mit ganz großen Blättern. [Wie fühlen sie sich an?] Sie fühlen sich an wie Samt. Hinter dem Wald sehe ich einen Berg. Der Wald zieht sich den Berg hinauf. [Gehen Sie den Berg hinauf und benutzen Sie dabei die bewegliche Plattform aus Ihrem letzten Traum.[11]] Ich werde goldene Ketten benutzen, um mich an der Plattform festzubinden. Die Plattform ist wie ein Teppich, aber aus einem anderen Material.

[Wohin gehen Sie und wie fühlen Sie sich?] Ich verlasse den Waldboden. Ich sehe die Spitzen der Kiefern. Der Berg ist sehr felsig und voller Schnee. Der »Teppich« fliegt sehr schnell und bedeckt weite Teile des Berges. Ich fühle mich außer Atem. [Atmen Sie ruhig und gleichmäßig blau-goldenes Licht ein.] Jetzt bin ich auf der Spitze des Berges, es ist im Himalaja. Es ist großartig, und ich höre den Wind pfeifen. Auf den Gipfeln der Berge ist Sonne und Licht, im Tal ist Schatten. Die Bergspitzen sind golden und geben den Schatten eine blaue Färbung.

[Man beachte die Veränderung der Farbe Gold während der ganzen Exploration. Sie taucht immer wieder in unterschiedlicher Weise auf. Die Patientin hat natürlich »Gold entdeckt«.

Sehen Sie sich in allen vier Himmelsrichtungen um.]

Norden – dorthin habe ich die ganze Zeit gesehen.

Westen – dorthin habe ich auch schon geschaut.

Süden – auch dorthin habe ich schon gesehen.

Osten – ich weiß nicht genau, was da ist. Ich weiß nicht, ob ich da hinsehen will. Ich sehe Sterne in der Dunkelheit. Sie sprühen auf mich nieder, und ich fühle mich besser. Ich sehe die ganze Milchstraße. Ich fühle, daß alles wieder beisammen ist und daß alles freundlich ist.

[Wo sind Sie?] Ich bin im Mittelpunkt des Raumes. Ich möchte hier bleiben. Mir ist, als ob sich nach allen Seiten der Raum unendlich ausdehnte. Ich möchte wissen, ob es irgendwo einen äußeren Rand gibt. [Was tun Sie?] Ich sende Blikke, Aufmerksamkeit und Energie an die äußeren Grenzen aus. Ich weiß nicht, ob es da draußen ein »Dort« gibt. Ich fühle, daß die Energie zu mir zurückkehrt. Sie geht kreisförmig von mir aus und kommt wieder zu mir zurück. Sie prallt auf mich auf und fließt nach oben, und ich bin von Kopf bis Fuß von Licht umhüllt. Die Energie umgibt mich und ist irgendwie aus festem Material. *Ich habe das Gefühl, in meiner Vision und gleichzeitig wie ein Beobachter außerhalb von ihr zu sein. Hier fühle ich mich ganz.* Am Rande des Wassers sehe ich den *Zusammenhang* zwischen Gold, Meeresungeheuern, Berg, Berggipfeln und Silber. [Silber war das Material, aus dem der Hafendrache ursprünglich bestand.]

Ich sagte ihr, sie solle sich diese Einsicht und diese Inspiration bewahren und rasch den Berg herunter- und an den Anfang des Traums zurückkommen. Sie sagte, sie habe Schwierigkeiten beim Öffnen der Augen, sie werde aber allmählich zurückkommen. Sie hatte das Gefühl, daß ihre Finger gespreizt wären, aber in Wirklichkeit waren sie es nicht.

Sie öffnete die Augen, sah diesen *Zusammenhang* und erlebte damit verbunden Einsicht. Auf ihren Bildern zeigten das Meeresungeheuer und die bewegliche Plattform nach links. Am Ende sah sie den Zusammenhang und stand im Mittelpunkt des Bildes; sie sah nach oben, und ihre Arme waren ausgestreckt, wobei *in alle Richtungen* Gold ausstrahlte. Sie begriff, und ich begriff auch. Es war unnötig, darüber zu sprechen. Der Weg war klar.

Die Patientin erkannte, daß Ganzheit möglich war; sie hatte diese Möglichkeit im imaginalen Erlebnis erfahren, bei dem sie die Tiefen erforscht, die Höhen durchmessen, die Zwischenstufen erkannt und sich mit ihren Trieben in Form des Drachens auseinandergesetzt hatte. Aufgrund dieser Einsicht konnte sie das Erlebnis in ihr Alltagsleben übersetzen. Bisher war sie in einem ewigen Konflikt zwischen ihrer Rolle als Mutter und Hausfrau und dem Aufbau ihrer eigenen Karriere gefangen gewesen; jetzt war sie fähig, in ihrem Leben beides miteinander zu verbinden.

Sie brauchte nicht länger eine künstliche Trennung zwischen Mutter und Karrierefrau herzustellen, sondern konnte beide Rollen ohne Schuldgefühle ausfüllen. Sie sah das Ganze und konnte damit die Wahrnehmung ihrer selbst und ihre Einstellung zur Welt verändern. Sie organisierte ihr Leben neu. Sie war Tanztherapeutin, arbeitete aber jetzt mit einem männlichen Kollegen zusammen, wobei Gesprächstherapie mit Tanztherapie verbunden wurde. Sie entwickelte ihren eigenen Stil und wurde ihr eigener Herr. Ihr Familienleben wurde befriedigender für sie, als sie entdeckte, daß Häuslichkeit kein Hinderungsgrund für Kreativität sein muß. Eine Sitzung ein Jahr später ergab, daß sich bei ihr das in der Wachtraumtherapie Erreichte stabilisiert und gefestigt hatte.

Der Verlauf der Behandlung bei dieser Frau verdeutlicht den natürlichen Gang der Wachtraumtherapie: Auf eine gesteuerte Übung folgte ein mit dieser zusammenhängender nächtlicher Traum, der den Ausgangspunkt für die Wachtraumexploration bildete. Der Wachtraum produzierte dann weitere nächtliche Träume, die wiederum zu anderen Wachträumen führten. Damit einher ging die Erörterung von Potentialen und Möglichkeiten der Verwirklichung. Eine gesteuerte Übung am Anfang der Behandlung begann damit, daß sie in einer Bewegungsabfolge ihren Garten erkundete, Unkraut jätete, den Abfall verbrannte und einen Baum pflanzte. Der darauffolgende Nachttraum spielte sich auf einer großen Grünfläche vor einer Reihe hoher Gebäude ab, die Ähnlichkeit mit einer Gruppe von Hotels hatten. Von dieser Grünfläche aus begann sie eine Wachtraumexploration, auf die ein Traum über ein Haus mit einem Durchgang folgte, von dem aus sie eine weitere Wachtraumreise antrat.

Haben die nächtlichen Träume nicht unmittelbar mit dem Wachtraum zu tun, geht die Imaginationsarbeit weiter, die vom Wachtraum ausgelöst wurde. Die Reihenfolge ist also: von der gesteuerten Übung zum nächtlichen Traum zum Wachtraum; vom Wachtraum zur gesteuerten Übung; aber niemals von einem (Vorstellungs-)Bild aus einer gesteuerten Übung zum Wachtraum (weil man dem Reisenden das Ausgangsbild des Wachtraums nicht aufzwingen darf).

Die dritte Funktion des Traums in der Wachtraumtherapie besteht darin, den Fortschritt der Therapie zu registrieren. Träume dienen nicht nur als Hinweis darauf, was zu bearbeiten ist, sondern signalisieren auch Bewegung. Eine Patientin (Fall Nr. 86, siehe Kapitel 3) hatte zu Beginn der Therapie Angst vor großen Höhen. Sie berichtete einen Traum, in dem sie in einem Fahrstuhl zum obersten Stockwerk eines Gebäudes fuhr, von hier auf einer Treppe auf das Dach gelangte, von wo aus sie *ohne Angst auf einer dünnen Planke* auf das Dach eines anderen, noch höheren Gebäudes schritt. Dieser Traum markierte den Wendepunkt in ihrer therapeutischen Arbeit.

Wachtraum in Verbindung mit traditioneller Therapie

Sowohl die Wachtraumexploration als auch gesteuerte Übungen können die Arbeit mit traditioneller Psychotherapie erleichtern. Die gesteuerte Übung kann ein nützliches Werkzeug sein, um den Kern der Probleme eines Patienten zu bestimmen, da sie diejenigen Bereiche, die der konzentrierten Arbeit bedürfen, beleuchtet und Hinweise gibt, welche Art von Therapie für den Patienten am hilfreichsten ist. In einer gesteuerten Übung fand sich eine Patientin (Fall Nr. 18) in einem dunklen, verschlossenen Schrank. Sie hatte große Mühe, herauszukommen, und mußte schließlich eine Wand durchbrechen, um ins Freie zu gelangen. Zu mir war sie nicht aus eigenem Antrieb gekommen, sondern auf Verlangen eines Familienmitgliedes. Diese Übung brachte ihr die Notwendigkeit einer Behandlung zu Bewußtsein, und sie entschloß sich zu einer intensiven Psychotherapie.

Der Wachtraum kann im Verlauf einer traditionellen Therapie eingesetzt werden und ist besonders nützlich, wenn in der Behandlung bisher wenig Bewegung war. Die New Yorker Psychotherapeutin Diane Shainberg, eine Kollegin von mir, gehört zu jenen Therapeuten, die damit begonnen haben, den Wachtraum in ihre Arbeit einzubeziehen. Sie hat die Erfahrung gemacht, daß ihre Patienten auf Wachträume dramatisch reagierten und Veränderungen zeigten, die die traditionelle Therapie nicht herbeizuführen vermochte. Diane Shainberg hat mir freundlicherweise erlaubt, einen ihrer Fälle zu berichten.

Eine 23jährige Frau kam in die Behandlung und sagte, sie schäme sich so sehr wegen ihres Übergewichts, daß sie nicht imstande sei, ihr Schauspielstudium fortzusetzen. Sie wog 370 Pfund und war seit dem vierten Lebensjahr übergewichtig gewesen. Auf der höheren Schule hatte sie begonnen, heimlich zu essen und stark zu trinken.

Sie war einsam, weil ihr Körpergewicht sie isolierte, aber sie kompensierte dies dadurch, daß sie zum Schauspielstar ihrer Schule wurde. In Schüleraufführungen des College spielte sie größere Rollen, doch als ihr Gewicht die 300 Pfund überschritt, begann der zuständige Lehrer, sie vor versammelter Klasse zu beleidigen. Sie fing an, Drogen zu nehmen. Sie entwickelte paranoide Symptome und hatte entsetzliche Angst davor, zu »verschwinden«. Sie lief stündlich zum Spiegel, um sich ihrer Existenz zu vergewissern.

Nachdem sie das College verlassen hatte, ging sie nach New York, um Schauspielerin zu werden. Sie hatte sexuellen Umgang mit Männern und Frauen und lebte zeitweilig in einem Ein-Zimmer-Appartement zusammen mit zwei männlichen Homosexuellen, denen sie beim Geschlechtsverkehr zuzusehen pflegte. Sie hatte verschiedene Psychiater konsultiert,

fühlte sich aber von keinem in ihrer Eßsucht verstanden.
Die Patientin kam zu mir, nachdem sie sich entschlossen hatte, auf eine By-pass-Magenoperation zu verzichten. Sie sagte zu mir: »Ich kann einfach nicht aufhören zu essen. Essen ist das einzige, was mich am Leben erhält. Wenn Sie mir das Essen abgewöhnen wollen, gehe ich wieder. Ist das klar?«
Ich sagte ihr, daß sie mit dem übertriebenen Essen aufhören würde, sobald sie eine andere Einstellung zu ihrem Leben gefunden habe, und dann sprachen wir in den nächsten drei Jahren selten über ihr Gewicht. Im Verlauf der Therapie bei mir hörte sie auf zu trinken, ging eine ernsthafte Beziehung zu einer Frau ein, wirkte an einem Lesbierinnen-Theater mit und produzierte Unterhaltungssendungen für den Rundfunk.
Eines Tages begann sie, sich Gedanken über das zu machen, was sie ihrem eigenen Körper antat. Sie sagte: »Mein armes Herz«, und begann zu weinen. Nach drei Jahren Behandlung bei mir wog sie noch immer an die 400 Pfund und aß noch immer für zehn. Wir sprachen darüber, daß sie dabei sei, sich auf diese Weise selbst umzubringen. Kurz darauf beschrieb sie einen Traum, in dem sie in einem Krankenhaus lag, während ihre Mutter weinend neben ihr saß. Sie sah den Krankenhausgang hinunter und erblickte etwas Dunkles, das sich ihr näherte. Blutklumpen flossen von diesem Ding herab, und dann tat sich in ihm eine dunkle Höhle auf.
Ich beschloß, mit dieser Patientin Wachtraumtherapie zu versuchen. Ich fragte sie, ob es eine bestimmte Stelle gäbe, an der sie wieder in den Traum eintreten möchte. Sie sagte, sie wolle in die Höhle gehen, fürchte sich aber davor. Ich sagte ihr, sie könne zu ihrem Schutz alles mitnehmen, was sie wolle, und sie entschied sich für eine Taschenlampe, eine Spitzhacke sowie Strumpfhosen, um vor den Blutklumpen, die in der Höhle umherschwammen, geschützt zu sein.
Nach der Induktion zog die Patientin einen Taucheranzug an, um in dem Blut nicht zu ersticken, und betrat die Höhle. Ich bat sie, mir zu erzählen, was sie sah. Sie beschrieb Arterien,

klebrige Substanzen, Gallert an den Wänden und Stufen aus Arterien, die in die Tiefe führten. Ich forderte sie auf, die Stufen hinunterzugehen. Sie tat es, erblickte weiße Klumpen und fühlte eine erstickende Hitze. Dann sagte sie inbrünstig: »Das ist die Höhle meines Herzens.« Sie sah nirgendwo ihr Herz und fürchtete sich.
Ich schlug ihr vor, die Taschenlampe zu gebrauchen, und sie sagte, sie höre ein schwaches Geräusch, ein Klopfen. In der Ecke erblickte sie ihr »winziges, rötliches Herz«. Sie war betroffen, weil ihr Herz allenthalben von einem Wust von Fleisch und Blut umgeben war.
Ich fragte, ob sie ihr Herz hören könne, und sie beugte sich nieder, und ihr Herz sagte zu ihr: »Ich ersticke. Warum tust du mir das an, Janey? Ich kann mich doch nicht wehren. Bitte hilf mir.« An dieser Stelle begann die Patientin zu schluchzen.
Ich fragte, was sie für ihr Herz tun wolle. Die Patientin wusch den ganzen Unrat, die Klumpen, das Gallert und das Blut fort und fand einen Abfluß, durch den sie alles ablassen konnte. Sie sagte: »Ich bin doch da, mein Kleines, ich werde dich ganz saubermachen. Du mußt nicht ersticken . . . Ich werde dich abwaschen, und dann werde ich so lange blasen, bis du trokken bist, damit dir nicht kalt wird.« Sie begann, sanft zu blasen. Ich fragte, was sie sehe, und sie antwortete: »Ein winziges Herzchen, rot, müde, zu erschöpft zum Sprechen.« Sie sagte, sie wolle ihrem Herzen etwas sagen, und schälte sich mühsam aus ihrem Taucheranzug heraus, in der Sorge, ohnmächtig zu werden. Dann sagte sie, ruhiger geworden: »Ich werde dir zuhören, kleines Herz. Ich komme bestimmt wieder, aber im Augenblick bringt mich die Hitze um.« Sie wandte sich zum Gehen, und ich bat sie, ihrem Herzen auf Wiedersehen zu sagen. Sie tat es, wobei sie leise weinte. Dann geriet sie in Panik, weil sie Angst bekam, sie könne vor Müdigkeit und Angst und Trauer die Treppen nicht mehr emporsteigen. Ich schlug ihr vor, die Taschenlampe zu gebrauchen, und mit ihrer Hilfe gelangte sie wieder in den

Krankenhausgang. Sie drehte sich noch einmal um und sagte zu ihrem Herzen: »Ich werde dich nicht vergessen. Ich verspreche es dir.«
Seit diesem Wachtraum sind mehrere Monate vergangen. Die Patientin hat 30 Pfund abgenommen und ist »nicht mehr imstande gewesen«, übermäßig zu essen. Sie gerät in Versuchung, ißt aber nicht. Dies ist seit 20 Jahren die längste Zeit, die sie ohne übermäßiges Essen ausgehalten hat. Sie bezeichnet ihren Körper als ausgelaugt und weiß inzwischen, daß ihr Herz anfällig ist. Einmal schlug sie über die Stränge, übergab sich aber sofort, weinte und sagte mehrmals: »Ich habe es nicht vergessen. Ich habe es nicht vergessen.« Als sie mir diese Episode beschrieb, weinte sie aus überwältigendem Kummer über sich selbst.
Sie hat seither zweimal von Innenräumen geträumt, die jenem aus dem ursprünglichen Wachtraum ähnlich waren, jedesmal war aber weniger Blut und Gallert darin. Als ich sie letzte Woche sah, sagte sie: »Ich glaube, mein Herz hat jetzt mehr Raum zum Atmen. Ich will nicht dünn sein. Aber ich kann mir nicht mehr in dieser Weise selber schaden.« Sie fügte hinzu: »Und das Beste ist, daß ich es selbst geschafft habe.« Dann sagte sie offen: »Ich weiß, daß das nicht ganz stimmt, oder?« Sie begann zu lachen, und ich lachte mit ihr.

Fallstricke und Durchbrüche

In den wenigen Fällen, in denen Patienten die Behandlung vor deren Abschluß abbrachen, war die Imaginationsarbeit zu früh eingeführt worden; manchmal war auch die Übertragung vom immateriellen auf das konkrete Leben zu früh begonnen worden. In einigen Fällen waren die Patienten nicht hinreichend vorbereitet. Zwei Patienten (Fall Nr. 6 und Fall Nr. 30) kamen in der Erwartung einer traditionellen Psychotherapie zu mir; statt dessen führte ich sie in gesteuerte Übungen ein. Beide bestanden jedoch hartnäckig darauf, in einer Gesprächstherapie in der Kindheit liegende Ursachen für ihre gegenwärtigen Probleme aufzudecken, und so blieb die Imaginationsarbeit für sie ohne Nutzen. In anderen Fällen bekamen die Patienten Angst vor der imaginalen Existenz, mit der sie konfrontiert wurden, und flohen entsetzt aus der Therapie. Eine Patientin (Fall Nr. 41) kam ausdrücklich wegen der Imaginationsarbeit zu mir. Während der gesteuerten Übung in der einleitenden Sitzung fand sie sich auf einer Wiese, wo sie sich in ein winziges Insekt verwandelte. Da wir zu diesem Zeitpunkt noch keinen wirklichen Kontakt zwischen uns hergestellt hatten, versetzte sie dieses Erlebnis in solchen Schrecken, daß sie nicht mehr wiederkam. Nachträglich gesehen, hätte ich ihre Bereitschaft für die Imaginationsarbeit erkunden müssen, bevor ich mich auf eine gesteuerte Übung mit ihr einließ. Ein ähnliches Beispiel ist ein Patient (Fall Nr. 10), der in seiner Imagination eine sich verdunkelnde Landschaft erlebte. Es gelang ihm nicht, die Sonne zu finden, und der Tag wurde allmählich zur Nacht.[12] Während der ganzen Exploration, die von Hoffnungslosigkeit gekennzeichnet war, erlebte er eine tiefe Depression. Er sah seinen wahren Geisteszustand zu früh, wurde von dieser Einsicht überwältigt und kehrte nicht mehr in die Behandlung zurück.

In einer auf Phänomenologie basierenden Therapie im allgemeinen und im Wachtraum im besonderen hat der Patient die Möglichkeit, sich freizumachen von den konformistischen und sozial sanktionierten Gewohnheiten der Familien- und Gesellschaftsstruktur. Die Wachtraumtherapie gibt ihm Aufschwung und hilft ihm, Hürden zu überwinden. Beispielsweise kann ein Charakterzug verändert werden (wie im Falle der Ängstlichkeit); ein Potential kann entdeckt (der in die Lüfte schwebende Adler), die Lebensweise verändert (der Alkoholiker) oder ein zwischenmenschliches Problem gelöst werden (der junge Geschäftsmann).

Wachtraumtherapie verhilft zu einer neuen Wahrnehmung des eigenen Lebens. Sobald diese neue Wahrnehmung gewonnen worden ist, erlangt man größere Freiheit, sein Leben zu gestalten, und verliert die Abhängigkeit, die einem *Objekt* inne ist, das kontrolliert und manipuliert werden muß.

5 Grundzüge der phänomenologischen Methode

Um die Grundzüge der Phänomenologie zu verstehen, muß man zwei Punkte im Gedächtnis behalten: 1. Die Phänomenologie betont aktives Handeln in der Welt (Werden). 2. Sie richtet ihr Hauptaugenmerk auf akausalen Nondeterminismus und dessen Energiekomponente, die Bewegung des Willens. Die Bewegung des Werdens setzt Agieren/Tun/Leben voraus, was wiederum eine beständige Einstimmung in den gegenwärtigen Augenblick voraussetzt. Dies erheischt von uns die stetige Bemühung, den Sinn von Zeichen zu lesen und diejenige Handlung auszuführen, auf die die Zeichen hindeuten. Sich entscheiden und sich bemühen heißt, etwas wollen, und der Wille wiederum leitet Handeln ein, welches uns erlaubt, die eigene Existenz zu schaffen.

Bei der Wachtraumtherapie liegt der Akzent auf dem Willen und auf unserem Verhalten in bezug auf die Willensenergie. Der Wille konkretisiert sich zur *Intention*, etwas zu tun, zu finden oder zu lernen. Eine Intention ist gleichbedeutend mit einem Befehl, einem Hinweis, einer Richtung (einem Pfad, dem man folgen muß). Die Intention führt uns dazu, unsere *Aufmerksamkeit* zu sammeln und auf die Bemühung zu richten. Dies wiederum dient dazu, in unserem Inneren eine *Induktion* in Gang zu setzen, damit wir mit der Bemühung fortfahren. Dadurch, daß die Induktion uns weiter in das Erleben hineinzieht, hält sich die Bewegung selbst in Gang, indem Intention und Aufmerksamkeit einander steigern (Abb. 4, S. 160).

Dieser doppelte Prozeß beschreibt das Wachtraumgeschehen: Die willentlich herbeigeführte Intention erlaubt uns, unsere Aufmerksamkeit zu sammeln, wodurch wir die Induktion steigern. Das heißt, wir richten unsere Sinne nach innen und betreten die imaginale Existenz. Imagination ist ein *Organ der Wahrnehmung* und zugleich eine *Kraft*, die der konkreten Welt

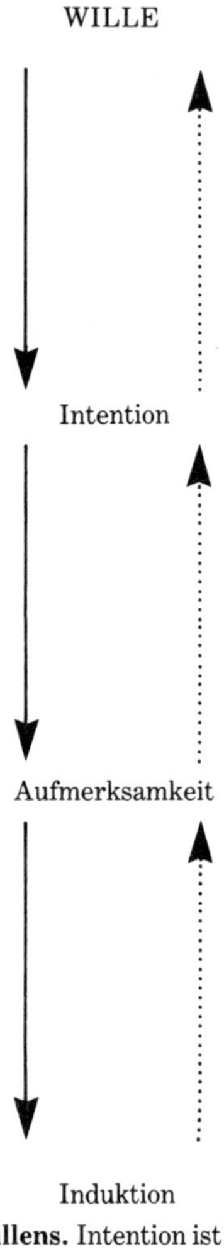

Abb. 4: Die Bewegung des Willens. Intention ist das, was dem Willen Richtung gibt. Intention läßt die Aufmerksamkeit sich dem zuwenden, worauf der Wille gerichtet ist. Indem die Aufmerksamkeit gesammelt wird, unterstützt sie das Wirken der Sinne, wodurch die Induktion verstärkt und intensiviert wird. Induktion bedeutet: die Sinne dasjenige erfassen zu lassen, worauf der Wille gerichtet ist.
Dieser Prozeß funktioniert auch umgekehrt: Das Wirken der Sinne (Induktion) steigert die Aufmerksamkeit, wodurch die Intention konzentriert wird; diese Bewegung fördert den Impuls des Willens.

Leben oder Kreativität gibt. Außerdem speist sie den Willen. Imagination und Willen agieren in Abhängigkeit voneinander.

Wenn der Mensch die räumlichen Bereiche der Imagination entdeckt, entdeckt er etwas, das bereits da ist. Er erschafft oder projiziert diese Bereiche nicht. Sie bilden eine universelle Erfahrung des Menschen und sind eine der Gegebenheiten seiner Existenz auf dieser Erde. Indem der Mensch seine Fähigkeit zur Imagination dazu benutzt, unser holographisches Universum zu explorieren, *findet* und *kopiert* er, was bereits da ist.

Die Hauptgesetze dieser imaginal-räumlichen Dimension sind akausal, das heißt, Ereignisse sind nicht in einer logischen Folge, bei der ein Ereignis das nächste determiniert, miteinander verbunden. So wird jedes Ereignis für sich selbst betrachtet, spricht für sich selbst und hängt nicht von irgendeinem anderen Ereignis ab. Dieser Nondeterminismus impliziert eine ganzheitliche Wahrnehmung, keine Fragmentierung und Zerlegung der Wahrnehmung.

Gaston Bachelard (1960, 1969) hat die Imagination wie kaum ein anderer in eine klare Perspektive gerückt. Er weist darauf hin, daß die Imagination eine schöpferische Fähigkeit des Geistes ist, die zu unterscheiden ist von einer simplen Reproduktion der Wahrnehmung. Herkömmlicherweise hält man Imagination für die Fähigkeit, Vorstellungsbilder zu formen. Für Bachelard ist die Imagination hingegen »eher die Fähigkeit, von der Wahrnehmung vermittelte Bilder *umzuformen*; sie ist vor allem die Fähigkeit, uns von zunächst gewonnenen Bildern zu befreien und Bilder zu *verändern*« (Kaplan, 1972). Diese Freiheit, Realität nicht nachahmen zu müssen – zum Beispiel etwas, das man gesehen hat –, nennt Bachelard die »Funktion des Unrealen«. Die imaginative Kraft befähigt den Menschen, neue Bilder zu schaffen, anstatt sich an die Wirklichkeit als etwas Gegebenes anzupassen. Die Fähigkeit des Menschen, sich seiner Imagination frei zu bedienen, ist für Bachelard der grundsätzliche Maßstab seiner geistigen Gesundheit.

Die Veränderung und Umformung von Bildern resultieren aus einer der Imagination selbst innewohnenden Funktion:

»Imagination ist die eigentliche Kraft seelischer Regungen, mehr als der Wille oder der élan vital« (Kaplan, 1972). Imagination bekundet sich als ein Streben nach neuen Bildern, aber auch nach schöpferischer Erfüllung; sie ist für den menschlichen Geist eine befreiende Kraft.

Die Kenntnis des begrifflichen Rahmens der Theorien, die in der westlichen Psychologie zur Zeit vorherrschen, trägt dazu bei, Berührungspunkte und Unterschiede zum Wachtraum zu erkennen und diesen als therapeutischen Modus aufzuhellen. Freud, der interessanterweise 1899 bei einem Patienten eine Abart des Wachtraums mit Erfolg angewendet hatte, ohne je darauf zurückzukommen (siehe Kapitel 1), hat ein umfangreiches theoretisches Gebäude errichtet. Es ruht auf philosophischen Grundlagen, die in dem materialistisch-deterministischen Weltbild seiner Zeit wurzeln, dem Freud selbst verhaftet war. Vielerorts innerhalb und außerhalb der Psychologie sieht man seine Theorie heute als erwiesene Tatsache an. Doch, wie David Bohm, der bekannte Kernphysiker, kürzlich über Theorie und Theoriebildung gesagt hat (1972):

> In der wissenschaftlichen Forschung kommt ein großer Teil unseres Denkens in Form von *Theorien* zum Ausdruck. Das Wort »Theorie« leitet sich von dem griechischen »theoría« her, das dieselbe Wurzel hat wie »Theater«, ein Wort, das »anschauen«, »ein Schauspiel veranstalten« bedeutet. Man könnte daher sagen, daß eine Theorie in erster Linie eine Form der *Einsicht* ist; das heißt eine Weise, die Welt zu betrachten, nicht eine Form des *Wissens*, wie die Welt ist. [Hervorhebung vom Autor.] (S. 3) . . . Dies bedeutet jedoch, daß wir Theorien nicht gleichsetzen mit Hypothesen. Wie die griechische Wurzel des Wortes andeutet, ist eine Hypothese eine Unterstellung, das heißt eine Idee, die unserem Argumentieren »unterstellt« wird, und zwar als provisorische Grundlage, die experimentell auf ihre Wahrheit beziehungsweise Falschheit geprüft werden muß. Wie aber heute allgemein bekannt ist, kann es keinen schlüssigen experimentellen Beweis für die Wahrheit beziehungsweise Falschheit

einer allgemeinen Hypothese geben, die darauf abzielt, die gesamte Realität zu umfassen. Man stellt vielmehr fest (beispielsweise im Falle der Ptolemäischen Epizyklen oder der Widerlegung der Newtonschen Konzepte nach der Entdekkung der Relativitäts- und der Quantentheorie), daß ältere Theorien immer unklarer werden, wenn man versucht, mit ihrer Hilfe Einblicke in neue Wissensbereiche zu gewinnen. (S. 4)

Wie gesagt, bedeutet dies, daß unsere Theorien in erster Linie anzusehen sind als verschiedene Arten, die Welt als Ganzes zu sehen (das heißt als Weltanschauungen), nicht als absolut richtiges Wissen vom Wesen der Dinge (oder als unveränderliche Methode, sie zu untersuchen). (S. 5)

Psychologen machen oft den Fehler, eine bestimmte Betrachtungsweise der Realität für die Realität selbst zu halten. Auch die abendländische Wissenschaft ist dieser Verwechslung nicht entgangen, indem sie in der Naturwissenschaft den *einzig* möglichen wissenschaftlichen Ansatz gesehen hat. Als Beispiel hierfür denke man nur daran, daß die heutige Psychologie etwa Freuds Konstrukte des Ich, Es und Überich als Realitäten behandelt und vergeblich versucht, (1) deren Existenz zu beweisen und (2) dem Seelenleben dadurch Sinn zu verleihen, daß sie mit Hilfe dieser theoretischen Kontrukte das Verhalten zu erklären versucht.

Freuds Psychologie ist »objektiv«. Das heißt, sie mißt dem Bedeutung zu, was empirisch beobachtbar ist. Sie geht von der Voraussetzung aus, daß Wahrnehmung zum Denken führt, welches dann seinerseits in Handeln übersetzt wird. Weil Freud dem Denken eine so zentrale Position zuwies und es als Vermittler zwischen Realität und Individuum ansah, gründete er die psychoanalytische Methode auf Vernunft und Intellekt und nahm den Denkinhalt als ihren Gegenstand. Intellekt ist die Fähigkeit, zu lernen und zu argumentieren, im Unterschied zu der Fähigkeit, zu fühlen und zu wollen. Der Intellekt distanziert sich selbst vom Erleben durch Spekulieren, Konzeptualisieren und Theoretisieren.

Die deterministischen Grundsätze der Psychologie können nur den Auswirkungen eines rationalen, folgerichtigen Denkens gerecht werden. Doch, wie Ernst Cassirer schreibt (1960):

> Rationales Denken, logisches und metaphysisches Denken kann nur diejenigen Dinge begreifen, die von Widersprüchen frei sind und ihr Sein vollkommen verwirklichen. Aber Widerspruchsfreiheit finden wir beim Menschen niemals. (S. 23)

Die phänomenologische Arbeit bewertet das Erleben als Instrument des Werdens. Während Theorie auf der Vernunft gründet, drückt sich Werden im Erleben aus. Die traditionelle Psychologie mag zwar das Werden für ein geeignetes Ziel der Therapie halten, sie bleibt aber dennoch den »Theorien« über das emotionale Leben verhaftet.

Für die psychodynamisch orientierte Therapie ist »Sinn« das Ergebnis einer intellektuellen Deutung, der die Verknüpfung von Vergangenheit und Gegenwart zugrunde liegt. Für die phänomenologisch orientierte Therapie entsteht »Sinn« 1. als Zeichen und Symbol in der Unmittelbarkeit des Augenblicks und 2. als Hinweis auf die Potentiale und Möglichkeiten der Erfüllung.

1. Wenn wir uns Zeichen und Symbolen gegenübersehen, reagieren wir auf unmittelbare Erfahrung und wenden uns nicht Vergangenem zu. Kurz gesagt (für eine ausführliche Darstellung siehe Kapitel 6), kann man Symbole auffassen als Hinweis auf eine Abstraktion, als einen nichtmanifesten, nichtmateriellen Ausdruck für das Ganze. So ist der Davidstern das Symbol für das Judentum. Zeichen dagegen sind die in einem Ganzen existierenden konkreten Einzelheiten und verweisen gewöhnlich auf einen anderen konkreten Gegenstand. Ein Beispiel für ein Zeichen im Judentum wäre der Löwe, der für den Stamm Juda steht. Zeichen sind mit dem symbolischen Bereich verbunden und müssen beachtet werden, wenn man Symbole wirklich erkennen will. Zeichen und Symbole werden verstanden als Aussage darüber, wo wir in der Natur unseren Platz haben und wie wir in bezug auf die Natur und unsere Mitmenschen (die ebenfalls Teil dieser Natur sind) handeln sollten.

Zeichen haben vier Hauptfunktionen:

1. Sie bestätigen.
2. Sie korrigieren.
3. Sie weisen auf Handlungen hin, die durchgeführt werden müssen.
4. Sie sind Indikatoren für das Gesetz der Akausalität.

Zeichen mit der Funktion der Bestätigung sagen uns, daß irgendeine Handlung, auf die wir uns eingelassen haben, angemessen ist. Werden wir in unserem Handeln bestätigt, so ruft dies für gewöhnlich Gefühle des Wohlbefindens hervor oder die Erkenntnis, daß etwas, das wir tun, richtig ist. Ein Golfball, der schnurgerade die Bahn entlangrollt, ist ein Zeichen dafür, daß ein Schlag gelungen ist, und wir fühlen uns befriedigt.

Zeichen, die die Funktion eines Korrektivs erfüllen, deuten darauf hin, daß wir uns auf einem falschen oder unangemessenen Weg befinden. Für gewöhnlich stellen sich dann Gefühle des Mißvergnügens, die Einsicht in einen Irrtum und der Wunsch nach Veränderung ein. Ein Golfball, der sich in die Bäume verirrt, ist ein für den Golfspieler ärgerliches Zeichen dafür, daß ein Schlag nicht gelungen ist, und wird von einem Gefühl des Mißvergnügens begleitet.

Zeichen geben einen Hinweis darauf, was getan werden muß, um entweder die angemessene Arbeit fortzusetzen oder um ein unangemessenes Verhalten zu korrigieren. Gleichgültig, ob man sich für Handeln oder Nichthandeln entscheidet, man ist gezwungen, in der Gegenwart zu bleiben; denn ein Zeichen ist *immer* in der Gegenwart lokalisiert.

In der Gegenwart bleiben heißt sich auf das Gesetz des Nichtdeterminismus einzustellen und sich von der deterministischen Kausalität, die *immer* in der Vergangenheit lokalisiert ist, zu lösen. Akausalität begreift die Gesamtheit der Kausalität in sich ein, das heißt die vier Ursachen: causa formalis, causa materialis, causa efficiens und causa finalis, allerdings ohne der causa materialis und der causa efficiens den Primat einzuräumen. Diese beiden sind mechanische Abläufe, die von irgendeiner einleitenden Bemühung abhängen. Deterministische Kausalität, die hergestellt wird durch die causa materialis und die causa efficiens, kann der Vielfalt und Kreativität menschlichen Erlebens nicht Rechnung tragen; ebensowenig kann sie das Wesen menschlicher Existenz erklären, sofern wir nicht das Handeln des Menschen zu dem einer Maschine herabwürdigen.

Das akausale Prinzip wirkt im Einklang mit der finalen Kausalität, die alle unsere Handlungen diktiert. Finale Kausalität erklärt den Sinn und Zweck unserer Existenz auf dieser Erde. Dieser Zweck (manche nennen ihn Gott) veranlaßt uns, zu handeln und dadurch zu *werden*, um unsere Möglichkeiten zu verwirklichen. Jede auf deterministischen Prinzipien basierende Therapie gründet sich auf finale Kausalität insofern, als bei *jeder* Therapie das Ergebnis in Betracht gezogen, die Heilung in Gedanken vorweggenommen oder irgendein Ziel formuliert wird, das die Entwicklung des therapeutischen Vorganges *diktiert*.

Sobald wir beginnen, in Realitätsebenen zu »denken«, gelangen wir zu einer ganz neuen Perspektive – einer Perspektive, die möglicherweise ungeheure Auswirkungen auf die Psychotherapie hat. Wir begeben uns in einen Bereich, in dem der Intellekt als Instrument der Erkenntnis ersetzt wird durch die Ergebnisse unseres Handelns und dadurch, daß wir *Symbole leben*. Der Wachtraum ist ein phänomenologischer Modus. Er besteht aus Handeln, das zur Erkenntnis führt.

2. Dies bringt uns zu der zweiten Bedeutung von »Sinn« aus akausaler Perspektive. Die (Vorstellungs-)Bilder im imaginalen als auch im Alltagsleben zeigen uns, welche Möglichkeiten der Verwirklichung uns zugänglich sind. Diese Bilder zu verwirklichen (umzusetzen) heißt ihnen Sinn zu geben. »Sinn« steht für Übersetzung, nicht für Deutung. Bei der Imaginationsarbeit konzentriert man sich konsequent auf Übersetzung und nicht auf Deutung, was gleichbedeutend ist mit Kausalerklärung. Die Verwirklichung unserer Möglichkeiten füllt gleichsam jene Form mit Leben, die wir bei der Geburt waren. Wenn wir geboren werden, stehen uns noch alle Möglichkeiten offen, die wir

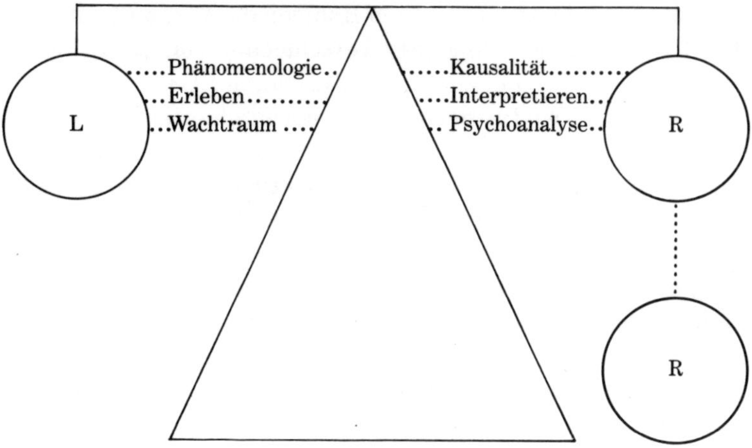

Abb. 5: Das Gleichgewicht der therapeutischen Ansätze. Dieses Diagramm veranschaulicht die Notwendigkeit des Gleichgewichtes. Im Hinblick auf gegenwärtige Psychotherapien ist ein Überwiegen der R-Seite der Skala zu beobachten (durchbrochene Linie). Das Ungleichgewicht kommt zum Ausdruck, indem auf der L-Skala die Gegenbegriffe zu den Begriffen der R-Skala registriert sind. Die Einführung dieser Gegenbegriffe auf der L-Skala kann dazu beitragen, einen ausgewogenen und umfassenden therapeutischen Ansatz zu entwickeln.

dann im Laufe unseres Lebens immer wieder verwirklichen müssen. Die causa formalis ist zum Zeitpunkt der Geburt der Bauplan für diese Potentiale. Natürlich geschieht es auch oft, daß Potentiale, wenn sie nicht realisiert werden, verkümmern und uns unzugänglich werden. Wir »Phänomenologen« müssen den Patienten diese Potentiale erschließen, indem wir auf sie hinweisen, sie als echt anerkennen und zu ihrer Umsetzung auffordern.

Freud war überzeugt, daß die »Kenntnis« des eigenen »Unbewußten«, das heißt das intellektuelle Erkunden des »Es« und seiner vermeintlichen Inhalte, den Schlüssel zum Geheimnis des Selbst liefern würde. »Erkenne dich selbst« wurde zu einer Anweisung, mit Hilfe von Vernunft und rationalem Denken anstatt durch direktes Erleben sein Inneres zu erforschen. So wird in einem deterministischen Rahmen die Vernunft zum Modus der Befreiung. Infolge der Verschiebung von der Erkenntnis durch den Intellekt zur Erkenntnis durch Erleben verändert sich auch die Struktur der phänomenologisch orientierten Therapie (Abb. 5, S. 167).

Alle Therapien, denen es um intellektuelle Erkenntnis geht, arbeiten im Rahmen dessen, was man die Psychologie der Zeit nennen könnte. Alles lineare, logische Denken ist eine Bewegung in der Zeit, und ebenso die logische Sprache. Diese Bewegung bestimmt unser Verhalten auf der Ebene der konkreten Realität und ermöglicht so das Zusammenleben der Menschen. Doch diese kausale Bewegung für das *einzige*, der Wirklichkeit zugrunde liegende Prinzip zu halten, hindert uns daran, wirkliche Freiheit zu erlangen, was doch das erklärte Ziel aller psychotherapeutischen Bemühungen ist. In den traditionellen Therapien, die der Bewegung in der Zeit folgen, gelangen wir durch »Erkenntnis« der Vergangenheit dazu, unsere Gegenwart zu verstehen und unsere Zukunft zu planen. Dies ist möglich, aus der Sicht dieser Therapien, wenn wir die eigene Geschichte, sowohl die »innere« (Phantasien, Wünsche usw.) als auch die äußere (Beziehung zur Familie, zu Sexual-»Objekten« usw.), mit dem gegenwärtigen Leben kausal verknüpfen. Dieser Gebrauch des Denkens ist aber, wie wir gesehen haben, ein Selbstbetrug, da die Hinwendung zur Vergangenheit uns vom Erleben des gegenwärtigen Augenblicks abhalten muß, was lineares Denken stets tut.

Im Wachtraum bewegen wir uns von der Psychologie der Zeit zur *Phänomenologie des Raumes*. Wir begeben uns außerhalb der linearen, entropischen Bewegung der Zeit (Vergangenheit →Gegenwart→Zukunft) und betreten akausale nondeterministische Dimensionen. Hier gibt es keine lineare Zeit. (Das entspricht ungefähr der Freudschen Vorstellung vom »zeitlosen Unbewußten«). Dieser Schritt aus der Zeit hinaus erlaubt uns einen Blick auf unser Verhältnis zum Leben, den uns unser gewohntes, lineares, zeitorientiertes Alltagsleben nicht gestattet. Die Erfahrungen außerhalb der Zeit werden dann in die konkrete Welt eingebracht und in der linearen Zeit lokalisiert, beziehungsweise von ihr geprägt. Im Erleben des Wachtraums wird also die Zeit *umgekehrt* (wie im nächtlichen Traum), und damit nimmt die Entropie ab – im Gegensatz zu dem, was in der linearen Zeit geschieht, wo die Entropie stets zunimmt (Atlan, 1977). Zeit und Entropie sind per definitionem immer miteinander verknüpft.

Der Raum begreift die lineare Zeit in sich ein, da ohne Raum keine Zeit existieren könnte. Der Raum, den ich jedoch meine, ist die primäre Räumlichkeit, eine qualitative Dimension, die nicht meßbar ist; sie umschließt die sekundäre Räumlichkeit, das heißt den quantifizierbaren, meßbaren Raum. Die quantifizierbaren Zeit- und Raumkoordinaten existieren in denselben Dimensionen, nämlich denjenigen der konkreten Realität.

Realitätsebenen oder Seinsbereiche implizieren die primäre Räumlichkeit. Primäre Räumlichkeit erlaubt es uns, körperlich »hier« zu sein, während wir phantasierend oder tagträumend »dort« sind. Unser »Dort« (Heidegger, 1954) ist nicht meßbar. Wenn wir das als zentrales Charakteristikum menschlicher Existenz erkennen und akzeptieren können, vermögen wir unsere Gewohnheit zu überwinden, Erfahrungen im »Dort« als »unreal« in die meßbare Zeitdimension zu verweisen. Jedes in dieser Zeitdimension lokalisierte Ereignis hat »Ding«-Charakter, das heißt, es ist meßbar. Wenn nichtquantifizierbare Elemente wie Tagträume oder Phantasien als »Dinge« angesehen werden, die man messen und besitzen kann, ist dies in der Therapeutik problematisch: »Ich habe eine Phantasie, daß ...« So kommt es in der deterministischen Psychologie zu dem Widerspruch, daß man etwas besitzt, das als »unwirklich« betrachtet wird. Dadurch, daß man die Authentizität des Dort begreift, gewinnen in diesem Bereich lokalisierte Ereignisse eine Echtheit, die dem menschlichen Erleben in unserer Zeit bedauerlicherweise fehlt.

Wir stoßen sogleich auf eine neue Einsicht in das Wesen der ganzheitlichen Erfahrung des Menschen. Zeit und Raum sind im phänomenologischen Bezugsrahmen nicht gleichwertig. Vielmehr ist die Zeit der Stimulus, der den Raum öffnet und es möglich macht, daß er sich mit (Vorstellungs-)Bildern füllt. Um emotionale Leiden heilen zu können, muß die Bewegung der gewohnten linearen Zeit vorübergehend zum Stillstand gebracht werden. Ein solcher Stillstand wird durch den Wachtraum erreicht. Menschliche Existenz ist eine Funktion der Zeit. Die Zeit läßt uns zwar als menschliche Wesen existieren, behindert aber zugleich die Erkenntnis unserer Ganzheit (Heilung). Wenn wir, wie es im Wachtraum geschieht, mit der Phänomenologie des nichtmeßbaren Raumes vertrauter werden, wird dies hoffentlich dazu beitragen, unser Mißtrauen gegen die Phänomenologie des Raumes abzubauen. Im Raum kann es keine Psychologie geben, und zwar deshalb nicht, weil man im Raum erlebt und sein eigenes Erleben sieht, dieses Erleben aber nicht kausal analysiert oder deutet, es also nicht dem der Zeit verhafteten Verstehen, und das ist Psychologie, unterwirft. Über das Erleben nachzudenken oder es zu deuten heißt, es in die Vergangenheit verlegen, was die Domäne der Psychologie ist. »Sehen« ist hier ganz konkret gemeint, wie es in einer alten Redensart zum Ausdruck kommt: »Ein Bild sagt mehr als tausend Worte.« Was ohne Deutung oder Gedankenverknüpfungen gesehen wird, wird unmittelbar als das erkannt, was es ist, und damit unmittelbar und vom Gefühl her »gewußt«. Die Einsicht in diese Zusammenhänge eröffnet bisher unentdeckte Möglichkeiten für die Arbeit mit Phantasien, Tagträumen, Halluzinationen, nächtlichen Träumen und natürlich mit demjenigen Bereich, der in diesem Buch im Mittelpunkt steht: mit der Imagination.

Das Reich der Imagination unterscheidet sich von der Phantasie und vom Tagtraum. Während sich sowohl die Phantasie als auch der imaginale Zustand vom Wachzustand unterscheiden, ist die Imagination im Gegensatz zur Phantasie gleichzeitig ein Zustand gespannter Wachheit. Josef Reyher hat in den sechziger Jahren in elektroenzephalographischen Untersuchungen einige physiologische Korrelate hierzu aufgezeigt (Reyher, 1969). Derjenige Zustand, welcher dem imaginalen am meisten ähnelt, ist der hypnagogische, das heißt der Übergang vom

Wachzustand zum Schlafen. Im folgenden zähle ich einige der wichtigsten Merkmale auf, die die Phantasie und das Reich der Imagination definieren und gegeneinander abgrenzen.

Phantasie	*Imagination*
1. Grübelnd.	1. Spontan.
2. Zeit ist linear.	2. Zeit wird umgekehrt: ein nichtlineares Erleben.
3. Repetitiv; für gewöhnlich unverändert.	3. Jedes Erlebnis ist einzigartig und neu.
4. Basiert auf den lebensgeschichtlichen Ereignissen des Individuums.	4. Von ungeschichtlichem Charakter, ohne Vorbild oder Vorgeschichte.
5. Zwanghaft.	5. Autonom und neuartig; auf das bezogen, was im Augenblick da ist.
6. Wunscherfüllung.	6. Wunscherfüllung ohne Bedeutung.
7. Mit der Materie und der konkreten Welt befaßt.	7. Spielt sich in einem immateriellen Bereich ab.
8. Führt nicht zu kreativem Erleben. Basiert im wesentlichen auf gewohnten linearen Denkprozessen.	8. Kreativ, durchdringt die konkrete Welt; Gefühle sind verschiedenartig, können in Verhaltensweisen umgesetzt werden und zu Veränderung führen.
9. Dient der Flucht vor dem Erleben.	9. Individuum fühlt sich als unmittelbarer Bestandteil des Erlebens.
10. Voreingenommen, mit dem Selbst beschäftigt, selbstbezogen.	10. Verlust des Gefühls der Selbstbezogenheit und der gewöhnlichen Raum/Zeit-Dimensionen.

11. Nicht im Zustand gespannter Wachheit.	11. Unterschieden vom Wachzustand, aber Zustand gespannter Aufmerksamkeit; dem hypnagogischen Zustand nahe verwandt.
12. Vom Individuum kontrolliert.	12. Stets neuartig und nicht der persönlichen Kontrolle unterworfen.

Diese Gegenüberstellung zeigt an, welche Ebene der Patient bei der Wachtraumarbeit jeweils erreicht hat. Phantasie kann zum Ausgangspunkt von Imaginationsarbeit werden, wenn sie über ihre gewohnheitsmäßigen Grenzen hinausgetrieben wird. Das Erreichen der imaginalen Ebene hat für unsere Persönlichkeit und für die Verwirklichung ganz andere Folgen als das Verharren auf der Ebene der Phantasie. Das imaginale Erleben verleiht einem oft ein Gefühl spirituellen Wachstums und erweitert das Phantasieerleben, so daß es zur Lösung aktueller emotionaler Unausgewogenheiten beitragen kann. Die Beseitigung solcher Unausgewogenheiten ist oft notwendig, bevor der Patient zur Imaginationsarbeit übergehen kann. Sehr häufig haben Patienten bei Beginn der Wachtraumarbeit ihr Phantasieleben zu bewältigen, bevor sie das Reich der Imagination betreten können. Immerhin haben beide Phänomene, Imagination und Phantasie, mit dem Raum und der Existenz im Raum zu tun. Die Einsicht in diesen Zusammenhang macht es überflüssig, Verhalten als »pathologisch«, »psychotisch«, »neurotisch«, »Borderline« oder als was sonst immer zu etikettieren. Wir haben es mit dem Erleben zu tun und nicht mit der Benennung einer Störung. Die Akzeptanz des Erlebens erlaubt eine sinnvolle Exploration dieses Phänomens.

Um den Eintritt in das Reich der Imagination zu erleichtern, sind zwei Grundsätze zu beachten. Der erste ist *Vorbereitung.* Bei der Wachtraumarbeit kann es vorkommen, daß der Patient in einem bestimmten Raum zuerst mehrere Realitätsebenen überwinden muß, bevor er zum Raum der Imagination gelangt; es kann also notwendig sein, daß er zunächst das Reich der gewohnten Phantasie durchqueren muß, bevor er den noëtischen Bereich betreten kann. Der Therapeut muß darauf achten, daß er nicht in einem anderen Rhythmus arbeitet als der Patient. Er muß es vermeiden, ihn zu drängen. Vielleicht braucht der Patient erst einmal eine Phase, in der er mit dem Therapeuten sprechen und Vertrauen zu ihm fassen kann, bevor er sich auf die Imagination einzulassen vermag.

Der zweite wesentliche Grundsatz ist das *Reisen* oder das *Antreten einer Pilgerfahrt*. Während wir körperlich *hier* sind, sind wir *dort* auf der Reise. Man beachte die Bedeutung dieses Grundsatzes für das Verständnis von Träumen. Wir liegen schlafend im Bett. Als Körper liegen wir im Bett; und doch befinden wir uns im Bereich der Traumwelt, wo alle möglichen Erlebnisse vorkommen. Phänomenologisch sind wir in ein und demselben Augenblick sowohl *hier* als auch *dort*. Diese Fähigkeit, in imaginale Bereiche zu reisen und aus den dort unmittelbar gemachten Erfahrungen zu lernen, macht das Erlebnis unschätzbar für uns, weil wir das, was wir dort entdeckt haben, mit uns in den Bereich der konkreten Realität zurücknehmen können.

Aufgrund dieser Reise sind wir fähig, Zugang zu jenen anderen Welten zu finden – von der Wachrealität zur Phantasierealität zur Traumrealität zur imaginalen Realität. Die Bewegung zu diesen Welten hin und von diesen Welten zurück ist die Holo-Bewegung, und die Erlebnisse, die dem Reisenden auf jeder Ebene begegnen, sind ein holographisches Phänomen, das sich durch Dimensionalität auszeichnet, aber kein Volumen besitzt (Abb. 6, S. 174).

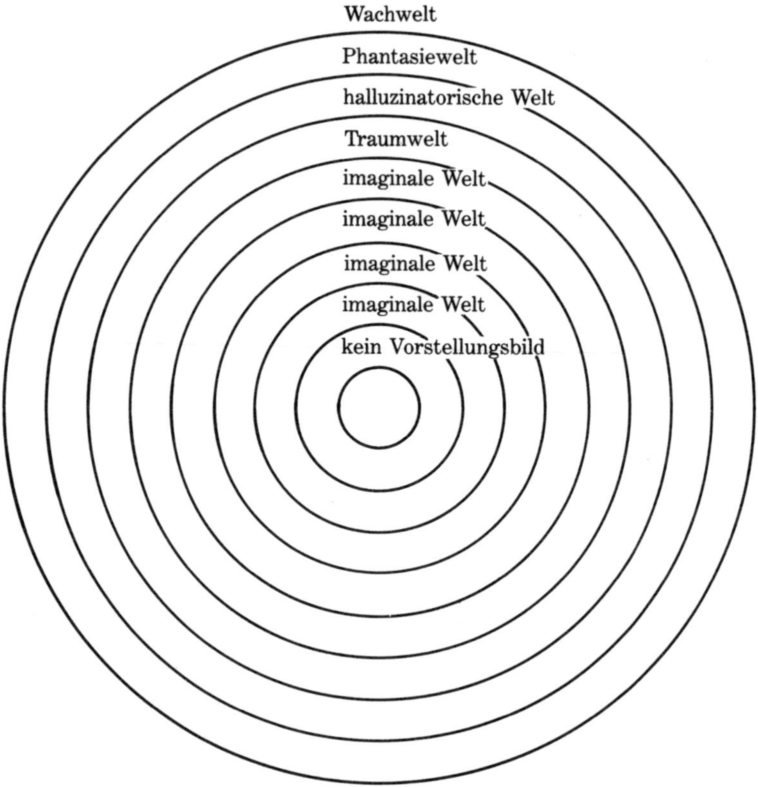

Abb. 6: Die Holo-Bewegung. Welten in Welten.

6 Symbolik

Im Wachtraumprozeß spielt die Symbolik eine wesentliche Rolle, doch unterscheidet sie sich von dem, was für gewöhnlich unter Symbolik verstanden wird. In den meisten Therapien wird ein Symbol als konkreter Gegenstand aufgefaßt, der für einen anderen konkreten Gegenstand steht. So steht zum Beispiel eine Schlange fast automatisch für einen Phallus. Von einem Menschen, der ein ungewöhnliches Interesse für Gewehre oder Pistolen zeigt oder von ihnen träumt, wird gesagt, er verrate ein gewisses Interesse an phallischer Zurschaustellung. Man könnte also sagen, daß das Gewehr oder die Pistole ein Symbol für den Penis seien. Indessen können sich Symbole *ausschließlich* auf etwas Abstraktes, Immaterielles oder Nichtmanifestes beziehen. Ein länglicher Gegenstand ist daher kein Symbol für einen anderen länglichen Gegenstand. Ein konkretes materielles Ding kann nicht das Symbol für ein anderes konkretes materielles Ding sein. Das eine kann ein Zeichen für das andere sein, wenn beide derselben Klasse angehören. Zum Beispiel sind beide, Gewehr und Penis, materielle Formen und existieren in ein- und demselben System: es sind *längliche* Gegenstände. Eine korrekte Verwendung des symbolischen Modus wäre nun, diese konkreten (länglichen) Formen als Repräsentanten von Macht, Männlichkeit oder Stärke anzusehen.

Nimmt man ein Zeichen fälschlicherweise für ein Symbol, so räumt man ihm eine beherrschende Position über die anderen Zeichen ein. Es ist so, als wollte man sagen, daß das Standbild des Baal größere Bedeutung habe als irgendein anderes steinernes Götzenbild. Wenn man eine konkrete Form so begreift, wird mit dem Symbol Mißbrauch getrieben. Da die Psychologie es versäumt hat, diese kritische Unterscheidung zwischen Zeichen und Symbol vorzunehmen, ist sie unfähig, eine transzendente Qualität in der Existenz des Menschen anzuerkennen, und kann daher diese lebenswichtige Qualität in die Psychotherapie nicht einbeziehen. Ohne dieses Verständnis des symbolischen Modus werden transzendente Ereignisse auf eine *materielle* Gestalt reduziert, was sich in der Sprache der Psychodynamik dann folgendermaßen anhört: »Phantasien vom symbiotischen Verschmelzen mit der alles spendenden, allmächtigen Mutter in einer regressiven Vereinigung, wie damals, als man ein allmächtiger Säugling war.«

Strenggenommen müßte dieses Vorgehen, einen konkreten Gegenstand durch einen anderen Gegenstand zu ersetzen, »Semiotik«, Lehre von den Zeichen, heißen. Im Wachtraum liegt der Akzent jedoch nicht mehr auf dem bezeichneten Gegenstand, sondern auf dem Wissen, für welches das Symbol steht. Wir unterscheiden das Bezeichnende vom Bezeichneten[1] und erkennen, daß der Mensch das Bezeichnende eines jenseits seiner körperlichen Präsenz liegenden Bezeichneten ist und daß das persönliche »Ich« das Universum nicht hervorbringt.

Verweist ein konkreter Gegenstand auf etwas Transzendentes, Unaussprechliches, das sich der Beschreibung durch den gewöhnlichen Sprachgebrauch entzieht, haben wir es mit einem Symbol zu tun. Symbole verbinden uns mit dem, was uns durch den gewöhnlichen Gebrauch unserer Sinne nicht zugänglich ist.

Der Baum ist ein gutes Beispiel, um die konkrete Manifestation von Transzendenz zu zeigen. Transzendenz ist allein dem Menschen möglich, doch am Bild des Baumes läßt sich zeigen, wie wir Transzendenz und Freiheit erlangen können. Die Wurzeln sind fest in der Erde verankert. Der Stamm wächst fest und gedrungen nach oben. Die Äste mit ihren Blättern wachsen nach allen Seiten dem Himmel entgegen. Genauso muß ein Mensch wachsen. Er muß mit den Füßen fest auf dem Boden stehen, dann kann er gerade wachsen und seine Möglichkeiten entfalten. Indem er seine Möglichkeiten sieht und verwirklicht, entwickelt er sich zu immer größerer Freiheit. Die Saat[2] geht nur auf und wächst, wenn wir unsere Möglichkeiten umsetzen und handeln.

Eine andere wichtige Unterscheidung, die sich aus der

Wachtraumexploration ergibt, ist, daß wir Symbole nicht hervorbringen, wie dies von westlichen Autoren allgemein angenommen wird. Im Gegenteil, wir rezipieren und apperzipieren den symbolischen Bereich, der uns in jedem Augenblick wie ein Gehäuse umgibt. Wir sind Symbole, leben in Symbolen und durchdringen Symbole. Sie sind allzeit gegenwärtig, wir können sie, wenn wir wollen, in der uns umgebenden Welt Tag für Tag beobachten. Der Akt des Gehens zum Beispiel kann als eine symbolische Geste aufgefaßt werden, an deren Anfang ein Willensakt stand. Wir könnten nicht gehen, wenn wir nicht wüßten, daß Gehen im Raum möglich ist. Es kann keine Bewegung ohne Raum geben. Das Sichbewegen beinhaltet das Wissen von der »dort draußen« existierenden primären Räumlichkeit. So wissen wir, daß wir das Symbol sind – die Brücke zwischen *dort* und *hier*.

Die Leser dieses Buches sind sich höchstwahrscheinlich bewußt, daß es eine unüberschaubare Menge an Veröffentlichungen über Sinn, Wesen, Aufbau, Bildung, Entwicklung und Verständnis von Symbolen und Symbolik gibt. Nach der Literatur zu urteilen, hat es den Anschein, als ob der Kern dieses schwer zu fassenden Themas kaum in den Griff zu bekommen sei. Wir wissen, daß Symbole Bindeglieder sind zwischen dem Offenbarten und dem Nichtoffenbarten.[3] Sie sind *notwendig*, weil sie Einheit stiften und uns immerzu zur Einheit drängen; so bilden sie ein Gegengewicht zu unserem Leben in einer Welt, die gespalten und fragmentiert ist, weil wir sie interpretieren und weil wir darauf bestehen, nichts anderes als voneinander unabhängige Individuen zu sein, die durch ihre spezifische Lokalisierung in einem meßbaren Raum definiert sind.

Ein zentrales Problem der Psychotherapie ist, welcher Gebrauch von dem angenommenen »Symbolbildungsprozeß« des Patienten gemacht werden soll. Die verschiedenen therapeutischen Richtungen haben unterschiedliche Symbolvorstellungen und machen unterschiedlichen Gebrauch von Symbolen, was beides für gewöhnlich davon abhängt, welche Bedeutung das System dem »Unbewußten« beimißt. Die Verhaltensmodifikation etwa, die sich für unbewußte Konflikte oder Motivationen nicht interessiert, schenkt Symbolen keine Beachtung. In der traditionellen dynamischen Therapie sind Symbole von mäßiger Bedeutung, während sie in der Jungschen Therapie eine hervorragende Bedeutung einnehmen. Doch allen Richtungen, die sich der Symbolik bedienen, ist eines gemeinsam: Sie betonen, daß das Verständnis von Symbolen zur Einsicht führe, was wiederum in irgendeiner Weise zur Heilung beitragen soll.

Der Wachtraum als phänomenologische Vorgehensweise sieht im Gebrauch der Vernunft nicht den Königsweg zur Erkenntnis. Er betont, daß sich das Sein durch tätiges Handeln erfülle. Anstatt das Symbol durch Interpretation zu verstehen, *lebt man die Funktion des Symbols* (oder versucht es zumindest), und zwar dadurch, daß man das Symbol ganz durchdringt – Symbol als verständliche Konkretisierung dessen, was verborgen, nichtoffenbart und nichtkonkret ist: kurz, *Symbol ist Bild.*

Ich behaupte, daß wir zur Erkenntnis unserer Existenz gelangen, indem wir die Funktion des Symbols in der imaginalen Existenz leben und das so gewonnene Wissen dann in das Handeln des täglichen Lebens übersetzen. Das Symbol als Brückenfunktion erlaubt ein Hin- und Hergehen zwischen der materiellen und der nichtmateriellen Realität. Wissen als Funktion der Vernunft und des logischen Schließens steht häufig dem Handeln und damit der Weisheit im Weg. Denken verhilft uns nur zu partiellem, fragmentarischem, analytischem Wissen, niemals zur Weisheit, die etwas Ganzes, eine Synthese ist. Leider halten wir dieses Teilwissen oft für die ganze Wahrheit.

Wir verspüren den Wunsch, wieder zur Ganzheit, zur Einheit zurückzukommen. Aber wie? Indem wir das Symbol leben! Das Symbol zu deuten, kann uns nur zu einem teilweisen Bewußtsein von der fundamentalen Einheit unserer Existenz verhelfen. Sobald es einmal gelebt worden ist, besteht das Bedürfnis nach Deutung nicht mehr. Ein Beispiel dafür, wie man das Symbol leben kann, ist die aktive Kontemplation, bei der man klaren Sinnes versucht, seine Aufmerksamkeit auf ein Symbol zu konzentrieren – so etwa bei vielen Formen von Meditation.

Wenn wir geboren werden, wissen wir noch nichts von den in uns angelegten Möglichkeiten der Verwirklichung. Erst durch Handeln erlangen wir Kenntnis von ihnen. Unsere Handlungen können gehemmt werden, aber dieser Hemmungen sind wir uns stets bewußt. Es gibt keine »unbewußte« Motivation, die das Handeln verhindert; es gibt nur, als Folge einer verfehlten sozialen Konditionierung, Vorschriften gegen das Sicheinlassen auf eine Handlung. Damit kehren wir der Verwirklichung den Rücken. Wir sind nicht in Unkenntnis dessen, dem wir den Rücken kehren; wir sind uns der Furcht, die die Aufforderung von »dort draußen« begleitet, nicht »unbewußt«; aber wir haben nicht den Willen zu handeln und rationalisieren statt dessen unsere Unzulänglichkeiten weg.

Sobald wir angefangen haben zu handeln, fügen wir uns in einen größeren Lebenszusammenhang ein. Das kontinuierliche Werden durch Handeln führt zur Verwirklichung von Potentialen. So verlieren wir Schritt für Schritt das Gefühl für die Wichtigkeit unseres persönlichen »Ichs«, das bis jetzt im Mittelpunkt des Erlebens gestanden hatte als das »Ich«, das dieses weiß, das »Ich«, das jenes denkt usw., woraus sich die Spaltung in Subjekt und Objekt ergeben hatte. Diese dualistische Auffassung vom Leben bestimmt den ursprünglichen, von Unwissenheit geprägten Zustand des Seins, in dem das persönliche »Ich« dominiert.

Das Paradoxe ist, daß wir, wenn wir das Symbol leben, gleichzeitig selber das Symbol *sind*. Unsere physische Existenz zeigt den Weg zu dem, was verborgen und nichtmateriell ist. Versucht man zu begreifen, was Symbole leisten, so könnte man folgendes sagen: Sie lassen uns die Existenz dieses Paradoxons als eines wesentlichen Modus unseres Lebens erkennen, zeigen aber zugleich den Weg zu seiner Auflösung. Ein Gegenstand kann nur als Symbol bezeichnet werden, wenn er diese paradoxe Qualität aufweist. Der Mensch selbst kann als Symbol bezeichnet werden – ein Symbol für das Unaussprechliche, das Einheit und zugleich Mannigfaltigkeit einschließt. Dem Symbol wohnen gleichzeitig das Materielle und das Nichtmaterielle inne. Man kann auch sagen, daß die Sinnenwelt der konkreten Realität symbolisch ist für das, was jenseits der menschlichen Existenz steht und mit Hilfe der Sinne auf normalem Wege nicht erfaßbar ist. Mensch und Welt sind ihre eigenen Paradoxa, die via gewöhnliche sinnliche Wahrnehmung existieren und doch stets auf das weisen, was jenseits der gewöhnlichen sinnlichen Wahrnehmung liegt: Mensch und Welt existieren in verschiedenen und als verschiedene Realitäten. Symbole sind also letztlich die Sprache für die anderen Realitätsebenen.

Die symbolische Exploration im Wachtraum erfolgt in drei unterschiedlichen Richtungen: 1. was Symbole leisten, 2. was ein Symbol aus phänomenologisch-räumlicher Perspektive ist und 3. wie Symbole bei der sich auf das Räumliche konzentrierenden Arbeit verwendet werden.

Das »Wie« der Symbole bezieht sich darauf, wie ihre Funktion gelebt wird. Wir leben die Funktion dadurch, daß wir die Entwicklungsstufen einer bestimmten Gestalt, etwa eines Baumes, in der Imagination nacherleben, und ihr Wesen zu erfahren suchen, wozu Geburt, Verwandlung und Tod gehören.

Das Paradoxon, das wir hierbei verstehen müssen, ist, daß wir im Augenblick unserer Geburt unser Sterben ankündigen. Die volle Blüte der Rose birgt schon die Ankündigung des Todes. Die uns umgebende, zu Wachstum und Blüte drängende Natur verkörpert den Prozeß zum Tode. Ähnlich führt auch beim Menschen alles Wachstum, nach dem er strebt, zur Erfüllung menschlichen Seins – zum Tode dessen, was in den zeitlichen und räumlichen Grenzen existiert. Der fundamentale Irrtum, den die traditionelle Psychologie begeht, besteht darin, daß sie diesen Wachstumsprozeß als eine »Regression«, als eine »Rückkehr in den Mutterschoß« betrachtet, während Wachstum definitionsgemäß eine Vorwärtsbewegung ist. Doch um unser Sein ganz zu erfüllen, müssen wir leben, und zwar bis zum äußersten unserer Möglichkeiten leben.

Leben ist ein zweistufiger Prozeß. Die erste Stufe sind die neun Vorbereitungsmonate, in denen wir die Ausstattung entwickeln müssen, die wir später brauchen werden. In dem Augenblick, wo alles bereit ist, treten wir dann in die Welt ein. Der Sprung aus der immer gleichen Umwelt des Mutterschoßes setzt in ein und demselben Augenblick Leben und Sterben frei. Wir bewegen uns unablässig nach vorne, um dorthin zu gelangen, von wo wir ausgegangen sind. Auf diese Weise ist unsere Entwicklung zugleich kreisförmig und linear.[4] Wir sind gezwungen, uns weiterzuentwickeln, genauso wie unsere körperliche Entwicklung unaufhörlich und automatisch nach vorne drängt, ihren Grenzen entgegen. Zellwachstum bedingt auf der andern Seite das Absterben von Zellen. Wenn die Zellen aufgehört haben, abzusterben, ist dies der physische Tod.

Bei der Wachtraumarbeit machen Patienten für gewöhnlich Erfahrungen durch, die der Vorbereitungszeit oder dem Geburtsvorgang vergleichbar sind. Nicht selten finden sie sich in langen dunklen Gängen oder Tunnels, die sie mit einem Geburtskanal vergleichen. Ein Patient verglich die Wand eines solchen Durchganges direkt mit der Wand der Gebärmutter. In der Regel sehen die Patienten am Ende des Durchganges Licht. Das Eintreten in dieses Licht wird oft als machtvolles Crescendo oder als plötzliches, abruptes Eintauchen erlebt, das Licht oft als blendend oder außergewöhnlich hell empfunden. Die Patienten sagen häufig: »Ich fühle mich wie neu geboren.«

Wenn wir Symbole im Rahmen einer Phänomenologie des Seins betrachten, befassen wir uns nicht mit der intellektuellen Deutung oder Erkenntnis von Symbolen, sondern vielmehr mit einem Prozeß, der uns die normalerweise unzugängliche Kenntnis eines anderen Selbst vermittelt. Dieses Wissen gewinnen wir nur dadurch, daß wir die Funktion des Symbols leben, so daß das, was im Grunde immateriell ist, konkret wird.[5]

Dieses Symbolverständnis trägt sowohl für den Therapeuten als auch für den Patienten Früchte. Der Therapeut entgeht auf diese Weise einer reduktionistischen vorgefaßten Weltsicht. Weder die Deutung eines Symbols noch die Beschränkung auf dessen materielle Bedeutung sind ein Garant für Offenheit, und der Patient kann dadurch, daß er Symbole in der von mir vorgeschlagenen Weise betrachtet, seine Möglichkeiten zur Verwirklichung erweitern. Oft kann er damit auch seinen gewohnten Tendenzen und Verhaltensmustern entrinnen.

Ein Symbol ist das Bindeglied oder die Brücke zwischen den verschiedenen räumlichen Existenzen, in denen wir Menschen leben können. Es erlaubt uns, uns zwischen der materiellen und der nichtmateriellen Welt hin und her zu bewegen, und gibt uns damit Informationen über das Wesen der nichtmateriellen Realität. Es ist im wesentlichen eine außerrationale Methode, wie dieses Wissen übermittelt wird. Mit »außerrational« meine ich, daß die Brückenfunktion des Symbols nicht mit Hilfe des Intellekts erfaßt werden kann.

Ich möchte ein Beispiel geben für die Durchdringung des Symbols. Die weiter oben beschriebene Künstlerin (Fall Nr. 90) hatte in der Nacht geträumt, sie stehe auf dem Balkon eines Tempels, über dem sich eine orangefarbene Kuppel wölbte. Daran schloß sich der Wachtraum an:

> Ich stehe auf dem obersten Balkon meines Tempels. Die Kuppel ist nicht mehr nur einen Meter hoch, sondern wird riesenhaft, so daß ich neben ihr winzig wirke. Dann wird sie wieder kleiner, und ich trete durch eine einfache, rechteckige Tür in sie ein. Ich möchte die Tür offenlassen, damit Licht hereinkommt; die angebotene Laterne oder Taschenlampe lehne ich ab [Vorschlag von mir].
>
> Ein Lichtschimmer dringt vom Boden herauf. Ich schwebe im Inneren des eiförmigen Raumes umher. Der obere Teil ist offen und klar. Unterhalb der Mittellinie befindet sich eine gallertartige Substanz, die an den Rändern grau ist. Sie teilt sich aber, um mich durchzulassen. Während ich herabschwebe, wird die Substanz netzartig, bekommt eine bräunlich-gelbliche Farbe und teilt sich weiter. Goldene Leitern stehen an den Seitenwänden des Eis, die sich zum Boden hin verngen.
>
> Ich hatte erwartet, auf dem Boden Pfützen von blauem Wasser zu finden; statt dessen sehe ich ein winziges Loch, aus dem sehr intensives weißes Licht dringt. Ich denke, ich müß-

te es schaffen, mich durch diese Öffnung zu zwängen, aber es gelingt mir nicht. So beschließe ich, durch sie hindurchzuschauen. Die Öffnung befindet sich in Brusthöhe, so daß ich niederknien muß, um durchblicken zu können; doch als ich dies tue, verschwindet das Loch. Ich stehe auf, und schon ist es wieder da. Ich gehe vorsichtig darauf zu, doch sobald ich kaum einen Meter entfernt bin, verschwindet es wieder.
Ich fühle mich sehr enttäuscht, aber nun geht mir auf, daß das Licht zu mir kommen will. So stehe ich still, und das Licht bewegt sich auf mich zu und dringt in meinen Körper ein. Ich fühle mich bis unter die Haut von diesem wundervollen, pulsierenden, weißen Licht erfüllt. Ich dehne mich innerlich aus. Ich sehe Wellen auf dem Ozean und werde eins mit ihnen. Das pulsierende Licht in mir schaukelt mit den Wellen mit. Ich verliere jedes Gefühl für meinen Körper und werde zu einem sanft pulsierenden Rhythmus, einem durchsichtigen Licht. Es ist wundervoll.
Etwas widerwillig gehe ich über eine Leiter zum oberen Teil des Eis zurück und trete hinaus auf den Balkon des Tempels. Ich trete auf den Platz vor dem Tempel und sehe den Baum aus meinem ersten Wachtraum. Neben ihm steht die rote Blume und lächelt, fast so, als ob sie mich necken wollte. Ich pflücke die Blume ab und stecke sie mir hinter das Ohr. Sie wächst zu einer Haube aus Blütenblättern, die meinen Kopf bedeckt und über Schultern und Rücken hinabfließt.

In der darauffolgenden Diskussion hatte sie den Eindruck, daß sie bisher zu stark nach ihrem künstlerischen Ausdruck gesucht hatte. Sie dachte nun daran, an ihre Arbeit mehr meditierend, im Geiste des Zen heranzugehen. Sie wollte aufnahmebereiter werden und die schöpferische Energie in sich einströmen lassen. Sie wollte sich in diesen Strom versenken.

Die Rolle der Symbolik hat in der Imaginationsarbeit noch eine andere wichtige Dimension: die Bedeutung der Bewegung im Raum – insbesondere das Grundprinzip von Aufstieg und Abstieg – aus einer anderen Perspektive. Einer der signifikanten Beiträge der Wachtraumtherapie zur Therapeutik ist, daß sie die Bedeutung der vertikalen Achse zu Bewußtsein bringt; demgegenüber hat sich die herkömmliche Therapeutik bisher nur mit der horizontalen Achse beschäftigt. Ich möchte dies näher ausführen.

Es gibt zwei Möglichkeiten, die Realität zu betrachten. Nach Mircea Eliade besteht der Hauptunterschied zwischen dem Menschen der archaischen und traditionellen Gesellschaften und dem Menschen der modernen Gesellschaften jüdisch-christlicher Prägung in dem Umstand, daß ersterer sich unauflöslich mit dem Kosmos und den kosmischen Rhythmen verbunden fühlt, während letzterer darauf besteht, einzig und allein mit der Geschichte verknüpft zu sein (1953). Diese beiden Sichtweisen kann man sich bildlich als Horizontale und Vertikale vorstellen. Unser tägliches Leben spielt sich auf der horizontalen Achse oder Ebene ab. Auf dieser Ebene ereignet sich die Wirklichkeit in historischer Zeit, in einer Welt der meßbaren Höhe, Breite und Tiefe. Das imaginale Leben spielt sich auf der vertikalen Achse oder Ebene ab: Sie ist ahistorisch und durchdrungen vom Göttlichen beziehungsweise dem, was ewig wiederkehrt. Zeichen sind eine Bewegung der Horizontalität, Symbole eine Bewegung der Vertikalität. Zeichen sind einander benachbart und wirken in einem linearen Modus. Ein Beispiel hierfür wäre die Figur eines Mannes an der Toilettentür eines Gasthauses. Symbole verweisen auf das, was nicht greifbar, nicht unmittelbar erfaßbar ist.

Die Sprache, mit der wir unterschiedliche Ebenen des Bewußtseins bezeichnen – »aufsteigen in die Höhen«, »abstürzen in die Tiefen«, »die Tiefen des Bewußtseins«, »der Himmel über uns«, »die Hölle unter uns« –, bezeugt ein intuitives Wissen von der Vertikalität. Da gibt es eine Bewegung nach oben und nach unten, Höhen und Tiefen, die uns unzugänglich sind, wenn wir im horizontalen Bereich voraussagbarer, geordneter Dimensionen reisen. Im Wachtraum kommt das Selbst in Kontakt mit erhabenen und mit düsteren Gefühlen, mit unverhüllten oder mit tief verborgenen. Die charakteristische Haltung des Patienten im Wachtraum ist daher die aufrechte, die vertikale.

Die vertikale Achse kennen wir aus vielen Kulturen. Das Alte Testament beschreibt Jakobs Traum: »Und siehe! da war eine Leiter aufgestellt von der Erde auf, und ihre Spitze reichte an den Himmel; und siehe! die Engel Gottes stiegen darauf auf und ab« (1. Mose 28,12. Übersetzung: Leander van Eß). Jakobs Traum ist kein gewöhnlicher Traum. In den seltensten Fällen kommen in Träumen Engel vor. So wie in Jakobs Traum die Engel zwischen dem Menschen und Gott stehen, so steht der imaginale Bereich zwischen der konkreten Realität und der Ebene höchst abstrakter Realität.

Eine hervorragende Rolle spielt die vertikale Achse auch in dem großen chinesischen Buch *I Ging* oder *Buch der Wandlungen*. Das *I Ging* sagt uns, daß die Menschen zwischen Himmel und Erde stehen und daß sie das Medium für das Zusammenspiel der Kräfte von Himmel und Erde sind. Das *I Ging* enthüllt sein Wissen in Gestalt von Hexagrammen; das sind sechszeilige vertikale Figuren, die sich aus zwei dreizeiligen Trigrammen zusammensetzen. Die oberste Linie jedes Trigramms steht für den Himmel, die mittlere für den Menschen, die untere für die Erde. Der Mensch integriert Himmel (Geist) und Erde (Materie). Dieselbe harmonische Verbindung von Materie und Geist versinnbildlicht das christliche Symbol des Kreuzes, bei dem sich vertikale Achse (Spiritualität) und horizontale Achse (Materie) kreuzen und so von der Ganzheit des Menschen künden. In allen Kulturen wird der Bereich des Geistigen durch eine zentrale Achse versinnbildlicht, die oft als Lebensbaum, Pyramide oder Leiter dargestellt wird. Die zentrale Achse ist stets vertikal und spielt immer auf das Spirituelle an.

Vertikalität hat zu allen Zeiten den Ausbruch aus den Schranken bedeutet, die uns hemmen oder unsere Entwicklung hin zu Freiheit, Befreiung und Transzendenz behindern (Eliade 1961, S. 162f., 170). Vertikalität erlaubt die Kommunikation zwischen den verschiedenen Ebenen des Seins. Sie ist stets verbunden mit Aufstieg (und daher automatisch auch mit Abstieg) und Flug. Flug bedeutet hier die Bewegung hinein in räumliche Dimensionen oder die Wanderung(en) im Wachtraum. Durch solche Wanderungen werden wir unserer *Dortheit* gewahr, dessen, was die Grenzen transzendiert, die uns durch die Bindung an jene physische Dimension der Existenz gezogen sind, welche man der Einfachheit halber unsere *Hierheit* nennen könnte.

In der Hierheit haben Quantität und »Dinge« die überwältigende Priorität. Da »Dinge« ihrem Wesen nach statisch sind und festgelegte Grenzen haben, geht uns das Erlebnis des Fließens, der Veränderung und Bewegung verloren, welches die qualitative Seite des Lebens ausmacht. Wir erkennen nicht, daß das, was in der imaginalen Existenz realisiert wird, unser materielles Leben zu ändern vermag. Im allgemeinen ergreifen wir nicht die Gelegenheit, uns auf der vertikalen Achse zu bewegen, weil wir an unsere mechanisierte, materielle Existenz gewöhnt sind.

Die Bewegung auf der vertikalen Achse bedeutet entweder Aufstieg oder Abstieg. Beide Bewegungen haben ihr eigenes evokatorisches Potential. Der Aufstieg hilft einem Menschen für gewöhnlich, aus einer ihn blockierenden Situation auszubrechen. Er ermöglicht ihm, eine Situation zu verändern, einen Weg zu finden, um die gewohnheitsmäßigen Tendenzen zu überwinden, die ihn an eine beschränkte und begrenzte Existenz ketten.

In einem Wachtraum trat eine Frau (Fall Nr. 135) durch eine Tür, wobei sie einen Schlüssel in Gestalt eines Kreuzes benützte. Sie fand sich in einem ungeheuren Raum mit Marmorfußböden und Bogengewölben aus Glas, die sich gen Himmel erstreckten. Licht strömte herein, und sie hörte einen Kirchenchor singen. Sie konnte den Chor zwar nicht sehen, aber sie hörte aufmerksam zu. Während sie noch lauschte, fand sie sich selbst emporgehoben. Sie sagte: »Es ist, als ob mein Geist befreit worden sei.« Sie stieg an einem Lichtstrahl empor, der durch die gläserne Decke hereinfiel, und fühlte, daß sie eins wurde mit den Klängen, die sie vernahm.

Diese Frau begann zu erkennen, daß sie im Wachleben ihre eigenen Wahrnehmungen stets hinter den Meinungen anderer zurückstellte. Sie bemerkte auch, daß sie immer, wenn sie dies tat, ein Gefühl der Enge in der Brust- und Magengegend verspürte. Im Anschluß an ihre Imaginationsarbeit wurde sie selbstbewußter und vertrat nun ihre eigenen Ideen und Wahrnehmungen anstatt die Ideen und Wahrnehmungen anderer, wie sie es bisher getan hatte. Beispielsweise besuchte sie den Vortrag eines Fachmanns, für den sie bisher beträchtlichen Respekt empfunden hatte. Seine Aussagen über das Leben hatte sie immer unkritisch und zustimmend hingenommen. Bei diesem Vortrag stellte sie jedoch fest, daß sie dem, was er sagte, nicht zustimmen konnte, und hatte auch den Eindruck, daß seine Bemerkungen unklar seien, so daß sie nicht recht verstand, wovon er sprach. Ihr vorangegangener Ausflug in den symbolischen Bereich (Wachtraum) eröffnete ihr die Möglichkeit, mit dem Bereich der Zeichen besser zurechtzukommen.

Aufstieg ermöglicht Transzendenz, Abstieg, die eigenen Tiefen zu ergründen. Desoille wählte seine ursprünglichen Motive unter dem Gesichtspunkt aus, dem Patienten bei der Erforschung seiner Probleme im persönlichen und zwischenmenschlichen Bereich zu helfen. Zu vielen dieser Motive gehört auch der Abstieg. Bei der Exploration durch Imagination findet der Patient für gewöhnlich selbst diejenige Richtung, die unmittelbaren Bezug auf seine Probleme hat; oft muß er zunächst absteigen, bevor er vom Aufstieg profitieren kann. Sobald der Abstieg erfolgt ist, wird der Patient aufgefordert, wieder aufzusteigen und alles mitzubringen, was er entdeckt hat, bevor er die Reise beendet.

In der therapeutischen Arbeit herkömmlicher Art geht es in erster Linie um das ständige Kreisen des Patienten um sich selbst und um seine repetitiven Verhaltensmuster, die für gewöhnlich nicht schöpferisch sind. Dabei wird der Weg nach unten von den Patienten im allgemeinen als hilfreicher empfunden, weil Abstieg gleichbedeutend ist mit dem Vordringen zum Mittelpunkt des eigenen Selbst, das zunächst ergründet werden muß, bevor die Entwicklung zur Freiheit, die der Aufstieg anzeigt, möglich wird.

Ein Patient (Fall Nr. 42), von dem bereits die Rede war,

erstieg einen Berg, den er in einem Traum gesehen hatte. Je höher er kletterte, desto größer wurde seine Furcht. Je weiter er kam, desto spärlicher wurde das Laub an den Bäumen. Als die Umgebung »verschwand«, wurde seine Angst immer größer. Erst beim Abstieg minderte sich seine Furcht. Unterwegs begegnete er einem angsteinflößenden Geschöpf, das auf ihn zukam; doch er wich nicht von der Stelle, und dieses Geschöpf ging an ihm vorbei und erlaubte ihm, seinen Abstieg fortzusetzen.

Der Aufstieg erscheint mir als eine Art Aufforderung an den Menschen, die immaterielle Komponente seines Lebens, die er bisher vernachlässigt hat, ernstzunehmen. Der Aufstieg ist eine *Handlung* aus dem Bereich *der Dortheit.* Im Hier können wir körperlich aufsteigen, indem wir Treppen steigen, auf Berge klettern oder uns an Bord von Weltraumraketen begeben.

Der Aufstieg hat oft etwas Offenbarendes. In der Mythologie, in Sagen und anderen literarischen Formen wird diese Erfahrung häufig beschrieben. Ein Beispiel sind die Bücher der Propheten im alten Testament: Die Erscheinungen, die Moses, Jesaja oder Elias hatten, ereigneten sich auf Berggipfeln. Auch wir haben die Möglichkeit, die uns durch das quantitative Leben aufgezwungenen Grenzen zu transzendieren. *Doch wir steigen nicht auf, um dem Leben zu entfliehen, sondern um es zu bereichern.* Der Aufstieg zeigt uns, daß wir den Auftrag haben, das Abstrakte, Nichtmanifeste oder Göttliche auf Erden konkret zu machen und es zugleich aus dem gewöhnlichen Alltagserleben herauszufiltern.

Diese Erkenntnis macht es uns möglich, uns von übertriebener Selbstbezogenheit und übertriebenem Besitzdenken freizumachen. Wir sind abhängig von Äußerem, seien dies ein anderer Mensch oder ein Gegenstand wie etwa Geld, das unsere Existenz bestätigen soll. Die Ironie unserer Existenz liegt darin, daß das, worauf wir uns verlassen, in Wirklichkeit nicht verläßlich, sondern unvorhersehbar und unkontrollierbar ist, weil es außerhalb von uns ist. Wenn dann dieses außerhalb von uns Liegende, entgegen unseren Erwartungen und Bedürfnissen, ein Eigenleben entwickelt, leiden wir unter seiner Unerreichbarkeit oder, schlimmer noch, unter seinem Verlust.

Die Begegnung mit der vertikalen Achse verändert die Wahrnehmungen des Menschen in bezug auf sein Verhältnis zur Welt. Die Entdeckung neuer Erlebnisbereiche führt uns zu der Erkenntnis, daß die physische Existenz in der Welt der konkreten Realität nur ein Teil in einem größeren Ganzen ist, und mit dieser Erkenntnis kommt die Demut. Angesichts von Demut muß der Narzißmus zurückweichen.

Die durch die Begegnung mit der vertikalen Achse gewonnene Freiheit läßt uns die einengende Natur unserer narzißtischen Disposition erkennen und macht uns klar, daß das, woran wir uns so verzweifelt geklammert haben – Ruhm, Geld, Macht, andere Menschen –, die »Dinge« also, die wir glaubten besitzen zu müssen, um unsere Selbstachtung oder unser »Ich«-Gefühl zu stärken, in Wirklichkeit unnötig sind. Narzißmus bedeutet, daß das Kind im Menschen den Erwachsenen beherrscht. Der Aufstieg hilft uns, das Kind an seinen Platz zu verweisen.

Der Abstieg auf der vertikalen Achse führt zur Exploration des Mittelpunkts unserer Existenz. Jeder Mensch möchte seine Ursprünge kennen. Dieses Verlangen kommt auf vielfältige Art zum Ausdruck, ob als Anthropologie, Archäologie, Exploration oder, in der Psychologie, als Wunsch des Therapeuten, den Ursprung von Krankheit oder Konflikt zu kennen.

Der Mensch des Altertums strebte nach demselben Wissen wie der Mensch der Gegenwart: Auch er versuchte, den Mittelpunkt, das Wesen der Welt zu erfassen. In symbolischer Sprache wird dieser Mittelpunkt oft als der »Nabel der Welt« bezeichnet. Dieser »Nabel« ist eine vertikale Achse oder *axis mundi*, der Vereinigungspunkt von Himmel, Erde und Unterwelt, den drei kosmischen Zonen.

Mircea Eliade hat über die vertikale Achse folgendes geschrieben:

> Nun ist der Typ von »Wachträumen«, die Desoille am häufigsten seine Patienten sich vorstellen läßt, eben jener des Ersteigens einer Treppe oder eines Gebirges. Das heißt also,

man kann psychische Heilungen dadurch erreichen, daß die aktive Vorstellung bestimmte Symbole, deren Struktur selbst die Idee des »Überganges« und der »Seinswandlung« beinhaltet, lebendig vergegenwärtigt. Auf der Bezugsebene, auf der der Religionshistoriker mit ihnen zu tun hat, drücken diese Symbole zugleich durch den Menschen angenommene *Situationen* und die Wirklichkeiten, denen er gegenübersteht, aus, und diese sind immer sakrale Wirklichkeiten, denn auf archaischer Kulturstufe ist das *Heilige* das *Wirkliche* schlechthin. Man könnte also sagen, daß die einfache Vergegenwärtigung bestimmter religiöser Symbole (genauer: Symbole, die in zahllosen Religionen vielfältig bezeugt sind) durch aktive Vorstellung eine psychische Besserung bewirkt und schließlich zur Heilung führt. (. . .) Sehr zutreffend kennzeichnete Gaston Bachelard die Technik des Wachtraumes als eine Art »Bewegungsvorstellung«.
[Hervorhebungen vom Autor] (Eliade, 1961, S. 169 f.)

Diese für die Imaginationsarbeit so charakteristische »Bewegung« bringt uns in Kontakt mit einem Erleben, das von der Logik nicht erfaßt wird. Die Bewegung der Vertikalität ist deren Gesetzen nicht unterworfen. Das Heilige oder die religiöse Erfahrung lassen sich somit mit den Methoden der Psychologie nicht erfassen, denn Psychologie befaßt sich mit dem, was rational, vom Intellekt bestimmt und der Analyse zugänglich ist.

Und hier hat die Imagination ihren Platz als Behandlungsmöglichkeit emotionaler Störungen. Es gibt unter den westlichen Therapien im Augenblick keinen einzigen therapeutischen Ansatz – freudianischer, jungianischer oder sonstiger Art –, der Materie und Geist in Harmonie miteinander bringt oder die Einheit von beiden anstrebt. Der Keim für einen solchen Ansatz ist in der psychoanalytischen Behandlung zu finden, und am weitgehendsten wird die Integration von Geist – Materie noch in der phänomenologisch-analytischen Methode des Schweizer Psychoanalytikers Medard Boss (1963, 1979) und in derjenigen des französischen Analytikers Hubert Benoit (1959, 1973) erreicht. Doch so sehr mir die Arbeit von Boss die Psychoanalyse an ihre weitesten, fruchtbarsten Grenzen zu treiben scheint: Auch seine Arbeit, wie die westliche Psychotherapie überhaupt, läßt noch immer den Beitrag außer acht, den die Imagination leistet und der als Gegengewicht zum Analytisch-Verbalen unabdingbar ist. Die Analytiker der Jungschen Schule bedienen sich zwar einer Form der Imaginationsarbeit, doch deuten sie die imaginalen Ereignisse unter mythologischen und archetypischen Gesichtspunkten und übersetzen sie damit schon wieder in einen analytischen, logischen Rahmen.

Ohne Deutung, aus sich selbst wirkend, erlaubt uns die Imagination, den Schleier des materiellen Lebens zu lüften und unsere wirkliche Aufgabe zu erfüllen – das Ziel jeder psychotherapeutischen Behandlung –: Freiheit und Befreiung zu erlangen. Die Imagination erscheint somit als zentrale Fähigkeit des Menschen; sie fungiert als lebenswichtige Brücke zwischen Sinnen und Intellekt, Seele und Körper, Geist und Materie.[6]

Da die traditionelle Psychologie beschlossen hat, die Erfahrungen der vertikalen Achse nicht zu berücksichtigen, ist sie auch unfähig, den spirituellen Impuls in das Korpus ihres Wissens hereinzunehmen. Bedauerlicherweise kompensiert sie diesen Mangel, indem sie die Echtheit religiöser und spiritueller Phänomene kategorisch bestreitet. Aber ein materialistisch fundiertes System kann auch gar keinen Zugang haben zu einem nichtmateriellen Ereignis (mag es auf einer gewissen Ebene auch seinen materiellen Niederschlag finden).

Es kommt oft vor, daß Patienten, die in eine ausgedehnte Imaginationsarbeit vertieft sind, spontan das religiöse oder spirituelle Potential in sich entdecken, auch wenn sie im Gespräch zuvor die Möglichkeit, daß dies eintreten könnte, energisch bestritten haben.[7]

Ein Patient (Fall Nr. 51), ein Mann Ende zwanzig, hatte keinerlei Bindungen an irgendeine religiöse Tradition mehr. Er stammte aus einer konfessionell gemischten, inzwischen aber atheistischen Familie. Seine Wachtraumtherapie dauerte ein Jahr. In dieser Zeit erlebte er einen Wachtraum, in dem er über die Wüste flog. Er landete und stellte fest, daß er sich auf dem

Sinai befand. Dort entdeckte er drei Männer, die auf ihn zukamen: einen sehr großen und zwei kleinere, bei denen es sich offenbar um Knaben handelte. Die mittlere Gestalt erwies sich als Moses, der der Führer des Patienten werden sollte. Er war sehr überrascht, daß eine so hervorragende religiöse Gestalt eine so bedeutsame Rolle in seinem Leben spielen sollte.

Bei einem späteren Gespräch über Moses sagte er, daß er Kontakt mit seiner Religion, dem Judentum, bekommen habe, besonders aber eine Verbindung zu Gott. Vor Abschluß seiner Therapie unternahm er in seinen Wachträumen noch mehrere Reisen mit Moses, der ihm half, die Fähigkeit zur Selbstlosigkeit und der Hinwendung zu anderen in sich zu entdecken (was eine häufige Erfahrung bei der Bewegung auf der vertikalen Ebene ist). Dieses Herausgehen aus sich selbst und die Anerkennung der Bedeutung des anderen sind integraler Bestandteil des religiösen und spirituellen Erlebens.

Auf jeder Ebene der Kultur, ungeachtet unterschiedlicher historischer Kontexte, kommt in der Symbolik des Aufstiegs die Überwindung der conditio humana in all ihrer Begrenztheit zum Ausdruck. Die vertikale Ebene ermöglicht Freiheit der Bewegung zwischen verschiedenen Modi der Existenz. Wie Eliade verschiedentlich (1958, 1961) ausführt, ist es nur möglich, aufgrund dieser Freiheit eine Situation zu verändern und damit ein konditionierendes System abzuschaffen oder, anders gesagt, eine Gewohnheit zu ändern. Man könnte von einer Regeneration sprechen: Die profane, scheinhafte Existenz von gestern weicht einer neuen Existenz, einem Leben, das wirklich, dauerhaft und bedeutsam ist (Eliade, 1953).

Im Erlebnis des Aufstiegs wird die Zeit überwunden, und der Aufsteigende wird in die *Gegenwart des Gegenwärtigen* katapultiert, in jenen ewigen Augenblick, in dem er an der Schöpfung teilhat. Hier, in der *Gegenwart des Gegenwärtigen*, sind Geschichte, Möglichkeiten und Sinn des menschlichen Lebens zusammengefaßt. Man kann nicht ewig in diesem Augenblick verweilen, ebensowenig, wie man für alle Zeiten im Mutterleib bleiben kann; man wird hinausgeschleudert in die Welt der Zeit und des Raumes, wo man das, was man erkannt hat, in die Tat umsetzen muß, und zwar durch den Willen. Der Wille führt zur Tat, durch die in der konkreten Welt Veränderung bewirkt wird.

Der Wachtraumprozeß führt zu einem neuen Gebrauch unserer Sinne, nämlich zur Exploration des Imaginativen; er bewirkt eine Veränderung in unserer axialen Beziehung zur Welt, vom Horizontalen zum Vertikalen. Wir bewegen uns in diesem Prozeß über die historische Zeit und den meßbaren Raum hinaus. Wachtraumexploration macht diese Bewegung möglich, so daß der Reisende die Räumlichkeit zu durchdringen vermag, die ansonsten als (Vorstellungs-)Bild erfaßt und zum Symbol verdichtet wird.

7 Die therapeutische Beziehung

Wie sieht die therapeutische Beziehung in der Wachtraumtherapie aus? Unterscheidet sie sich von der traditionellen Beziehung in der Gesprächstherapie?

In phänomenlogischen Ansätzen erfüllt der Therapeut zwei Rollen: er kann als Führer und als Berater des Entdeckers fungieren. Der Führer leitet den Entdecker durch die Welt der imaginalen Realität; der Berater unterstützt den Patienten bei dem Versuch, seinen Willen durch Erfahrungen in der konkreten Realität des alltäglichen Lebens zu erproben. Dem Entdekker war es bisher nicht möglich, jene unumgänglichen Pflichten auszuführen, die uns allen auferlegt sind. Er fürchtet sich, er wagt sich vorwärts; er zögert und ist irgendwie unsicher; er wendet sich an den Berater, um von ihm Unterstützung, Bestätigung und Zuwendung zu erfahren, so daß er weitermachen kann. Der Berater gibt dem Entdecker nicht nur Zuwendung, sondern hilft ihm auch zu erkennen, welche Potentiale der Verwirklichung ihm zugänglich und welche ihm verschlossen sind, so daß er seine Energien sinnvoll einsetzen kann. Der Berater ermutigt ihn, verschiedene Möglichkeiten zu verwirklichen, wobei er weiß, daß das, was »sich verwirklichen läßt«, gleichbedeutend ist mit Potential.

Indem er den Entdecker ermutigt und ihm hilft, Potentiale zu finden, vermittelt der Berater ausdrücklich das Gefühl, daß es *Hoffnung* gibt. Diese Hoffnung bedeutet konkret, daß es die Möglichkeit zu einer freieren Existenz gibt und daß wir nicht Sklaven unseres repetitiven Verhaltens sein müssen. *Doch muß das Individuum dies selbst herausfinden.* Der Berater kann darauf hinweisen, daß Potentiale existieren, und er kann darauf hinwirken, daß sie ausgelebt werden, aber er muß sich soweit wie möglich der Aufforderung enthalten, daß diese Potentiale verwirklicht werden *müssen*, und er darf den Suchenden nicht vorzeitig drängen – der Suchende wird die Potentiale nutzen, sobald er dazu bereit ist. Doch muß der Suchende wissen, daß das Potential, sobald es entdeckt ist, realisiert, das heißt in konkretes Handeln umgesetzt werden muß.

Der Führer/Berater weist darauf hin, daß Realität nicht das ist, was sie zu sein scheint, und daß die Welt der Dinge nicht die einzige Realität menschlicher Existenz bildet. Er gibt dem Entdecker ferner zu bedenken, daß die Wirklichkeit durch Erleben oder Handeln erfaßt wird und dies ohne zuvor gefaßte Vorurteile darüber, was möglich und was nicht möglich ist. Unter keinen Umständen reißt der Führer/Berater das Erleben des Entdekkers an sich. Der Entdecker behält stets freie Hand, selber das zu finden, was er finden muß, um sich zu verwirklichen. Der Entdecker mag den Führer/Berater um Hilfe bitten, wenn er auf ein Hindernis trifft, oder um Antwort auf eine Frage ersuchen. *Von Anfang an* hat der Führer/Berater dem Entdecker erlaubt, alle vorgefaßten Meinungen über das, was wirklich und was unwirklich ist, fallenzulassen. Darüber hinaus hat der Führer/Berater einen Freiraum geschaffen, in dem der Entdecker sich nach vorne wagen kann, um festzustellen, was für ihn Realität bedeutet. Der Entdecker ist nicht darauf beschränkt, nur im *Hier* seiner Existenz zu forschen, sondern kann auch das *Dort* erkunden.

Die Beziehung zwischen Therapeut und Patient in der Psychologie des *Hier* beschränkt sich darauf, diejenigen Probleme dingfest zu machen, die im meßbaren Raum und in der meßbaren Zeit angesiedelt sind. In einem gewissen Sinne *sind* Probleme in dieser Weise begrenzt: Man muß von fehlangepaßtem Verhalten in der konkreten Welt befreit werden. Aber dies ist erst der Anfang, die Vorbereitung auf das, was *notwendig* der nächste Schritt sein muß – die Reise zum *Dort*, das Eindringen in das Noëtische durch den Wachtraum. Nicht nur die Patienten sollten diese Arbeit als Vorbereitung auf die schwierigere Aufgabe betrachten, *die Ganzheit ihrer Existenz* zu finden. Auch diejenigen, die sich Therapeuten nennen, sollten dies wissen und genauso forschen wie diejenigen, die sie zu behandeln versuchen. Eine wohldurchdachte Therapie sollte die konkrete *und* die imaginale Realität einschließen.

Ohne eine Einschätzung der Beziehung zwischen Führer und Entdecker, die *zu umfassender, heilsamer therapeutischer Arbeit führen* muß, wird man nicht dazu beitragen, irgendeine signifikante Veränderung in der Existenz eines Individuums herbeizuführen. Psychologen, welche die Realität auf das *Hier* beschränken und damit annehmen, daß das konkrete Leben alle Fragen unserer Existenz beantworten kann, geben sich einem »magischen« Denken hin. Sie glauben an eine nicht beobachtbare Ursache, die unzweifelhaft zu einer beobachtbaren Wirkung führt. Ich gebe ein geläufiges Beispiel: »Ich weine, *weil* du mich angeschrien hast«: Dieser Satz wird allgemein als »Wahrheit« akzeptiert. Doch die einzigen Tatsachen dabei sind der Akt des Weinens und der des Schreiens. Das Vorhandensein der rekonstruierten Ursache kann nur vermutet werden. Das Weinen ist nur eine von unzähligen Reaktionen auf das, was einem begegnet. Meine Reaktion ist unter allen Umständen *meine Reaktion* und *nicht bedingt* durch das oder *abhängig* von dem, was mir begegnet und was man die »Ursache« dieser Reaktion nennen könnte. Wenn ich darauf bestehe, daß dein Mich-Anschreien die Ursache meines Weinens ist, gebe ich die Freiheit auf, autonom zu leben, und bestreite ich meine Verantwortung für meine Reaktionen. Das Anschreien ist kein inhärenter Wesensbestandteil des Weinens und gehört nicht zwangsläufig zum Weinen dazu. Entsprechend ihrer Gewohnheit, in Abhängigkeiten und Bedingtheiten zu denken, sucht die konventionelle Therapie Erklärungen für gewöhnliches Weinen in der Vergangenheit. Die Annahme ist folgende: Sobald die kausale Beziehung zwischen emotionalen Reaktionen geklärt ist, werden deren Auswirkungen unter diesen oder ähnlichen Umständen nicht mehr wiederkehren. Um zu »erklären«, findet der Therapeut Gründe für alle Schritte, die angeblich zwischen dem Anschreien und dem Weinen aufgetreten sind, weil er davon ausgeht, daß das eine das andere verursacht hat. Er bringt vielleicht das Weinen des Erwachsenen in Zusammenhang damit, daß das Kind von seinen

Eltern wiederholt angeschrien worden ist, obwohl das Schreien der Eltern eine Sache der Vergangenheit ist. Aber wichtig ist nicht, warum du weinst, sondern *daß* du weinst, anstatt dich für irgendeine andere mögliche Handlungsweise zu entscheiden. Schuldgefühle werden hervorgerufen, wenn derjenige, der schreit, zu hören bekommt, daß er mit seinem Schreien den anderen zum Weinen *gebracht* hat. Damit erreicht man, daß er sich sowohl wegen seines eigenen Verhaltens als auch wegen des Weinens des anderen schuldig fühlt. Doch ist fraglich, inwieweit man für die Handlung eines anderen wirklich verantwortlich ist. Wenn ich für dein Verhalten verantwortlich bin, dann bin ich ebenso hilflos an dich gefesselt, wie du an mich gefesselt bist. Wir sind beide nicht frei, obgleich ich den leisen Verdacht habe, daß wir, wenn wir selbst die angemessene Verantwortung für unser Handeln übernähmen, das heißt also, wenn wir aufhörten, uns gegenseitig die Schuld zuzuschieben und Bedingtheiten zu sehen, wo keine sind, einsehen würden, daß wir *von Anfang an frei sind.*

Wir können also dahin gelangen, unsere Existenz so vollständig wie möglich zu erfüllen, indem wir den paradoxen Sprung tun aus einer magischen Welt, die vom linearen Denken bewohnt und erbaut ist, in eine andere magische Welt, nämlich die Welt des nichtlinearen, nichtrationalen imaginalen Denkens. Wir bewegen uns aus der gewohnten magischen Welt des linearen Denkens in die freie magische Welt der Imagination und kehren in erstere zurück, um dann ein nach Möglichkeit weniger von gewohnheitsmäßiger Rationalität bestimmtes Leben zu führen. Das heißt, wir versuchen zu leben, indem wir handeln, nicht, indem wir rationales Denken an die Stelle von Leben setzen. Rationales Denken ermöglicht uns Vorbereitung auf das Leben, doch in unserer psychologisierenden Kultur ist es fast gleichbedeutend geworden mit Leben selbst.

Die Beziehung des Therapeuten zum Patienten ist bestimmt durch die *Haltung offener Akzeptanz*, wobei alles, was einem in dieser Welt, in einem selbst und im anderen begegnet, als echt und glaubwürdig angenommen wird. In einer solchen Umgebung kann der Patient auch lernen, sich selbst zu akzeptieren, was wesentlich ist, wenn er sich ändern will. Nach meiner Erfahrung ist es die therapeutische Haltung der offenen Akzeptanz, die zur Heilung führt, während therapeutische Beziehungen ohne diese Akzeptanz keine signifikante Veränderung im Existenzmuster eines Individuums bewirken.

Der Phänomenologe sieht die Begegnung dieser zwei Partner als etwas an, das kein Vorbild hat. In der phänomenologisch orientierten Therapie ist der Therapeut derjenige, der er immer schon ist, und soll nicht für irgend jemand anderen im Leben des Patienten gehalten werden. Entsprechend ist der Patient eine einzigartige Person, die der Therapeut nicht für irgend jemand anderen in seinem Leben halten soll. Den Patienten so weit zu bringen, daß er an dieser unterscheidenden Wahrnehmung festhält, wird zu einem zentralen Punkt des therapeutischen Bemühens.

Um ein Beispiel zu geben, wollen wir den geläufigen Begriff der »Übertragung« betrachten. Vom phänomenologischen Standpunkt aus ist »Übertragung« eine Verzerrung der Wahrnehmung, die den Menschen veranlaßt, gewohnheitsmäßig Gegenwart und Vergangenheit als identisch wahrzunehmen und auf sie so zu reagieren, als seien sie wirklich identisch. Für den Phänomenologen ist nicht wichtig, daß diese wahrnehmungsmäßige Verzerrung mit einem bestimmten Menschen zu tun hat, sondern nur die *Tatsache*, daß sie überhaupt auftritt.

Das Arbeitsprinzip der Wachtraumtherapie und aller phänomenologischer Techniken heißt, »ja« zu sagen zum menschlichen Erleben und jede individuelle Weise des In-der-Welt-Seins anzunehmen. (»Annehmen« ist nicht zu verwechseln mit »billigen«. Annehmen heißt, daß Verhalten, Gefühle oder Denken als echt akzeptiert werden, während Billigen einen Freibrief für Taten bedeutet, die die Freiheit eines anderen, in der Welt zu existieren, beschneiden können, was ein Unterschied ist.) Dieses spontane Annehmen der Echtheit des anderen läuft der Tendenz der gegenwärtigen Psychologie und Psychiatrie zuwider, Verhalten, Fühlen und Denken des Patienten automatisch als pathologisch beziehungsweise normal einzustufen. Diese Wahrnehmungsweise ist gekennzeichnet durch ein verurteilendes und im wesentlichen ablehnendes Verhältnis zu dem, was uns in der Welt begegnet. Indem der Therapeut jedoch das Phänomen akzeptiert, wie es ist, unterscheidet er sich von jedem anderen Menschen, dem der Patient in seinem Leben bisher begegnet ist.

Das Problem ist dann, zu versuchen, die gewohnheitsmäßige Wahrnehmungsverzerrung zu korrigieren. Ich bin nun der Ansicht, daß es auch bei noch so großer Aufmerksamkeit für den Denkinhalt nicht gelingen kann, die gewohnte Tendenz zu korrigieren. Wenn überhaupt, hat dieses Vorgehen lediglich den Erfolg, den Verzerrungsprozeß zu verstärken, indem der Eindruck erweckt wird, daß die Denkinhalte einen genauen Maßstab für die Genesung liefern können. Der Inhalt der Phantasien ist nicht wichtig; wichtig ist die *Tatsache, daß* Phantasien ausgebildet werden. Der Phänomenologe ist nicht daran interessiert, die Assoziationen oder Impulse des Patienten in bezug auf den Therapeuten oder auf die Art, wie der Therapeut die Verzerrung provoziert haben könnte, aktiv »aufzudröseln«; er interessiert sich dafür, wie der Patient auf eine Begegnung *reagiert,* indem er versucht, von verschiedenen Seiten Erklärungen und Interpretationen für diese Reaktion zu finden.

In einem Aufsatz mit dem Titel »Love and the Psychotherapeutic Eros« (1962) trifft C. Seguin eine wichtige Aussage über die Natur der therapeutischen Beziehung. Er beschreibt zunächst, wie sie *nicht* aussehen sollte, indem er die fünf wichtigsten, im Alltagsleben vorkommenden Beziehungen aufzählt, von denen *keine* als Grundlage der therapeutischen Beziehung dienen sollte. Diese Beziehungen sind: Eltern/Kind; Liebender/Liebende; Freund/Freund; Lehrer/Schüler; Pfarrer/Gemeinde. Alle diese Beziehungen bauen auf *gegenseitigen Bedürfnissen* und auf der Wahl des Partners in den besonderen Status auf, der in der Beziehung zum Ausdruck kommt. Es sind alles gewisse Arten von Liebesbeziehungen. Die Liebe ist zwar der elementare Boden, aus dem alle Heilung erwächst, doch kann keine der obengenannten Beziehungen die Genesung fördern, weil sie alle darauf basieren, den anderen zu einem Objekt zu machen, das die Bedürfnisse des Subjekts erfüllen kann. In dem Maße, in dem eine therapeutische Beziehung von einem der die fünf Grundbeziehungen bestimmenden Faktoren gefärbt ist, reduziert sich die Möglichkeit einer erfolgreichen Heilung. Seguin führt aus (1962):

> Ein weiteres Merkmal des psychotherapeutischen Eros ist, daß er nicht zerstört werden kann. Jede der anderen Formen von Liebe kann von einem Partner ohne weiteres zunichte gemacht werden. Untreue wird die Beziehung zwischen Liebenden zerstören; Unglaube wird das Band zwischen dem Pfarrer und dem Gläubigen zerreißen; Auflehnung wird Vater und Sohn einander entfremden; der Verlust von Gemeinsamkeiten wird Freunde auseinanderbringen; das Selbständigwerden wird Lehrer und Schüler trennen; Aggressivität wird jede Form der normalen Liebe töten; aber nichts vermag den psychotherapeutischen Eros zu schrecken. Der Patient mag alle möglichen negativen Gefühle zeigen: sie werden die Liebe des Therapeuten nicht beeinträchtigen. Sie können diese Liebe sogar steigern, da sie für gewöhnlich ein Beweis dafür sind, wie sehr der Patient dieser Liebe bedarf. Es gibt jedoch eine Möglichkeit, wie der psychotherapeutische Eros als solcher zum Verschwinden gebracht werden kann: indem er sich in eine der anderen Formen der Liebe verwandelt. (S. 189)

Ich möchte dem noch hinzufügen, daß ein guter Psychotherapeut nichts vom Patienten braucht. Ein Therapeut, der irgendeiner anderen Art der Liebe bedarf, neigt dazu, den Patienten zur Ausfüllung seines eigenen emotionalen Vakuums zu mißbrauchen, und verliert damit seinen Mittelpunkt; er disqualifiziert sich selbst als echter Psychotherapeut.

Was nun aber ist eine erfolgreiche therapeutische Beziehung? Die Antwort ist nicht einfach; grundsätzlich verlangt sie, wie Seguin zu erkennen gibt, viel mehr Selbstlosigkeit auf seiten des Therapeuten, als heute bei den meisten psychotherapeutischen Bemühungen für notwendig gehalten wird.

Die therapeutische Zunft macht sich große Sorgen darüber, daß es nicht gelingen will, das seelische Leiden in der Welt signifikant zu lindern. Neben anderen hat auch Medard Boss zu bedenken gegeben, daß die Anwendung einer auf logischen Prinzipien basierenden Therapie zur Behandlung seelischen Leidens das Problem in Wirklichkeit verschärft. Nicht nur ist lineare Logik ein unangemessenes Werkzeug, um sich mit dem ganzen Erleben des Menschen zu befassen; darüber hinaus fördert die organisierte Psychologie, die sich weigert, irgend etwas Nichtrationales als echt anzuerkennen, damit ebendie Krankheit, die sie zu heilen sucht, indem sie den Patienten von den anderen Erfahrungen abschneidet, welche seine Welt auch ausmachen. Der Patient fühlt sich gezwungen, sich der Idee zu beugen, daß lineare Logik die einzige Realität ist, und muß sich daher selbst ablehnen. Dieses Mißverständnis seitens der organisierten Psychologie hat zu kalter, unpersönlicher Therapie und zur Heranzüchtung von »Gesundheitsingenieuren« (Boss, 1963, 1979) geführt, die darauf abgerichtet sind, den Prozeß der »Entmenschlichung« noch effizienter zu gestalten.

Spricht man von echter Heilung, muß man sich mit Bedürfnissen und ihrem Einfluß auf den therapeutischen Fortgang auseinandersetzen. Welches sind die beiderseitigen Bedürfnisse von Therapeut und Patient, und welches sind die Konsequenzen für beide Partner? Schon die Bezeichnungen *Therapeut* und *Patient* sind verräterisch. Sie stellen von vornherein eine Hierarchie zwischen den Partnern her, die ja beide erfüllt sind von Bildern der Macht, der Abhängigkeit und von Bedürfnissen – mögen wir uns auch noch so sehr bewußt sein, daß Worte unzureichend sind, die durch sie bezeichnete Komplexität vollständig zu erfassen (Fabrega, 1976).[1] Diese Etiketten entspringen dem Wunsch des Therapeuten, Fachmann zu sein, und dem des Patienten, Hilfe zu erhalten.

Wenn ein Mensch unter seelischen Leidensdruck gerät und feststellt, daß er allein nicht damit fertig wird, geht er zu einem

Therapeuten, um sich helfen zu lassen. Die soziale Konditionierung hat ihm beigebracht, daß ein geschulter Fachmann seine Probleme für ihn lösen wird. Der geschulte Fachmann ist seinerseits darauf konditioniert worden, den Patienten als jemanden zu sehen, für den etwas getan werden muß. Aufgrund der herrschenden Überzeugung, daß das lineare Denken das einzige Kriterium sei, die Realität zu beurteilen, glaubt der Patient, er verhalte sich unangemessen, während der Therapeut über ein ganzes Arsenal von Kategorien (»Pathologie«, »Schizophrenie«, »Neurose«) und Beziehungsmuster (»Übertragung«, »Anonymität des Therapeuten«) verfügt, die er auf den Patienten anwendet, um ihn in seiner Meinung über sich selbst zu bestärken.

Die Folge ist, daß zwischen den beiden ein Abstand erzeugt wird: Der eine ist der Beobachter, der andere der Beobachtete, und dadurch entsteht eine unüberbrückbare Kluft. Therapeut und Patient scheinen unterschiedlichen Arten von Lebewesen anzugehören, nicht bloß auf unterschiedlichen Entwicklungsebenen zu stehen. Der angehende Musiker geht zum Klavierlehrer und erwartet von ihm Hilfe bei seiner Ausbildung. Er weiß, daß er nur durch eigenen Fleiß zum besseren Pianisten wird und nicht durch das, was der Lehrer für ihn tun wird. Der Lehrer zeigt ihm vielleicht einen neuen Fingersatz oder schlägt ihm eine andere Klangfärbung vor, aber er sieht in seinem Schüler keine andere Art von Mensch, sondern nur einen Menschen auf einer anderen Entwicklungsstufe. Der Patient hingegen geht oft zum Therapeuten, ohne sich klarzumachen, daß das Wachstum aus seinen eigenen Ressourcen kommen wird; er erwartet, daß etwas mit ihm und für ihn getan wird. Und der Therapeut mit den Diplomen an der Wand und der psychologischen Nomenklatur im Kopf wirkt an dieser falschen Vorstellung mit, indem er den Patienten in seinem Glauben beläßt.

Das ist die Einstellung, die von den Bezeichnungen »Therapeut« und »Patient« vermittelt wird. Der Therapeut fühlt sich durch dieses Etikett beruhigt und ist sich sicher, daß er anders ist als der Patient, während dieser wiederum sich durch sein

Etikett in dem Selbstverständnis bestätigt fühlt, ein schwaches, unzureichendes, hilfloses Opfer zu sein.

Da nun das stillschweigende Einverständnis besteht, daß Therapeut und Patient unterschiedliche Arten von Menschen sind, fühlt sich der Patient, der Hilfe braucht, dem Therapeuten unterlegen. Er will nicht ganz er selbst werden, sondern er will so werden wie der Therapeut. Der Therapeut seinerseits fühlt sich überlegen und erkennt nicht, daß in Wirklichkeit seine eigenen Bedürfnisse und sein eigenes Verhalten das Verhalten des Patienten beeinflussen. Der Therapeut ist Therapeut geworden, weil er sich als Fachmann fühlen muß, weil er sich als Helfer fühlen und das Gefühl haben muß, Leiden lindern zu können. Und der Patient reagiert oft auf diese Bedürfnisse des Therapeuten, indem er versucht, ihnen dadurch entgegenzukommen, daß er selbst abhängig und hilflos bleibt.

Beide Beteiligten sind zu Objekten von Bedürfnissen geworden und haben in der Sicht des jeweils anderen die Funktion, dieses Bedürfnis zu erfüllen. Jeder hat für den anderen nur dann Bedeutung, wenn er dessen Bedürfnis erfüllt. Wenn es zu einer wirklichen Heilung kommen soll, muß der Therapeut sich vor dieser Einstellung hüten.

In Wirklichkeit gibt es so etwas wie Übertragung oder Gegenübertragung nicht. Jeder Mensch bringt seine eigene Tendenz mit, sich Bilder zu machen, seine eigenen moralischen und ethischen Wertvorstellungen, seine eigene besondere Konditionierung. Es kommt darauf an, daß die Verzerrung der Wahrnehmung und die Gewohnheit, sich Bilder zu machen, von beiden Beteiligten konsequent und gewissenhaft erkannt werden. Diese dauernde Anstrengung ist notwendig, damit die beiderseitigen Bedürfnisse der Partner die echte Gemeinsamkeit in der therapeutischen Bemühung nicht beeinträchtigen.

Die meisten Patienten haben in ihrem Leben mit Menschen zu tun, die den spontanen Kontakt zu ihren Emotionen hemmen. Es werden ihnen Gefühle der Angst eingeflößt, wenn ihr Versuch, sich auf das eigene Erleben zu konzentrieren, auf eine kritische Reaktion stößt. Wenn der Therapeut jedoch den Patienten so zu akzeptieren vermag, wie er ist, als echt und wirklich, wird er auch fähig sein, den Patienten in Situationen der Angst zu unterstützen. Der Patient wiederum wird den Therapeuten als jemanden akzeptieren, der anders ist als alle, die ihm bisher begegnet sind, und er wird dem Therapeuten nicht mit seinen gewohnten Verzerrungen begegnen. Wenn die Einstellung des Therapeuten jedoch diejenige der signifikanten Menschen im Leben des Patienten widerspiegelt und somit die soziale Konditionierung verstärkt, ist aus der therapeutischen Erfahrung nichts zu gewinnen. Der Therapeut wird dann zu einem Objekt, das Bedürfnisse befriedigen soll und dem man mit den alten Wahrnehmungsgewohnheiten begegnet. Bei dieser verzerrenden Wahrnehmung hält der Patient den Therapeuten zwar niemals irrtümlich für irgendeinen anderen Menschen; er sieht jedoch im Therapeuten das Bild eines Menschen, der seine Bedürfnisse erfüllen oder nicht erfüllen wird, eines Menschen, der Ähnlichkeit mit einem wichtigen Menschen in seinem Leben hat. Jemand möchte etwas haben, sei es abstrakt oder konkret: Liebe oder ein Mittagessen. Er geht zu einem anderen, der diesen Wunsch erfüllen soll, und der andere reagiert auf seine eigene Weise. Bis zu diesem Punkt ist das Handeln frei und bewußt gewählt. Die Frage »unbewußter« Kräfte stellt sich nicht. Ein sogenannter Determinismus ist hier nicht im Spiel.

Das Individuum, das reagiert, tut dies mit *seiner* frei gewählten Handlung. Je nachdem, wie diese Reaktion ausfällt, ob also die zweite Person das Bedürfnis der ersten Person erfüllt oder nicht (in klinischen Situationen sehen wir meistens die zweite Person als Quelle der Frustration), geht die erste Person einen Schritt weiter. Sie versucht, die Reaktion auf ihr Handeln nach ihren Wünschen zu gestalten. Sie re-agiert, indem sie versucht, die Antwort des anderen zu manipulieren und zu kontrollieren, damit sie dem eigenen Bedürfnis gerecht werde. Dieser Schritt bringt viel Elend und Leid über die Menschen.

Eine Frau möchte die Aufmerksamkeit eines Mannes erregen. Sie ist ihm gegenüber offen und liebevoll, aber er ignoriert sie und schaltet das Fernsehgerät ein. Da der Mann ihr Bedürfnis nicht erfüllt hat, verlegt sie ihre Bemühungen darauf, ihn »dazu zu kriegen«, daß er ihr Aufmerksamkeit schenkt. Er reagiert noch immer nicht. Sie wird immer frustrierter und ärgert sich immer mehr. Sehr wahrscheinlich wird es zu einem Streit kommen. Sie ist von seiner Reaktion abhängig, damit ihr Bedürfnis erfüllt wird. Wenn er nicht entsprechend reagiert, versucht sie, seine Reaktion nach ihren Bedürfnissen zu manipulieren oder zu kontrollieren, aber in Wirklichkeit wird sie selbst kontrolliert und manipuliert. Warum? Weil seine Reaktion oder das Ausbleiben einer Reaktion ihren nächsten Schritt, ihr Denken oder Fühlen diktiert, so daß sie unfrei ist, das heißt, von ihm kontrolliert wird. Jeder von uns könnte Dutzende ähnlicher Beispiele anführen. Dieser Versuch, die Reaktion des anderen zu manipulieren, damit das eigene Bedürfnis befriedigt werde, ist einer der Hauptgründe für die Entstehung emotionaler Probleme. Eine solche Reaktion dehnt das Ereignis in der Zeit aus und macht aus einer Gefühlsregung (einer Sache des Augenblicks) einen Gefühlszustand (eine Sache der Dauer); es wird zu einer Entität (einem Zustand), prägt sich dem Gedächtnis ein und tendiert dazu, schmerzliche Erlebnisse heraufzubeschwören.

Gewohnheitsmäßiges Reagieren ist reflexartig, nicht frei gewählt, und man hat sich angewöhnt, es als »unbewußt« zu bezeichnen. Man reagiert, weil die Reaktion auf das eigene Handeln das Bedürfnis befriedigt oder nicht befriedigt hat. Welche Reaktion erfolgt, ist im Grunde gleichgültig, aber man leidet mehr, wenn das Bedürfnis nicht befriedigt wird. Und die wütenden Versuche, die gemacht werden, um die Reaktion im erwünschten Sinne zu manipulieren, sind fast immer erfolglos. Erst an dieser Stelle, wo versucht wird, die Reaktion des anderen zu manipulieren, setzen die meisten klinischen Theorien und Beschreibungen in der Psychologie an (Abb. 7, S. 206).

Jede Beschreibung und Erklärung klinischer Phänomene ist jedoch sekundär gegenüber dem fundamentalen Problem, dem Patienten begreiflich zu machen, daß er nur für seine eigenen Handlungen verantwortlich ist und nur bei seinen eigenen

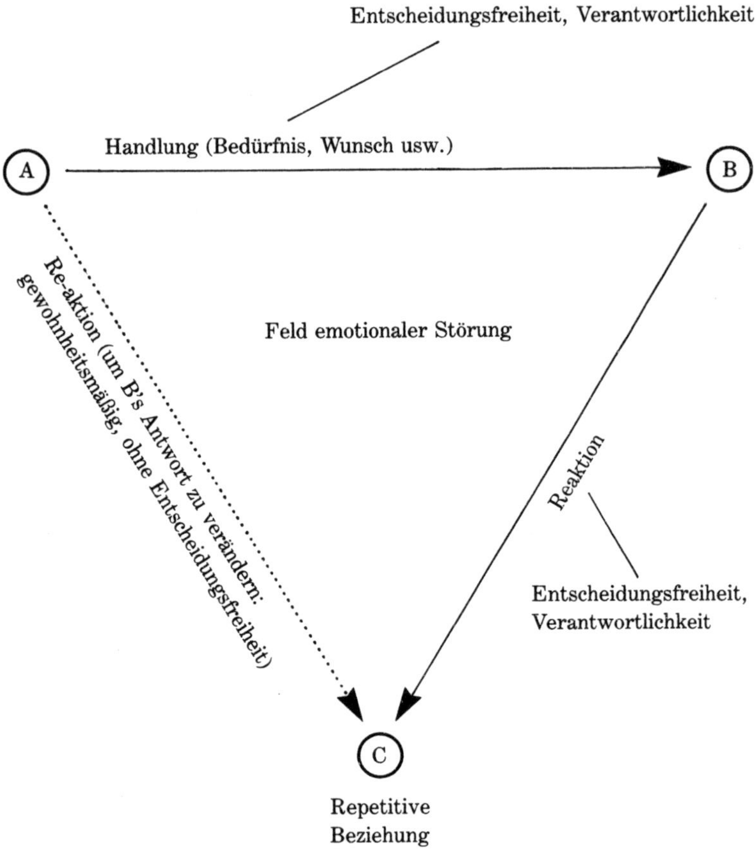

Abb. 7: Gewohnheitsmäßiges Reagieren. A handelt, indem er ein Bedürfnis oder einen Wunsch gegenüber B äußert. B reagiert. Bis hierher hat A Entscheidungsfreiheit und Verantwortlichkeit bei seinem Tun. Auch B hat bei seiner Reaktion Entscheidungsfreiheit und Verantwortlichkeit. Wenn B's Reaktion das Bedürfnis beziehungsweise den Wunsch von A erfüllt oder nicht erfüllt und A's unmittelbar folgendes Denken, Fühlen oder Verhalten durch das gesteuert wird, was B in bezug auf jenen Wunsch tut oder nicht tut, dann ist der Weg geebnet für ein Feld emotionaler Störung. Dieses Feld wird dann von A's Versuch beherrscht, die Reaktion von B zu verändern (falls A's Wunsch nicht erfüllt worden ist). A ist an dieser Stelle völlig unfrei und wird von seiner Abhängigkeit von der Reaktion B's beherrscht. Er wird von B's Reaktion kontrolliert. Die Folge ist, daß A die Grenzen seiner Verantwortlichkeit und Entscheidungsfreiheit – welche sich einzig und allein auf sein eigenes Handeln beziehen – überschreitet und die Verantwortung für B's Antwort reklamiert, indem er versucht, B's Reaktion zu kontrollieren. In diesem Fall *re*agiert A, das heißt, er agiert noch einmal. Eine solche Re-aktion ist stets gewohnheitsmäßig, verrät keine freie Entscheidung und ist stets zum Scheitern verurteilt.

Handlungen wählen kann. Der Versuch, die Handlungsfreiheit eines anderen zu kontrollieren oder zu beschneiden, ist zum Scheitern verurteilt (unter anderem wegen der unberechenbaren Variablen im Verhalten des anderen), und verstößt gegen die natürlichen Gesetze menschlichen Verhaltens.

Freud gründete sein klinisches Verständnis des psychischen Determinismus und des menschlichen Erlebens auf die Dichotomie von Rationalität und Irrationalität. Die eigentliche Natur von Rationalität und Irrationalität ist niemals geklärt worden. Nichtsdestoweniger hatte Freud die Hoffnung, daß seine Therapie einem »irrationalen«, determinierten Geschöpf helfen werde, ein »rationaleres«, frei agierendes, vom Willen bestimmtes Geschöpf zu werden. Er faßte dies in dem oft zitierten Satz zusammen: »Wo Es war, soll Ich werden.« In Wirklichkeit ist es jedoch so, daß wir *immer schon grundsätzlich* frei agierende Wesen sind und daß unsere Freiheit unserem Determiniertsein *vorangeht.* Unser repetitives, monotones Zwangsverhalten tritt erst auf, *nachdem* wir eine Handlung begonnen haben. In diesem Zusammenhang ist die Überlegung wichtig, daß das Leben eines Menschen durch seine Handlungen definiert wird. Als Menschen haben wir grenzenlose Möglichkeiten, denen wir uns häufig nach den Diktaten unserer Bedürfnisse nähern; diese Möglichkeiten können wir verwirklichen oder nicht, je nach dem Zusammenspiel unserer genetisch-biologischen Dispositionen und dem Einfluß von Umweltkräften.

Nun kommt es vor, daß es mehr Möglichkeiten der Verwirklichung gibt, als man in jedem gegebenen Augenblick realisieren kann, so daß man bei der Entscheidung für eine bestimmte Möglichkeit ein ganzes Bündel anderer Möglichkeiten unverwirklicht lassen muß. Wir leben daher stets in einem Zustand, in dem wir jederzeit Verantwortung nicht nur für das tragen, was wir verwirklichen, sondern auch für das, was wir nicht verwirklichen. Das heißt, unser Verhältnis zur Welt wird bestimmt durch Schuld oder *Schuldigwerden* an uns selbst für das, was wir nicht tun (Boss, 1957). Nachdem wir auf die Reaktion des anderen re-agiert haben, beginnen wir, an Gefühlen der

Schuld zu leiden – den Nachwirkungen unserer Wut, Frustration und Verzweiflung darüber, daß es uns nicht gelungen ist, die Handlungen eines anderen zu kontrollieren. (Wer die Handlungen anderer Menschen zu kontrollieren weiß, empfindet für gewöhnlich keine seelische Qual und keine Schuldgefühle im Zusammenhang mit der Erfüllung von Bedürfnissen.) Der wesentliche Punkt ist, daß wir unser Handeln beziehungsweise Nichthandeln *wählen. Beim Menschen ist also zuerst Freiheit oder Willensfreiheit da und dann erst der Determinismus* – Freud allerdings sah dies genau umgekehrt. Einfach ausgedrückt: Der Determinismus gehört in das Reich des mechanischen Handelns, das vorherrscht, sobald ein Ereignis in Gang gesetzt worden ist. Auslöser eines Ereignisses ist der Wille, der auf eine formale Ursache (unsere Potentiale) und eine finale Ursache (unsere Absicht) reagiert.

Dieses Verständnis menschlichen Verhaltens kann von therapeutischem Nutzen sein. Indem der Therapeut überzeugt ist, daß die Entscheidungsfreiheit dem »seelischen Konflikt« vorausgeht, akzeptiert er von Anfang an die grundlegende Freiheit des Individuums, eine Freiheit, die er selbst teilt. Der Therapeut braucht sich nicht länger vom Patienten zu distanzieren, um nicht in seine »Abweichung« hineingezogen zu werden. Im Mittelpunkt stehen dann die Akzeptanz und das Ausführen von Handlungen in Übereinstimmung mit denjenigen Potentialen, welche sich uns präsentieren. Das Versäumnis zu handeln – den Willen zu gebrauchen – löst viele Konflikte des seelischen Lebens aus. Wenn ich mich weigere, einer Sache oder einem Menschen zu begegnen, die sich an mich wenden, der ich die Möglichkeit habe, offen zu sein für sie, lade ich Schuld auf mich. Wenn mich jemand daran erinnert, daß ich meine Verantwortung gegenüber dem, wovon ich mich abgewendet habe, nicht akzeptiert habe, empfinde ich unter Umständen Wut, Groll oder Schuld gegenüber dem anderen, aber auch gegenüber mir selbst. Ich tue dann vielleicht irgend etwas, um diese Wut auszudrücken, womit ich weitere Schuldgefühle in mir erzeuge. Eine emotionale Reaktion erzeugt die andere, und nur diesen

Prozeß kann man angemessen unter deterministischen Gesichtspunkten erklären.

Indes bleibt die Tatsache bestehen, daß vor dem Auftreten des emotionalen Aufruhrs eine Handlung stattfand, für die ich die Verantwortung trug; Verantwortung nicht nur für das, was ich tun mußte, sondern auch für Potentiale, die in diesem Augenblick unverwirklicht bleiben würden.

Wenn meine Weigerung zu handeln zwanghaft ist, das heißt, wenn ich der Sklave einer Verhaltensweise gegenüber dem bin, was »von draußen« auf mich zukommt, dann ist dieses Verhalten für gewöhnlich unproduktiv und schmerzlich. Denn dann verhalte ich mich nicht entsprechend dem, was wirklich ist, sondern entsprechend meinem in der Vergangenheit konstruierten *Bild* von dem, was wirklich ist. Ich bin mir meiner Handlungsfreiheit nicht länger bewußt. Die Ursache für mein gehemmtes Verhalten liegt nicht in dem, *was* mir in der Vergangenheit widerfahren ist, sondern darin, *wie* meine Vergangenheit meine Wahrnehmung der Gegenwart beeinflußt.

Ich werde mit bestimmten Möglichkeiten in eine Umwelt hineingeboren, die die Entfaltung dieser Möglichkeiten gestattet oder verhindert. Meine Eltern und andere enge Familienangehörige sind die Umwelt, die am unmittelbarsten darüber entscheidet, ob ich diese Möglichkeiten entfalten kann oder nicht. Im Verlauf meiner Entwicklung kann meine Empfänglichkeit für Wahrnehmungen Schaden nehmen, je nachdem, wie meine Vergangenheit war. Wenn ich meine, daß eine Situation einer anderen ähnelt, die ich in der Vergangenheit erlebt habe, dann kenne ich die Reaktion des anderen Menschen im voraus und handle entsprechend. Das bedeutet, daß ich mir jedes Menschen, der in mein Wahrnehmungsfeld tritt, durchaus bewußt bin und auf ihn reagiere. Ich halte ihn nicht irrtümlich für jemand anderen. Doch meine Konditionierung sowie die Macht der Gewohnheit, die Dinge verzerrt wahrzunehmen, beschränken das Spektrum meiner Reaktionen. Diese sind für gewöhnlich mechanisch und machen jeden, mit dem ich zusammen bin, tendenziell zum Objekt. Unbekannte Menschen werden austauschbar mit den mir bereits bekannten, wenn sie sich in einer bestimmten Weise verhalten, die diese repetitive Reaktion auslöst. Ich versuche, auf alles zu reagieren, was sich mir in der Gegenwart präsentiert, aber meine verzerrte Wahrnehmung erlaubt mir nicht, den fremden Menschen in den ihm gebührenden Kontext einzuordnen. Ich weiß genau, daß dieser Mensch *nicht* mein Vater oder meine Mutter ist; ich sehe ihn so, *wie er ist*, und versuche entsprechend zu reagieren. Aber meine Einstellung ist dadurch festgelegt, daß ich auf eine bestimmte Art reagiert habe, wenn sich jemand wie ein Vater oder eine Mutter oder auf autoritäre Weise verhalten hat; wenn ich dieses Verhalten jetzt wieder wahrnehme, wiederhole ich dieses Muster. Obgleich ich weiß, daß ein echter anderer vor mir ist, legen mich meine vorgefaßten Meinungen so auf Wiederholung fest, daß ich unfähig bin, wirklich bei dem anderen zu sein. Meine Wahrnehmung ist an meine vorgefaßte Meinung gebunden, und das eine beeinflußt das andere.[2]

Von Anfang an begegnet der Therapeut dem Patienten mit dieser Art von verzerrter Wahrnehmung, wenn sie durch das Verhalten des Patienten bei ihm ausgelöst wird. Der Therapeut ist keineswegs eine *tabula rasa*. Auch ist er nicht immer neutral, wenn ihm etwas begegnet, das er als Beeinträchtigung seines Wertesystems betrachtet. Indem er jemanden beispielsweise »meinen Patienten« nennt, neigt der Therapeut dazu, sich dem Patienten gegenüber »mechanisch« und besitzergreifend zu verhalten und ihn als seine eigenen Bedürfnisse befriedigendes Objekt zu behandeln.

Die Schwierigkeit entsteht aus dem Gebrauch des besitzanzeigenden Fürwortes »mein«. Wenn jemand etwas besitzt, gehört es ihm, und er hat ein *begründetes Interesse* an allem, was mit diesem Besitztum geschieht, unabhängig davon, ob dieser Besitz belebt oder unbelebt ist. Sobald das begründete Interesse einmal geweckt wurde, muß das Objekt das entstandene Bedürfnis befriedigen. Und so beginnt der in Abb. 5 umrissene Zyklus aufs neue.

Ein begründetes Interesse bedeutet eine gewisse Art von

Sorge um den anderen. Ich nenne diese Sorge selbst-bezogen (ohne den üblichen, verurteilenden Beiklang dieses Wortes). Dieser Art von Sorge steht die selbst-lose Sorge gegenüber, bei der das Interesse weder dem gilt, was der andere tut, noch dem, welche Werte er vertritt, sondern darin liegt, eine Umgebung zu schaffen, in der der andere sich optimal verwirklichen kann. Diese Sorge gleicht der des Gärtners, der sich nicht anmaßt, in das Wachstum einer Blume einzugreifen, sondern seine Sorgfalt darauf verwendet, die bestmöglichen Bedingungen zu schaffen (geeigneten Boden, Wasser, Nährstoffe), um der Blume Wachstum und Gedeihen zu ermöglichen. Er tut seine Arbeit um der Blume willen.

Dazu schreibt Seguin (1962):

> Wir kommen nun zum positiven Teil des psychotherapeutischen Eros, und ich möchte von Anfang betonen, daß es sich um eine persönliche Liebe zum Patienten oder, besser noch, eine Liebe zur Person des Patienten handeln muß. Ich betone das, um die Möglichkeit auszuschließen, daß die Liebe dem Patienten in seiner Eigenschaft als Patient gilt; der Gedanke, daß der Doktor den Kranken *als Kranken* liebt, ist als Teil seiner beruflichen Pflicht stets gegenwärtig. Von dem Augenblick an, da wir einen Menschen als »kranken Menschen« sehen, treten wir automatisch aus dem wirklichen psychotherapeutischen Eros heraus. (S. 188–189)

In der Wachtraumtherapie hilft der Führer/Berater dem Entdecker, die Wirklichkeit seiner eigenen Existenz zu akzeptieren. Er bestärkt ihn in drei Hauptwahrheiten: 1) Was der Patient findet, gehört ihm; 2) was der Patient in der imaginalen Existenz findet, ist wirklich und hat dieselbe Gültigkeit wie die Realität des Wachlebens; und 3) sein Erleben im *Dort* der imaginalen Welt kann übertragen werden in das *Hier* der konkreten Welt und das Leben in dieser bereichern. Die grundlegende Einstellung des Führers/Beraters zum Suchenden ist die des Vertrauens, daß der Suchende selber entdecken wird, was für ihn wichtig ist.

Um sich auf Wachtraumtherapie einlassen zu können, muß

der Patient daran glauben, daß der Führer den Weg durch unbekanntes Gelände kennt. Dieser Glaube ist eine Vorbedingung der Genesung und der Feind von Skepsis und Analyse. Wie Abraham Heschel in seinem Buch *Gott sucht den Menschen* (1980) schreibt:

> Rabbi Mendel von Kotsk wurde von einem großen Heiligen berichtet, der damals lebte und der behauptete, während der sieben Tage des Laubhüttenfestes sehe er immer Abraham, Isaak, Jakob, Joseph, Aaron und David zu seiner Hütte kommen. Sagt Rabbi Mendel: »Ich sehe die himmlischen Gäste nicht; ich glaube nur, daß sie in der Hütte anwesend sind, und glauben ist größer als sehen.« (S. 90)

Dies ist in der Tat die Größe des Menschen: glauben können. Denn der Glaube ist ein Akt der Freiheit, der Unabhängigkeit von unseren eigenen, begrenzten Fähigkeiten, seien es Fähigkeiten der Vernunft oder der Sinneswahrnehmung. Da der Glaube der Gegenpol der Skepsis ist, die selber ein Sproß des linearen, logischen Denkens ist, hat der Glaube etwas von der Erkenntnis an sich, die dem logischen Denken vorangeht. Wie Heschel geistreich formuliert (1980):

> Nur extreme Rationalisten oder Solipsisten könnten behaupten, Wissen käme ausschließlich durch die Kombination von Begriffen zustande. Jede echte Begegnung mit der Wirklichkeit ist eine Begegnung mit dem Unbekannten, ist intuitive Wahrnehmung des Objekts, ist rudimentäres *vorbegriffliches* Wissen. In der Tat ist kein Objekt wirklich bekannt, wenn es nicht zuvor in seiner Unbekanntheit erfahren wurde. [Hervorhebung vom Autor] (S. 87)

Dieses vorbegriffliche Wissen ist außerhalb der Zeit angesiedelt. Aus diesem Grund ist auch der Glaube als Bestandteil dieses vorbegrifflichen Wissens außerhalb der Zeit angesiedelt. Außerhalb der Zeit angesiedelt sein bedeutet, in der unmittelbaren Gegenwart sein. Arthur Young schreibt in seinem Buch *The Geometry of Meaning* (1976):

> Glaube ist die Tendenz, an einem gegebenen Credo ohne Prüfung festzuhalten. Wie das Schwungrad dient er dazu,

stetige Bewegung festzuhalten und uns durch die Wechselfälle des Lebens zu tragen.

Glaube und Trägheit [das heißt, das naturwissenschaftliche Prinzip der Trägheit – Klammer von mir] *sind in der Gegenwart. Der Glaube ist die Projektion, die wir auf die gegenwärtige Situation werfen.* [Hervorhebung von mir] (S. 42)

Der Berater fördert das gläubige Vertrauen des Patienten durch eine Haltung der Toleranz und der Akzeptanz seiner Werte und Handlungen. Auf diese Weise ermöglicht er dem Suchenden, er selber zu werden. Was sich im Patienten entwickelt, ist ein neues Verhältnis zu einem anderen Menschen, der mit seiner Vergangenheit nichts zu tun hat.

Diese Haltung darf nicht mit Permissivität und unangebrachter Nächstenliebe verwechselt werden, Haltungen, die zwangsläufig dazu führen, daß der Mensch, dem sie gelten, sie mit Verachtung und Mißtrauen und mit dem Versuch beantwortet, das therapeutische Unternehmen zu sabotieren.[3] Zuwendung zum und offene Akzeptanz des Patienten sind auch etwas anderes als der kalt-distanzierte, forschend objektive analytische Standpunkt. Die distanzierte Haltung dem Patienten gegenüber wirkt sich im allgemeinen so auf diesen aus, daß er außerordentlich intolerant gegenüber sich selbst und anderen wird, und kann zu einem spirituellen Zusammenbruch führen.

Allzu häufig reagiert der Therapeut auf seinen Patienten in einer Weise, die bei diesem die gewohnte, repetitive Reaktion hervorruft und eine Atmosphäre des Mißtrauens schafft. Meiner Meinung nach kann jedoch der Therapeut, wenn er nicht künstlich eine vorgeblich klinische, von Einmischung freie Situation schafft – die dem Patienten angeblich nützt –, sondern er selbst ist, eine Atmosphäre fördern, die dem Patienten erlaubt, mit seinem eigenen Gesundheitspotential in Kontakt zu kommen. Das Beispiel, das der Therapeut gibt, ist von großer Bedeutung, wenn therapeutische Fortschritte erzielt werden sollen.

Die klinische Situation, die in der Wachtraumtherapie eine

Veränderung des Patienten begünstigt, unterscheidet sich von derjenigen in der gewöhnlichen therapeutischen Beziehung, in der die Einsicht in kausale Faktoren und Faktoren der Abhängigkeit als Träger der Veränderung gesehen wird. Die psychodynamische Therapie gründet ihren Einfluß auf den Patienten im allgemeinen auf die Herstellung dessen, was technisch als »Übertragung« bekannt ist. Dabei werden alle möglichen Vorstellungen über die bedeutungsvollen Personen im Leben eines Patienten der Person des »neutralen Therapeuten« zugeschrieben. Diese Perspektive spiegelt tatsächliche menschliche Beziehungen von der Art wider, wie wir sie gewohnt sind; sie basieren auf Dominanz und Unterwerfung, Macht und Ohnmacht, Stärke und Schwäche. »Abhängigkeit«, »bedingt« und »kausal« sind Wörter, die man austauschen kann, um zu beschreiben, wie diese Beziehungen hergestellt werden; und der Begriff »determiniert« kann als der Oberbegriff dienen, unter den im psychodynamischen Rahmen alle diese Beziehungen fallen.

Der phänomenologische Ansatz vertritt demgegenüber den Standpunkt, daß die Übertragungs-Theorie sich auf das falsche Problem konzentriert, nämlich auf den Gegenstand der Verzerrung anstatt auf die *Tatsache* der verzerrten Wahrnehmung als solcher. Wenn die Therapie Tatsache und Umfang der Wahrnehmungsverzerrung erforscht, ist es dem Patienten möglich zu entdecken, wie gewohnte Gefühle seine Wahrnehmung der unmittelbaren Gegenwart beeinflussen und den Zugang zu tieferen, echteren, autonomeren Emotionen und damit zu einer echteren Beziehung zur konkreten Realität verhindern.

Ein anderes Problem bei der Übertragung ist, daß sie die Entstehung einer Beziehung begünstigt, wie sie der Patient gewohnt ist und in der er von den Werten abhängig wird, die ihm der Therapeut auf subtile Weise vermittelt; damit verliert der Patient jene Spontaneität, die ein schöpferisches Verhältnis zum Leben kennzeichnet. In der Wachtraumtherapie gibt es nicht den Impetus, die Beziehung »durchzuarbeiten« oder zu beenden; die beiden Beteiligten bleiben in einer lebenslangen

Verbindung (wenn auch nicht unbedingt in direktem, persönlichem Kontakt). Doch der Berater ermutigt den Suchenden, stets zu probieren, zu handeln, zu leben.

In der Wachtraumtherapie läßt sich die Beziehung jedoch leichter beenden als in der traditionellen Therapie, weil der Suchende in seinem tiefsten Inneren zu begreifen lernt, daß er selbst die Quelle und der Urheber seines Erlebens ist. Im allgemeinen dringt er stärker darauf, das zu verwirklichen, was er verwirklichen muß, und empfindet daher weniger das Bedürfnis, die Arbeit mit dem Berater fortzusetzen. Diese Einstellung, die Dinge selbst in die Hand zu nehmen, muß ermutigt werden, so daß der Suchende sich als eigenständig und verschieden vom Berater erleben kann. Wenn der Therapeut die Unabhängigkeit und Freiheit des Entdeckers unterdrückt, läuft er Gefahr, daß der Entdecker ihm die Verantwortung für sein eigenes Leben zuschiebt. Im Idealfall sollte die Beziehung frei sein von Autorität, Besitzdenken, Identifikation, Dogma, der Aufstellung von Regeln, Werten oder Wissen (Seguin 1962, S. 187).

Der Therapeut hat in erster Linie die Aufgabe, dem Patienten den inneren Prozeß der Veränderung seiner gewohnten Wahrnehmung zu erleichtern. Er ist ein Katalysator, ähnlich jenen Stoffen, die chemische Reaktionen beschleunigen, ohne selbst in dem Prozeß verbraucht zu werden. Sobald der Prozeß begonnen hat, ist der Katalysator nicht länger vonnöten. Dasselbe geschieht, wenn der Prozeß des Wachtraums eingesetzt hat: Der Therapeut zieht sich aus dem Prozeß zurück oder wird vom Patienten »entlassen«. Wenn der Suchende seinen inneren Führer gefunden hat, wird der äußere Führer nicht länger benötigt. Der Entdecker kann nun seinen inneren Führer bitten, ihm die für sein Leben gesündeste Richtung zu zeigen. Sobald der Entdecker seinem inneren Führer begegnet ist, sollte der Therapeut ihn unbedingt darauf hinweisen, daß dieser Führer von nun an jederzeit für ihn da ist, wenn seine Gegenwart gewünscht wird. Er muß zu einer lebendigen Kraft im Leben des Entdeckers gemacht werden. Ist dieser Führer einmal gefunden, dann stellt sich sogleich ein Gefühl des Glaubens und des

Vertrauens ein. Ist dies nicht der Fall, ist der innere Führer wahrscheinlicht nicht echt.

Da wir versuchen, uns auf das Leben im gegenwärtigen Augenblick zu konzentrieren, wird das traditionelle therapeutische Paradigma verändert. Der Patient erforscht *buchstäblich* sein Innenleben und ist auf seine eigene Fähigkeit und seinen Willen angewiesen. Er erkennt endlich das »Was« seines Lebens (Potentiale und Möglichkeiten) und das »Wie« seiner Existenz (was er tun kann, um seine Möglichkeiten zu verwirklichen), anstatt sich mit dem »Warum« seines Lebens herumzuschlagen. Die Erkenntnis des Was und Wie seines Lebens erlaubt ihm, rationaler zu leben. Er kommt stärker in Kontakt mit der inneren Harmonie, dem inneren Zusammenhang seines Lebens. Seine Vorstellungsbilder sind die Sprache seiner Emotionen. Er beginnt, neue Bilder hervorzubringen – neue Emotionen, die dann seine gewohnte Weltauffassung verändern, welche auf Bilder gründet, die sich seit seiner Kindheit angesammelt haben. In diesem Paradigma repräsentiert der Therapeut keine Figur aus der Vergangenheit oder Gegenwart, die psychodynamische, mit der Vergangenheit und Gegenwart zusammenhängende Abwehrhaltungen auslöst. Er ist der Katalysator in dem Prozeß, in dessen Verlauf Imagination alle Modi der geistig-seelischen Aktivität zu einer Synthese zusammenfaßt. Imagination wird zum Träger von Veränderung und Verwandlung.

Auch nachdem die Wachtraumtherapie abgeschlossen ist, hat der Patient noch Zugang zu all dem, was er während seiner Exploration gefunden hat. Er kann am Morgen weiterhin kurze Übungen durchführen – sie sollten von der Induktion bis zur abgeschlossenen Eduktion nicht länger als ein bis zwei Minuten dauern –, bevor er den Tag beginnt. Die Übungen sollten aus der tatsächlichen, in der Wachtraumtherapie geleisteten Arbeit stammen und sich auf einen wichtigen Aspekt der im Wachtraum thematisierten Entwicklung des Patienten beziehen. Der Entdecker mag Varianten des ursprünglichen Ereignisses erleben, und diese Varianten sollte er begrüßen. Die tägliche Übung sollte genau den Stufen der ursprünglichen Wachtraumarbeit folgen: induzierte Entspannung, Reise, Rückkehr. Man darf seinen eigenen Wachtraum *nur dann* durchführen, wenn man in der ursprünglichen Arbeit einen inneren Führer gefunden hat, den man bitten kann, einen auf der imaginalen Reise zu begleiten.

Eine Frau (Fall Nr. 103) erlebte während einer Wachtraumreise einen gewaltigen kreativen Aufschwung und kreatives Wachstum. Mit großer Intensität und Arbeitsfreude begann sie zu singen, zu tanzen und zu malen. In einem ihrer Wachträume begegnete sie in einem großen Zimmer Beethoven. Er saß am Klavier, und sie horchte gespannt auf die Musik und sein Spiel. Danach kam sie in einen besonderen Raum in einem Haus auf dem Lande, in dem sie begann, aus voller Kehle zu singen, wobei sie den Klang als schimmernden, vielfarbigen Strahl aus sich heraustreten sah. In den Tagen unmittelbar nach dieser Übung begann sie zu komponieren und zu dichten.

Sie setzte dann diese Übung jeden Morgen fort und hat damit in den zwei Jahren seit Beendigung der Wachtraumarbeit nicht aufgehört. Auch fuhr sie fort, Musik zu komponieren. Ihr täglicher Kontakt mit einem schöpferischen Impuls hat ihre Einstellung zur Außenwelt verändert. Sie war zuvor meist niedergeschlagen gewesen, doch nun begann sie jeden Tag hoffnungsvoll und mit dem Gefühl, ein Ziel vor Augen zu haben.

Ein anderes Beispiel: Ein Mann entdeckte bei einer Übung nach Abschluß der Behandlung in einem Tal einen Garten, von dem für ihn Leben und große Kraft ausging. Er fand dort einen goldenen Adler, einen langen goldenen Stab und klares Wasser. Auf dem Wasser trieben Lotusblätter, auf denen jeweils eine schwarze Perle lag. Im Anschluß an seine Wachtraumarbeit ging er nun jeden Morgen in den Garten und badete im Wasser. Oft ritt er auf dem Adler und erkundete den Garten mit seinem Stab. Die tägliche Arbeit brachte ihm wachsende Energie. Zuvor war die Arbeit dieses Mannes (er war als Psychotherapeut tätig) in Routine erstarrt; jetzt erkundete er neue Methoden, begann, über seine Erkenntnisse zu schreiben, und leitete eine große Klinik. Alle diese Aktivitäten schrieb er der Erschließung seiner schöpferischen Quellen während und nach der Wachtraumtherapie zu.

Die täglichen Übungen beginnen, während der Patient noch in Behandlung ist, so daß er sich an diese morgendliche Aktivität gewöhnen kann. Die Übungen werden direkt in die Behandlung integriert, sei es vor, während oder nach Abschluß der Sitzung. Die kurze Übung bringt eine positive Einstellung zum Tag mit sich und prägt für gewöhnlich den Verlauf des ganzen Tages in positiver Weise.

Wenn es irgendwelche Grundgedanken gibt, die sich aus den vorangegangenen Kapiteln ergeben haben und auf die ich noch einmal eingehen möchte, würde ich die folgenden drei nennen: Einheit, Wirklichkeit, Werden/Sein.

Ich habe versucht zu zeigen, daß das emotionale Leben ein ungeheuer breites Spektrum von Erlebnissen in sich schließt und nicht nur die konkrete Realität, sondern auch verschiedene Formen einer nichtkonkreten Realität umfaßt. Um zu Harmonie, Ausgeglichenheit und Synthese im Leben zu gelangen, müssen wir diese verschiedenen Dimensionen zu integrieren lernen. Dazu bedarf es einer unvoreingenommenen, offenen Einstellung zu allen Möglichkeiten des Erlebens, um jene innere Zerrissenheit auszuschließen, die durch die reflexartige Intoleranz unserer gewohnten Denkens gegenüber den anderen Dimensionen erzeugt wird. Mit einer positiven Einstellung können wir die verschiedenen Bereiche unserer Existenz ausschöpfen und von ihrem Einfluß auf das Wachleben profitieren. Das Ineinanderübergehen dieser Bereiche zu erleben und gleichzeitig die Unterschiede zwischen ihnen zu erkennen, wird unser Leben bereichern.

Dieser Prozeß ist eine Funktion der Einheit, die selbst letztlich eine Bewegung zur Freiheit ist. Wir können einen Schritt in Richtung Freiheit immer dann an dem Patienten beobachten, mit dem wir zusammenarbeiten, wenn sich eine Einheit von Wachleben, Traumleben und Wachtraumleben herzustellen beginnt. Sobald sich diese Einheit entwickelt, werden wir auch unseres verbesserten Realitätsverständnisses gewahr. Wenn wir vom Erlebnis des Wachtraums erfüllt sind, können wir nicht länger an der Tatsache vorübergehen, daß wir auf *verschiedenen Realitätsebenen leben und daß diese Ebenen alle real sind, das heißt, daß es Orte sind, an denen wir existieren.* Es sind keine »Projektionen« einer in sich eingeschlossenen Psyche, sondern vielmehr Orte, die irgendwo im holographischen Raum angesiedelt sind. Die Vorstellungsbilder, die bei der Imaginationsarbeit auftauchen, sind dann Konkretisierungen dieser Bereiche. Sie dienen dazu, unser inneres Leben zu aktivieren, das hinter der konkreten Welt der Alltagsexistenz verborgen ist.

Die Entwicklung hin zur Einheit führt zu wertvollen Veränderungen bei einem Menschen. So verliert er etwas von seiner Voreingenommenheit sich selbst und dem gegenüber, was ihm in seinem Erleben begegnet. Weil er die Echtheit seiner Handlungen zu akzeptieren lernt, verliert er seine innere Zerrissenheit und erlebt sich stärker als ganzheitlich und authentisch. Damit einhergehend erstarkt sein Selbstwertgefühl.

Die positiven Folgen dieser Entwicklung zur Einheit entstehen nicht automatisch aus den durch das Wachtraumerleben gewonnenen Erkenntnissen. Der Entdecker muß sich vielmehr unablässig bemühen, bis die Einheit selbst zur Gewohnheit geworden ist. Wenn sich der Mensch bewußt wird, wie wichtig es ist, die Verbindung zwischen verschiedenen Realitätsebenen herzustellen, wird es für ihn zum Imperativ, das Nichtgreifbare und das Offenkundige zusammenzufügen. Tut er dies nicht, dann leidet er darunter, daß er seine Möglichkeiten nicht so voll auslebt, wie er eigentlich könnte. Sich selbst zu belügen, schafft Schuldgefühle und Leiden. Es steht dem Individuum immer frei, das, was es gelernt hat, nicht umzusetzen; doch wie stets im Leben muß ein Preis bezahlt werden für das, was man tut oder nicht tut. Die Entscheidung liegt stets bei uns selbst.

Eine weitere Veränderung ist die Möglichkeit, Freiheit zu erfahren. Unter Freiheit verstehe ich: der Wirksamkeit und des Werts von Akausalität in einer von Ursache und Wirkung bestimmten, also deterministischen Existenz innezuwerden.

Die Ereignisse in der imaginalen Sphäre gehorchen nicht den Gesetzen der gewöhnlichen Logik. Während des imaginalen Erlebnisses kommt es *allein* auf die *Beschreibung* der Lokalität und der Geschehnisse an. Es werden keinerlei Versuche unternommen, diese Ereignisse zu verstehen, zu analysieren, zu interpretieren oder theoretisch zu erfassen. Das heißt: Denken, um Existenz zu definieren, tritt zurück und kommt im räumlichen Bereich gar nicht vor.

Diese Abkehr von unserer Gewohnheit, alles zu deuten, was uns begegnet, birgt die Möglichkeit zur Heilung in sich. Heilung heißt, Ganzheit zu erlangen, und ist offenbar nur außerhalb linearer Denkprozesse zu finden. Auf unserer imaginalen Reise werden wir eins mit der Bewegung des Lebens und mit dem natürlichen Rhythmus des Fließens unserer Existenz. Indem wir Bewegung werden, werden wir Teil jener elementaren Räumlichkeit, die unserer konkreten menschlichen Existenz zugrunde liegt. Die konkrete Existenz gehorcht den Gesetzen von Ursache und Wirkung, während die nichtkonkrete Existenz Gesetzen gehorcht, die akausal und nichtdeterministisch sind.

Wenn wir also außerhalb unserer Körperlichkeit existieren, wie es im Traum oder im Wachtraum geschieht, wird uns die Synchronizität menschlichen Verhaltens bewußt. Wir erkennen die Gleichzeitigkeit lebendigen Erlebens – wie wir in ein- und demselben Augenblick *hier* und *dort* sein können. Diese Erkenntnis läßt uns den Sinn der aristotelischen Aussage über die vier Ursachen begreifen. Wir handeln und verhalten uns nicht nur gemäß der causa materialis und der causa efficiens, die nur für die quantitative Funktion menschlicher Existenz gelten, sondern auch gemäß der causa formalis und der causa finalis, den qualitativen Aspekten menschlicher Existenz. Dadurch, daß wir uns selbst als eine Art Abbild oder »Bauplan« des Universums sehen, analog der *formalen* Ursache des Aristoteles – als einen Mikrokosmos des Makrokosmos und als solchen tendenziell ohne Grenzen –, können wir beginnen, die Bedeutung der Kausalität für die menschliche Existenz weiter zu fassen.

Tun wir dies, wird klar, daß wir den Makrokosmos in unserem Mikrokosmos zu reproduzieren suchen, wobei wir uns dessen bedienen, was uns zur Verfügung steht, des menschlichen Körpers. Sobald wir diesen Zusammenhang sehen, wird die vierte der aristotelischen Ursachen erkennbar und bedeutsam. Die vierte Ursache ist die *finale*, der Zweck, wozu wir während der kurzen Zeitspanne, die uns auf Erden zugemessen ist, als menschliche Gestalt existieren. Wenn wir uns bemühen, den »Bauplan« mit Hilfe der uns verliehenen Ausstattung zu verwirklichen, erlangen wir Erleuchtung oder Erfüllung des Seins. Manche Leute erleben diese Erfüllung als etwas »Heiliges« oder Sakrales oder Kosmisches oder Transzendentes. Wie immer man es nennt, es hat damit zu tun, daß wir um eines bestimmten Zwecks willen hier sind. Nicht jedermann wird mir beipflichten, wenn ich sage, daß dieser Zweck zwangsläufig außerhalb des Materiellen angesiedelt ist und über die Befriedigung unserer körperlichen Bedürfnisse hinausgeht. Einige werden sich überhaupt gegen die Vorstellung wehren, daß die menschliche Existenz einen Zweck erfülle; dies ist allerdings schwer zu begreifen, da das menschliche Verhalten meistenteils von irgendeiner Idee der Finalität oder Zielgerichtetheit diktiert wird. Andernfalls gibt es kein Motiv, überhaupt zu handeln.

Meine Erfahrung mit dem Wachtraum (sowohl meine persönliche als auch die mit Patienten und mit Kollegen, die sich der Wachtraumarbeit unterzogen und ihrerseits mit Patienten Wachtraumarbeit betrieben haben) hat mich bewogen, eine Zielgerichtetheit in unserem Leben anzuerkennen. Dies führt zu der Einsicht, daß das, was wir in der Welt tun, Bedeutung hat; daß alles Verhalten die gleiche Wirkung wie ein ins Wasser geworfener Stein hat: es beeinflußt andere, was bei der Handlung selbst gar nicht unmittelbar zu beobachten ist. Wir werden dann sehr vorsichtig in unserem Verhalten gegenüber der Welt und ihren Bewohnern. Dieser Effekt läßt sich dramatisch und konkret, wenn auch negativ, am Beispiel jenes Betriebes verfolgen, der einen Fluß mit seinen Abwässern verschmutzt. Diese Verschmutzung wird enorme Folgen für zahllose Menschen haben, gar nicht zu reden von den anderen Geschöpfen, die im Fluß und an dessen Ufern leben und auf das ökologische Gleichgewicht der Natur angewiesen sind.

Die Einsicht in die Zielgerichtetheit unseres Lebens, die Einbeziehung formaler und finaler Kausalität in unser Verständnis der menschlichen Natur, hilft dem Therapeuten, seine anerzogene Skepsis zu überwinden: jene Haltung, die ich das »reflexartige Nein« nenne, die ihn sofort von seinem Patienten distanziert und diesen in einen pathologischen Fall verwandelt, der mit häufig unnötigen Vorschriften behandelt werden muß.

Das Wissen von einer finalen Ursache begünstigt die Anerkennung von Bindungen und Ähnlichkeiten zwischen den Menschen wie auch der Gemeinsamkeit ihrer Interessen und ihrer Geisteshaltung. Dies wirkt dem Gefühl von Vereinzelung und Teilnahmslosigkeit entgegen, das wir besonders bei jenen Menschen beobachten, die zu uns kommen. Ohne die Anerkennung einer finalen Ursache wird das Individuum auf ein persönliches »Ich« reduziert, was nur zu einer noch größeren Trennung von der übrigen Natur führen kann.

Der Wachtraum begünstigt eine ganze Reihe wünschenswerter Ergebnisse. Seine Handlung hat Ähnlichkeit mit der in Mythen und Märchen, in denen die Verwirklichung von Potentialen geschildert wird, die dem Menschen in seiner Begrenztheit gewöhnlich nicht zugänglich sind. Die Gesetze, die diese Bereiche beherrschen, unterscheiden sich von denjenigen, die das Wachleben beherrschen. Julius Heuscher (1974) hat zu Recht darauf hingewiesen, daß Mythen und Märchen als sinnlich erfahrbare und eingängige Anweisungen zum richtigen Leben dienen können.

Märchenhelden sind verdichtete, vereinfachte Charaktere, die ungewöhnliche Kräfte besitzen. Die Geschichten betonen die mit dem Handeln verbundenen Konsequenzen und Verantwortlichkeiten und die Möglichkeit, sich seine eigene Existenz zu schaffen. Sie beleuchten die Tugenden der Selbstlosigkeit und die Tücken des Egoismus. Und, wie Cassirer (1960) ausführt:

> Kein Seiendes hat eine bestimmte, unveränderliche Form. Alles kann plötzlich in alles verwandelt werden. Wenn es einen charakteristischen Zug der mythischen Welt gibt, ein Gesetz, dem sie untersteht – dann ist es das Gesetz der Metamorphose. (S. 105)

Allgegenwärtige Metamorphose erlaubt immer neue Hoffnung.

Leider wollen Erwachsene von Mythen und Märchen oft nichts mehr wissen. Und leider sind Erwachsene auch unfähig, Kindern jene Aussagen weiterzugeben, die in Mythen und Märchen enthalten sind. Allerdings ist das auch kaum zu erwarten in einer materialistischen Zeit, in der ein Mensch nur an der Menge der Dinge gemessen wird, die er angehäuft hat, und in der die Überzeugung vorherrscht, daß nur das »wirklich« sei, was wir mit unseren Sinnen in der Welt der materiellen Objekte erfassen können. Vor einigen hundert Jahren schon wurden Mythen, Märchen und phantastische Erzählungen verschiedenster Art als unwirklich betrachtet. So ist der Zusammenhang zwischen materiellem und nichtmateriellem Leben zerschnitten worden, und Märchen als eine Form des nichtmateriellen Lebens sind heute bloß noch Unterhaltung für Kinder.

Der Wachtraum hilft, die verlorene Verbindung wiederherzustellen. Und zwar wird sie, was noch wichtiger ist, durch eine Handlung des Individuums selbst wiederhergestellt. Das Individuum entdeckt und lebt seinen eigenen, persönlichen Mythos, sein eigenes Märchen. Es gibt sich selbst die Anweisung, seine offenbare Wirklichkeit mit dem zu erfüllen, was es in der nicht greifbaren Wirklichkeit gelernt hat.

Der Wachtraum erfüllt dieselbe Funktion wie das Transplantat in der plastischen Chirurgie: Altes, unbrauchbares Gewebe wird durch neues, brauchbares Gewebe ersetzt. Der Erfolg der Verpflanzung hängt von der Anstrengung des Empfängers ab – der gleichzeitig sein eigener Spender ist –, den eigenen Auftrag auszuführen. Es steht dem Menschen jedoch immer frei, ob er die Möglichkeiten und Potentiale seiner Existenz, sobald er sie einmal erkannt hat, verwirklicht oder nicht.

Ich bin zwar in Metaphysik nicht bewandert, doch meine eigene Erfahrung sowie die anderer Leute, die sich mit dem Wachtraum befaßt haben, hat mich zu dem Schluß geführt, daß die Wirklichkeit sich aus vielen Bestandteilen zusammensetzt. Es gibt die konkrete Realität und nichtkonkrete Realitäten; es gibt verschiedene Ebenen der Wirklichkeit und die Wirklichkeit des gegenwärtigen Augenblicks. An dieser (Wieder-)Entdekkung ist nichts Neues. Sie ist von Menschen der verschiedensten Kulturen auf der ganzen Welt zu verschiedenen Zeiten der Geschichte immer wieder berichtet worden. Die westliche Naturwissenschaft und Psychologie waren bis vor kurzem darauf eingeschworen, die Grenzen der Realität mit den Grenzen der »objektiven Realität« gleichzusetzen. »Objektive Realität« ist diejenige Wirklichkeit, die in quantitativen Größen gemessen werden kann und ihrer Natur nach stets materiell ist. Ich habe diese Ebene im vorliegenden Buch immer als »konkrete Realität« bezeichnet, weil der Begriff »objektiv« eine vorgefaßte philosophische Einstellung suggeriert. »Konkret« bezieht sich jedoch auf Greifbarkeit und ist mit unvoreingenommener sinnlicher Erfahrung verbunden. Unsere konkrete Existenz gehorcht den Gesetzen dieses räumlichen Bereichs. Diese Gesetze sind kausal abgeleitet und bilden die Grundlage unseres Seins in der materiellen Welt.

Eigendünkel oder Egozentrik sind die Todfeinde jeder Bewegung zur Einheit oder zur Anerkennung von Realitätsebenen. Wenn das »Ich« eine unabhängige, physikalisch meßbare Größe ist, das heißt, wenn ich unabhängig von anderen existiere und meine Grenzen von meinem physischen Körper definiert werden, dann bleibe »Ich« immer und ewig von höchster Wichtigkeit. Ich verbeuge mich vor niemandem und raffe an mich, was ich kann, um meine Selbstbezogenheit, meinen Egoismus, meine persönliche »Ichheit« auszuleben. Zugleich aber bleibt das »Ich« immer abhängig von der Welt als einem einzigen gigantischen bedürfnisbefriedigenden Objekt; ich sehne mich danach, daß meine Bedürfnisse befriedigt werden und meine Wichtigkeit aufrechterhalten wird. Innerhalb dieses Rahmens ist es außerordentlich wichtig für mich, mir dieses Bild nicht zerstören zu lassen, weil meine ganze Welt auf ihm aufgebaut ist. Die Möglichkeit, daß *mein Selbst* unbedeutend sein könnte (eine Einsicht, die vom Phänomenologen begrüßt wird), erfüllt mich mit abgrundtiefer Furcht. Daher besteht für mich die Notwendigkeit, an der kulturell überlieferten, gewohnten Überzeugung vom Supremat der Dualität und der konkreten Realität festzuhalten.

Aus der Sicht der Phänomenologie folgt jeder Handlung, wenn sie ihren Höhepunkt erreicht hat, ein Moment des Nichthandelns. Ein einfaches Beispiel hierfür ist das Gehen: Auf dem Höhepunkt jedes Schrittes gibt es einen kurzen Stillstand, dann wird der nächste Schritt eingeleitet. Eine andere, in der Natur zu beobachtende Art von Handlung ist zyklisch: Der Augenblick, in dem eine Blüte sich öffnet, kündigt ihr Sterben an. Das menschliche Wesen beginnt in dem Augenblick zu »sterben«, da es geboren wird, auf dem Höhepunkt der Schwangerschaft. Dies ist eine zyklische Bewegung. Danach beginnt es sein lineares Handeln, das letztlich im Tod und der Rückkehr zu den Urelementen kulminiert, womit der Zyklus abgeschlossen ist.

In der physischen Existenz sind die für diese Existenz geltenden Gesetze wirksam. Diese Gesetze sind Naturgesetze, Gegebenheiten, die vom menschlichen Wollen unabhängig sind. Dazu gehört, daß wir als Teil der Natur unablässig uns verändern, daß wir fließen, wachsen und sterben. Alle diese Ausdrücke implizieren Bewegung und Handeln. Aus der Sicht der Wachtraumtherapie können daher all diese Bewegungen unter dem Oberbegriff des Werdens zusammengefaßt werden.

Dieser Holismus[4] könnte sich konkret beispielsweise im Entstehen einer holistischen Medizin widerspiegeln, die auf der Einsicht basiert, daß

1. die Imagination ein Teil der menschlichen Existenz ist;
2. die Imagination ein physiologisches Korrelat in der rechten Gehirnhälfte hat;
3. ihre funktionale Existenz von anderen Kulturen anerkannt wird. Diese Kulturen scheinen mit einem Phänomen in Be-

rührung zu sein, das ihr Leben bereichert, während sie von vielen Problemen, namentlich dem des Narzißmus und der Anomie, die uns zu schaffen machen, nicht betroffen sind.

Weil wir die Imagination nicht genügend berücksichtigen, sind wir bei der Verwirklichung unserer Möglichkeiten nicht im Gleichgewicht.

Eine holistische Medizin akzeptiert die Imagination und sieht folgendermaßen aus:

1. Sie geht empirisch vor.
2. Sie dient dazu, die Aktivitäten der rechten und der linken Gehirnhälfte ins Gleichgewicht zu bringen.
3. Sie ist imstande, Phänomene zu erklären, die für Rationalisten ein Rätsel bleiben.
4. Sie bringt den Patienten in Kontakt mit seinem ganzen Selbst, mit seiner Stärke. Sie konzentriert sich nicht auf das, was die Gesellschaft als Schwäche des Patienten wahrnimmt.
5. Sie hilft dem Therapeuten, den Patienten als ganzen Menschen zu akzeptieren.

Wenn wir durch den Prozeß des Werdens Einheit und Ganzheitlichkeit erreichen wollen, müssen wir unsere gängige Auffassung vom Leben ändern – jene Auffassung, die in der westlichen Kultur und der herkömmlichen Psychologie vorherrscht. Wir müssen nicht nur einsehen, daß es andere Ebenen von Wirklichkeit gibt, sondern auch, daß diese von der Imagination wahrgenommenen Ebenen unsere Aktivität im Wachleben positiv beeinflussen können. Sollen auch das Träumen und die Imagination Bedeutung für das geistig-seelische Leben erhalten, kommt es entscheidend darauf an, ihren Einfluß auf das Wachleben anzuerkennen. Der Wachtraum ist die Brücke zwischen der Imagination und der konkreten Welt. Er macht schöpferische Künstler aus uns allen.

Anmerkungen zum phänomenologischen Modus*

In diesem letzten Kapitel möchte ich noch einmal das zusammenfassen, was für eine Einführung in eine phänomenologisch orientierte Therapie am hilfreichsten ist:

1. Die Wachtraumarbeit macht deutlich, wie wichtig eine Erforschung der Phänomenologie des Raumes ist. Dies beinhaltet ein Hinausgehen über den Begriff *Psychologie*, der nur anwendbar ist auf die Beschäftigung mit dem, was *analysiert*, und nicht mit dem, was *synthetisiert* wird. Die Phänomenologie des Raumes befaßt sich mit Bewegung, Imagination und Beschreibung – ihr geht es um eine Synthese.
2. Prinzipien und Methoden, die dazu dienen, *eine* Gruppe von Phänomenen zu untersuchen, können nicht für die Untersuchung einer völlig *anderen* Gruppe von Phänomenen verwendet werden. Ein solches Vorgehen ist wissenschaftlich bedenklich und führt zu Unbeweglichkeit und Engstirnigkeit.
3. Die Erkundungen, die uns der Wachtraum ermöglicht, lenken (a) das Hauptaugenmerk auf die Bedeutung der Funktion der rechten Gehirnhälfte und können (b) dazu beitragen, eine Harmonisierung der Funktionen von linker und rechter Gehirnhälfte zu fördern.
4. Meine persönliche und klinische Erfahrung läßt erkennen, daß ein Wissen von der formalen und finalen Kausalität erforderlich ist, um emotionale Störungen erfolgreich behandeln zu können. Ohne Berücksichtigung unseres Potentials und ohne den Sinn und Zweck unserer Existenz und das Transzendente in Betracht zu ziehen, kann es keinen umfas-

* Das letzte Kapitel wurde für die deutsche Ausgabe gekürzt.

senden Ansatz für die Behandlung emotionaler Störungen geben.

5. Dadurch, daß wir dem Handeln, Erleben und der Verwirklichung unserer Möglichkeiten größere Bedeutung beimessen, verschiebt sich unser Hauptaugenmerk von der Erkenntnis durch Denken zur Erkenntnis durch Tun oder Leben. So entfernen wir uns von der Überbetonung der analysierenden Funktion und gelangen zur Integration einer synthetisierenden Funktion – zur Phänomenologie von Werden und Sein.

6. Durch die Konzentration auf die Phänomenologie des Erlebens sind wir stärker und intensiver mit der Gegenwart und mit dem gelebten Augenblick verbunden. Zwar wissen wir, daß die Vergangenheit in unserem Verhalten zum Ausdruck kommt, wir sind aber nicht die Gefangenen unserer Vergangenheit.

7. Vorstellungsbilder sind die Konkretisierung von Emotionen. Durch Imaginationsarbeit wird unser Innenleben lebendig, und sie verhilft uns in unserem alltäglichen Leben zu Spontaneität und Stärke. Sie weckt unsere schöpferischen Impulse und läßt uns erkennen, daß wir unser Erleben und damit unsere Existenz selber gestalten können.

8. Sobald man sich auf Wachtraumarbeit eingestellt hat, verändert sich auch die Funktion von Therapie. Die Wirkung einer imaginalen Exploration ist tief und lang anhaltend und tritt schon bald nach Beginn der Arbeit ein. Der Suchende erkennt, daß er frei ist zu handeln und daß für seine Selbstverwirklichung sein eigener Wille ausschlaggebend ist. Auch der Berater erkennt die Handlungs- und Willensfreiheit des Suchenden; er fördert bei diesem kontinuierlich eine unvoreingenommene Haltung zum Leben und weist auf die Notwendigkeit des Erlebens hin. Er ermutigt ihn unablässig zu handeln und seinen Willen zu erproben. Er hat kein Interesse an der »Übertragungs«-Beziehung, weil er weiß, daß er für den Suchenden eine einzigartige, vorher nie dagewesene Person ist; er ist stets für den Suchenden verfügbar.

9. Heilung ist der Schlüssel zur Beendigung von Ungleichgewicht und Disharmonie im emotionalen Leben wie in den menschlichen Beziehungen. Heilung schließt das ganze Kontinuum von Krankheit zu Gesundheit ein, und sie umfaßt auch die religiöse und spirituelle Dimension, Funktionen des Nichtrationalen, die zusammen mit dem Rationalen jene Ganzheit und Einheit herstellen, welche in dem Wort *Heil/Heilen* enthalten sind. Eine Therapie muß zu Heilung führen und wird damit holistisch.

10. Die bedeutsamste, wenn nicht sogar revolutionäre Entdeckung hat Colette Muscat gemacht, und sie wird durch meine eigenen Erfahrungen bestätigt: Es geht um den Stellenwert, der den fünf Sinnen beim Zurechtfinden auf allen Ebenen der Existenz zukommt. Die Sinne sind »Vehikel«, die uns die Pforten zur imaginalen Existenz öffnen – zu Bereichen, die wir in der Welt der konkreten Realität mit ebendiesen fünf Sinnen nicht erfassen können. So paradox es klingen mag: Die Organe, mit deren Hilfe sich uns für gewöhnlich die konkrete Wirklichkeit erschließt, lassen uns auch die imaginale Wirklichkeit finden. Die Bewegung von der konkreten Wirklichkeit zur imaginalen Wirklichkeit ist eine Bewegung von der konkreten Form zur nichtmateriellen Form. Sie wäre ohne den Gebrauch der fünf Sinne nicht möglich.[1] Die Sinne tragen uns gleichsam durch die Tore unseres Innenlebens. Wir durchschreiten sie und werden in imaginale Bereiche versetzt.

Anmerkungen zum Text

1. Kapitel

[1] Eine später beschriebene Form des Wachtraums.

[2] Ich setze hier die Wörter »Therapeut« und »Patient« in Anführungszeichen; eine solche Bezeichnung ist zwar bequem, doch hoffe ich zeigen zu können, daß sie in der therapeutischen Beziehung vermieden werden sollten. Um den Leser jedoch nicht zu verwirren, werde ich diese Begriffe künftig nicht mehr in Anführungszeichen setzen. Der Leser sollte jedoch daran denken, daß ich die beiden Ausdrücke mit Vorbehalt gebrauche.

[3] Auf diesen Unterschied hat mich Dr. David Shainberg in einer persönlichen Mitteilung aufmerksam gemacht.

[4] Ich bin Cheryl Miller von der Mt. Sinai Medical School zu Dank verpflichtet, die als meine Schülerin diese Einsicht beisteuerte. Sie hat mir sehr geholfen, meinen eigenen Standpunkt in dieser Frage zu klären.

[5] Wenn westliche Anthropologen manche Kulturen gern als »primitiv« bezeichnen, so hat dies, wie aus dem bisher Gesagten hervorgeht, mehr mit dem Vorurteil dieser Anthropologen zugunsten des linearen, logischen Denkens (der linken Gehirnhälfte) zu tun als mit der Sache selbst. In diesen Fällen werden Menschen, die anders sind als die Anthropologen, einfach als »primitiv« gekennzeichnet.

[6] Ich wähle an dieser Stelle den Traum und nicht das Imaginationserleben als Beispiel, da das Träumen eine Erfahrung ist, die fast jeder kennt. Natürlich denke ich nur an den Vorgang des Träumens, nicht an dessen Inhalt.

[7] Empirismus und Logischer Positivismus sind der Auffassung, daß die konkrete Realität *die* Realität ist und nicht eine von vielen Realitäten.

2. Kapitel

[1] Es ist wichtig, sich den wesentlichen Unterschied zwischen »Imagination« und »Phantasie« klarzumachen. Dieser Unterschied wird später, bei der Beschreibung des eigentlichen Wachtraums, näher erläutert werden.

[2] Persönliche Mitteilung von Ken Phillips. Phillips ist ein bei der Firma CitiCorp für weltweite Telekommunikation zuständiger Physiker. Zugleich ist er I-Ging-Lehrer.

[3] Das Hexagramm ist ein aus sechs horizontalen Linien bestehendes Gebilde, wobei ununterbrochene Linien das männliche Prinzip, unterbrochene Linien das weibliche Prinzip verkörpern. Diese beiden Linien bilden ein Trigramm

(die Zahl 3 benutzen die Chinesen zur Darstellung der Synthese), zum Beispiel: ☲ Die Form bestimmt man, indem man Schafgarbenstengel auswirft und dann durch eine einfache mathematische Berechnung feststellt, ob die Linie männlich (Yang) oder weiblich (Ying) ist. Hierauf wird ein weiteres Trigramm ermittelt und über dem ersten angeordnet. Die obere Linie eines Trigramms verkörpert den Himmel, die untere die Erde. Der Mensch (der das Orakel befragt) ist der Akteur, durch den die Kräfte des Himmels und der Erde sich vermischen. So ist ䷔ ein Beispiel für ein Hexagramm. Es gibt 64 derartige Kombinationen. Jedes Trigramm verkörpert gleichzeitig ein Bild, beispielsweise ist ☰ der Himmel, ☷ ist die Erde.

[4] Praxis ist im tibetanischen Leben nicht geschieden von Psychologie. Doch konzentriert sich tibetanische »Psychologie« auf die Bewußtseinszustände, in die man durch meditative Praxis gelangt, und nicht auf die Inhalte des Bewußtseins, genauer gesagt, des Wachbewußtseins, was mehr die Domäne der westlichen Psychologie ist. »Bewußtsein« ist ein Ausdruck aus dem Buddhismus, den ich nicht zur Erörterung der Phänomenologie des Imaginalen benutze. Ich behalte den Ausdruck hier aus Gründen der Klarheit bei, da er bei anderen phänomenologischen Vorgehensweisen gebraucht wird, wo er einen integralen Bestandteil des Vokabulars bildet. Später werde ich den Ausdruck in bezug auf den Wachtraum zugunsten von »Realitätsebenen« aufgeben. Die »Realitätsebenen« werden meiner Auffassung nach durch den Prozeß der Veränderung des Bewußtseinszustands erkannt.

[5] Der Leser, der dies vertiefen möchte, sei auf Lama Govindas *Grundlagen tibetischer Mystik* verwiesen (München, Otto Wilhelm Barth Verlag).

[6] Die ausführlichste, umfangreichste und klarste Beschreibung kabbalistischer Lehre findet sich in Perle Epstein: *Kabbalah: The Way of the Jewish Mystic* (New York, Weiser 1979). Das klassische Werk über jüdische Mystik ist Gershom Scholems: *Die jüdische Mystik in ihren Hauptströmungen* (Frankfurt, Suhrkamp 1951, 1967); es enthält eine Reihe tiefer Einblicke in den Bruch zwischen Kabbala und dem Hauptstrom jüdischen Lebens.

[7] Ich benutze den Ausdruck *Bewußtsein* in diesem Zusammenhang aus Gründen der Bequemlichkeit. Es spricht manches dafür, die Gültigkeit von Begriffen wie *verändertes Bewußtsein* oder *veränderter Bewußtseinszustand* zu bezweifeln. Ein solcher Sprachgebrauch setzt voraus, daß der gewöhnliche Wachzustand selbst kein veränderter Bewußtseinszustand und daher geeignet ist, als Maßstab zu dienen, an dem alle anderen Bewußtseinszustände gemessen werden sollten. Für eine solche Diskussion ist dies jedoch nicht der Ort.

[8] Es hat einige Versuche der Theoriebildung über die Wirksamkeit dieser Techniken aus psychiatrischer Sicht gegeben; ich verweise den Leser auf einen Aufsatz von P. Kosbab: »Imagery Techniques in Psychiatry«, *Arch. of Gen. Psych.*, 31 (1974), S. 282–290.

[9] Siehe J. Singer: *Imagery Techniques in Psychotherapy and Behavior Modification* (New York, Academic Press 1974). Dies ist das beste in englischer Sprache erschienene Buch über die verschiedenen Vertreter der auf Imagination beruhenden Techniken. Von Interesse ist ferner das Buch von P. Sheehan (Hrsg.): *The Function and Nature of Imagery* (New York, Academic Press 1972), in dem experimentelle Arbeiten im Zusammenhang mit Imagination erörtert werden. Es sei auch darauf hingewiesen, daß es derzeit ein *Journal of Mental Imagery* und eine internationale Gesellschaft von Therapeuten gibt, die in ihrer Praxis ausschließlich die eine oder andere Technik des Imaginalen verwenden.

[10] Eine klare und prägnante Erläuterung des holographischen Prinzips bietet *Stalking the Wild Pendulum* von Itzhak Bentov (New York, E. P. Dutton 1977) sowie die Zeitschrift *Re-Vision*, Band 1, Nr. 3-4, Sommer/Herbst 1978.

[11] Er hat eine besondere Brille entwickelt, die es erlaubt, abwechselnd nur das linke (der rechten Gehirnhälfte zugeordnete) beziehungsweise das rechte (der linken Gehirnhälfte zugeordnete) Gesichtsfeld beiden Augen gleichzeitig sichtbar zu machen.

[12] Jung hat sich dieses Fehlers nicht schuldig gemacht. Er widmete der spirituellen, religiösen Seite des Menschen ein großes, vielleicht sogar zu großes Maß an Aufmerksamkeit. Seine Schwäche war das Gegenstück zu derjenigen Freuds: Jung neigte dazu, die animalische Seite des Menschen und deren Rolle im Verhalten zu ignorieren. Dies wird durch seine Feststellung deutlich, seine Therapie eigne sich eigentlich am besten für Menschen über 40 – ein Alter, in dem man in eine Lebensphase eintritt, in der die Intensität des sexuellen Interesses bereits mehr oder weniger nachgelassen hat und religiöse und spirituelle Dinge in den Vordergrund rücken.

[13] Dieser wichtige Punkt wird noch deutlicher werden, wenn ich zu dem Abschnitt über die Symbolik und deren Bedeutung für den Wachtraum komme.

[14] Heisenbergs Ungewißheitskonstrukt hängt mit dieser Frage zusammen: Er sagte, der Akt der Beobachtung selbst verändere das Beobachtete. Heisenbergs Aussage betrifft das Verhältnis des Beobachters zum Beobachteten in der Welt der »konkreten Realität«, doch betrifft sie auch ein ernsthaftes Problem auf der subjektiven Ebene: Der Beobachter versucht, etwas zu beobachten, was er bereits benannt hat; dieses Benennen setzt gewisse Annahmen voraus, die seine Beobachtung beeinflussen. Und im Falle der Psychologie hat der Beobachter ein besonderes Interesse daran, das zu bewahren, was eine Säule seiner Arbeit ist.

[15] Die Bezeichnungen *objektive* und *konkrete* Realität sind austauschbar. Ich persönlich bevorzuge »konkret«, weil es unmittelbarer sensorisch ist, während »objektiv« tatsächlich eine subjektive Einstellung zur Wirklichkeit beinhaltet.

[16] Nach einem Spruch im Talmud ist ein ungedeuteter Traum wie ein ungeöffneter Brief.

[17] »Physikalisch« bedeutet hier die *tatsächliche* Bewegung des konkreten Organismus. Die Wachtraumarbeit benutzt die fünf Sinne als Funktion der imaginalen Arbeit, wie später noch ausführlicher erläutert werden soll. Wachtraumaktivitäten beeinflussen die Physiologie, so daß imaginiertes Gehen beispielsweise in Veränderungen der Muskulatur sich widerspiegelt, die elektromyographisch gemessen werden können (Singer, 1978).

[18] Ich benutze »Wesen« hier im Sinne von physischer Existenz. Menschliche Existenz ist unmittelbar durch ihre physische Manifestation in einem Körper definiert, der intuitiv als menschlich erkannt wird und unmöglich als etwas anderes wahrgenommen werden kann.

[19] Manche Leute postulieren ein »Unbewußtes«, das definitionsgemäß unbekannt und daher kein Gegenstand der Wahrnehmung ist. Um aber ein Unbewußtes zu postulieren, muß man wissen, *daß* ein Unbewußtes existiert. Wenn man weiß, daß es existiert, ist es ein Gegenstand der Wahrnehmung und also von Anfang an bekannt, es kann daher niemals nicht bekannt sein. Die Sicht muß dahingehend verändert werden, daß man die Vorstellung des Unbewußten aus ihrem logischen Rahmen herauslöst und sie in ein Wahrnehmungssystem bringt, in dem man vom »Unbewußten« als einem Prozeß sprechen kann. Diese ganze Frage ist für mich noch mit vielen Problemen behaftet, hauptsächlich mit dem Problem, daß man sich in einen psychologischen Ausdruck verbeißt, der automatisch zu endlosen Auseinandersetzungen führt; »unbewußt« ist ein bequemes Vehikel geworden, um jedes Ereignis menschlicher Existenz zu erklären, dem ein deterministisches Ursache-Wirkung-Denken nicht Rechnung tragen kann.

3. Kapitel

[1] Dan Brown, klinischer Psychologe und Forscher, machte während seines Aufenthalts am Cambridge Hospital in Massachussets eine eingehende, vergleichende Untersuchung von Wachtraum, Hypnose und Meditation. Er entdeckte, daß der Wachtraum ein eigener Zustand ist, der sich von Hypnose und Meditation unterscheidet. Der Wachtraum hat seine besonderen, unterscheidenden Merkmale, die sich auf einem Signifikanzniveau von $p<.01$ bis $p<.001$ bewegen. Die ausführliche Beschreibung dieser Untersuchung erschien im Sommer 1981 in einer Sondernummer des *International Journal of Clinical and Experimental Hypnosis* über veränderte Bewußtseinszustände.

[2] Einigen Forschern (Kleitman, 1963; Mundy-Castle und McKiever, 1953) ist es nicht gelungen, wahrnehmbare Unterschiede zwischen Wach-EEG und Hypnose-EEG festzustellen.

[3] Schließt man die Augen, werden äußere Reize ausgeschaltet, und dies macht es leichter, in das Erleben des Wachtraums einzutreten. Bestimmten Patien-

ten, die zu übertriebenem Grübeln, labiler Emotionalität oder homosexueller Orientierung neigen, wird es besonders schwerfallen, die Augen zu schließen. Wenn sie es wünschen, können sie die Augen auch offenlassen. Sobald diese Menschen beginnen, sich selbst, ihren Erfahrungen und dem Therapeuten mehr Vertrauen entgegenzubringen, werden sie ohnehin eher bereit sein, die Augen zu schließen.

[4] Dieses *Denken Sie daran* wird bei der Beschreibung der zweiten Stufe der Reise erklärt.

[5] Die Einschränkung der körperlichen Aktivität ist beim Wachtraum sehr wichtig, weil körperliche Bewegung die Sinne aus der Imaginationswelt zurück in die äußere Welt bringt.

[6] Der Traum ist eine weitere Existenzform, in der sich Dinge ereignen, und daher ein räumliches Phänomen. Die Traumexistenz ist gekennzeichnet durch die Substanzlosigkeit dessen, was uns begegnet, im Gegensatz zur Substantialität der konkreten Realität.

[7] Die islamischen Theosophen bezeichnen diese Bereiche als Absolute Materie, die dadurch gekennzeichnet ist, daß sie zwar Form und Ausdehnung, aber keine Substanz besitzt. Substanz ist allein für die konkrete Realität charakteristisch.

[8] Gelegentlich entdeckt der Reisende etwas Negatives und kehrt mit diesen irritierenden Gefühlen in die konkrete Wirklichkeit zurück; diese Gefühle müssen dann bearbeitet werden.

[9] Während der Reise ist der Therapeut der *Führer*. In der Diskussion wird er zum *Berater*. Diese Rollenverteilung in der phänomenologischen Behandlung wird in den folgenden Kapiteln ausführlicher erörtert. Der Patient ist ein *Reisender* und Entdecker (auch Wanderer und Suchender) und bleibt wie der Führer/Berater Mensch, er wird nicht zu einem Untersuchungsgegenstand.

4. Kapitel

[1] Aus Gründen der Klarheit möchte ich erwähnen, daß ich ungerechtfertigterweise in diese Situation eingegriffen habe. Ich riet ihm, die Einladung zum Essen nicht anzunehmen, weil ich befürchtete, er könne schläfrig werden und dann in die Gewalt dieser Männer geraten, gefangengenommen und aufs Meer hinaus entführt werden. Meine subjektiven Überlegungen beeinträchtigten seine Freiheit. Das ist ein sehr wichtiger didaktischer Gesichtspunkt für jeden, der mit dem Wachtraum arbeiten möchte.
In seinem späteren Bericht über diesen Wachtraum ließ der Patient den Teil mit der Einladung aus. Ich wies ihn darauf hin und erinnerte ihn an meine Anweisungen. Er sagte, er habe *Lust gehabt*, und habe sich über irgendwelche möglichen Gefahren keine Gedanken gemacht.

[2] Den Beginn dieser Behandlung bildete eine Aufräumübung; darauf folgte das,

was der Patient als ungewöhnlichen Traum beschrieb (siehe Text). Es folgte ein Wachtraum, der auf diesem nächtlichen Traum basierte. Seine Symptome begannen zurückzugehen, wie im Text beschrieben.

[3] Bei der Beschäftigung mit der Vergangenheit, die sich in der Bewegung nach links andeutet, kreisen seine Gedanken meist um die Mutter. In diesem Beispiel sah er hilfesuchend auf seinen Vater, damit dieser ihn vor der Spinnen-Mutter rette. Der Vater rettete ihn nicht, und er behielt bis zu seiner Arbeit im Wachtraum einen kindischen Zorn gegen den Vater.

[4] In einem Wachtraum trägt ein junger Mann (Fall Nr. 68) einen Stab, der sich in einen goldenen Ring verwandelt, den sich der Mann um den Hals hängt. Der Ring schließt sich nicht ganz, weil ein Stück fehlt; dieses Stück entdeckt der Patient in seiner Tasche. Nachdem er es an Ort und Stelle eingesetzt hat, nimmt er den Ring wieder ab und rollt ihn wie einen Reifen über ein grünes Feld. Als er bei der nächsten Sitzung den Wachtraum berichtete, vergaß er diese Episode. Daraufhin wurde eine gesteuerte Übung vorgenommen, die er damit begann, daß er mit seiner Frau zusammen war. Er legte den goldenen Reifen um seine Frau und sich selbst. Dann berichtete er weiter: »Ich habe das Auge (das ihm im Wachtraum ein innerer Führer gegeben hatte) auf meiner rechten Schulter. Ich nehme das Auge und setze es mir mitten in die Stirn, direkt über dem Nasenrücken. Das ist mein Auge des zweiten Gesichts, der inneren Weisheit. Ich schaue mit meinem dritten Auge Bäume an, und ich kann unterirdische Wasseradern und Felsen erkennen. Ich fühle mich weise und mächtig und empfinde Frieden.« Er war ursprünglich in die Wachtraumtherapie gekommen, weil er Schwierigkeiten in zwischenmenschlichen Beziehungen hatte. Diese im Wachtraumbericht vergessene Episode spielte unmittelbar auf dieses Problem an, wie die gesteuerte Übung enthüllte. Danach begannen sich seine Beziehungen zur Umwelt, einschließlich der Beziehung zu seiner Frau, erheblich zu verbessern.

[5] Das Auftreten von Rot, Gelb und manchmal auch Orange in nächtlichen Träumen deutet oft auf eine körperliche Abnormität; es empfiehlt sich dann, dem Patienten eine körperliche Untersuchung nahezulegen.

[6] Ich benutze den Ausdruck *magisch*, um den Unterschied zwischen Imaginationsarbeit und Interpretation zu illustrieren. Die Imaginationsarbeit geht von einer nichtlogischen Quelle aus, die Interpretation hingegen von einer logischen. Da sich das imaginale Erlebnis nicht im Bereich logischen Denkens abspielt, kann es auch nicht durch Rückgriff auf logische Konstruktion erklärt werden. Es war nicht so, daß die Farbe Orange definitiv für die Reaktionen ihrer Kollegen verantwortlich gewesen wäre; vielmehr machte sie sie aufnahmefähiger und offener und erlaubte ihr neue Formen zwischenmenschlicher Beziehungen.

[7] Bedingte Abhängigkeiten sind die Grundlage für die Kausalverknüpfungen, die zwischen zwei Dingen, Geschehnissen oder Erlebnissen wahrgenommen werden. Bedingtheit wird immer mit dem Wort *weil* bezeichnet. Nichts wird

als aus, für oder durch sich selbst existierend angesehen, sondern es existiert nur aufgrund des Vorhandenseins eines weiteren Faktors. Dieser Faktor muß nicht beobachtbar sein; beispielsweise nimmt man vom Verhalten eines Menschen an, daß es durch vergangene Ereignisse verursacht sei.

[8] Ein Patient (Fall Nr. 100) schrieb in folgender Reihenfolge auf: »1. Keine Angst bei der Arbeit und im Leben haben. 2. Meine Doktorarbeit abschließen. 3. Einen Teil des Jahres am Meer leben.« Die Behandlung wurde nach acht Monaten abgeschlossen; er verwirklichte seine Vorsätze in der Reihenfolge: 1. keine Angst, 3. in der Nähe des Meeres leben, 2. die Doktorarbeit abschließen.

[9] Während der Behandlungszeit schrieb Patient Nr. 82 viele Gedichte und machte eine gesteuerte Übung sowie vier Wachträume mit; außerdem hatte er viele lebhafte nächtliche Träume. Viele Menschen, die sich in Wachtraumtherapie begeben, finden zu schöpferischer Arbeit: Bücher werden geschrieben, Bilder gemalt, Plastiken geschaffen, Musikstücke komponiert und Gedichte verfaßt. Patient Nr. 100 machte vier gesteuerte Übungen und hatte zwei Wachträume, in denen sich das anfängliche Schwarz/Weiß in Farbe verwandelte.

[10] Ein weißer Umhang oder Schal wirkt im Wachtraum häufig als Schutz.

[11] Es ist durchaus angebracht, irgendeinen Aspekt eines früheren Traumerlebnisses in ein Wachtraumerlebnis einzubringen, falls dies erforderlich ist. Das Einbringen eines Aspektes gelebter Erfahrung, beispielsweise eines Traums, kann die Wachtraumarbeit fördern.

[12] Wenn der Reisende sieht, wie sich seine Umwelt verdüstert, kann man ihn dadurch zur Fortsetzung der Reise ermutigen, daß man ihn die Sonne suchen läßt, oder auch den Wind, der die Wolken fortblasen wird. Die Sonne kann der Patient oft dadurch finden, daß er in seinem imaginierten Himmel nach oben und rechts schaut. Für gewöhnlich wird er sehen, wie die Sonne in die Dunkelheit einbricht, und die Stärke und Bereitschaft finden, weiterzumachen.

6. Kapitel

[1] Schlange und Phallus bezeichnen beide eine Vorstellung und bedeuten diese zugleich.

[2] Der Baum ist Ausdruck dafür, daß die Saat aufgegangen ist. Und vom Menschen könnte man sagen, daß er im Laufe seiner Entwicklung die in ihm angelegten Möglichkeiten verwirklicht (Schwaller de Lubicz, 1977).

[3] Streng genommen kann ein Symbol nur dann Symbol sein, wenn es sich direkt auf den Zusammenhang zwischen dem Menschen und diesen anderen Ebenen und letztlich auf Gott bezieht. In diesem Zusammenhang ist interessant, daß die erste Bedeutung, die dem Wort »Symbol« im *Oxford English Dictionary* gegeben wird, sich auf die Lehrmeinungen der christlichen Kirche bezieht.

[4] Dies ist die Bewegung der Spirale, vielleicht die elementarste Bewegung in der Natur.

[5] Diese Entwicklung hin zur Einheit mit Realitätsebenen, die andere sind als die der konkreten Welt, ist verwandt mit dem Ziel des Rituals bei Primitiven. Der Mensch einer traditionellen Kultur sieht sich selbst nur insoweit als wirklich an, als er (für einen modernen Beobachter) aufhört, er selbst zu sein, und er entrinnt der profanen Zeit, indem er in die mythische Zeit des Anfangs aller Dinge zurückkehrt, in illo tempore ab origine. Er erreicht diese Aufhebung der Zeit durch die Imitation von Archetypen und die Wiederholung paradigmatischer Gesten, die ein Gott ab origine enthüllt hat. Mit anderen Worten, jedes Opfer wiederholt das ursprüngliche Opfer und wird eins mit ihm (Eliade, 1953). So vereinigt sich der primitive Mensch mit der absoluten Realität und verliert das Gefühl, selbst eine individuelle Persönlichkeit zu sein.

Eliade bemerkt: »Von allen wichtigen Wissenschaften ist nur die Psychoanalyse auf die Idee gekommen, daß die ›Anfänge‹ jedes menschlichen Seins gesegnet sind und eine Art von Paradies darstellen, während die übrigen bedeutenden Wissenschaften ganz besonders die Unsicherheit und Unvollkommenheit der Anfänge unterstreichen.« (1975 a, S. 89) Das heißt, Ritual und Psychoanalyse und Wachtraum streben alle nach demselben Ziel – der Befreiung –, aber mit unterschiedlichen Techniken und von unterschiedlichen Standpunkten aus.

[6] Henry Corbin hat diesen Punkt vielfach beleuchtet. Eine ausführlichere Erörterung bieten seine Bücher *Creative Imagination in the Sufism of Ibn 'Arabi* und *Spiritual Body and Celestial Earth*, beide erschienen bei Bollingen Foundation, Band XCI, Teil 1 und 2. Princeton (Princeton University Press) 1969 bzw. 1977.

[7] Der Leser könnte einwenden, daß mein eigenes Interesse in dieser Hinsicht auf die Erlebnisse des Patienten abfärbt. Ich kann nur sagen, daß ich mich in das, was der Patient erlebt, nicht einmische und auch nicht versuche, das, was er entdeckt, zu steuern. Eine solche Einmischung würde eines der Kardinalprinzipien der Wachtraumtherapie verletzen, nämlich, den Patienten selbst sich und seine Möglichkeiten finden zu lassen. Man muß für die Entdeckung *jeder* Möglichkeit offen sein und ihr wohlwollend begegnen.

7. Kapitel

[1] Ich habe versucht, diese Situation zu vermeiden, indem ich, wie ich glaube, weniger belastete Ausdrücke gewählt habe: Führer/Berater statt »Therapeut« sowie Entdecker (oder Reisender, Suchender, Kundschafter) statt »Patient«.

[2] Die sogenannten »Schizoiden«, »Borderline-Fälle« und »Schizophrenen« nei-

gen viel stärker dazu, die Menschen, mit denen sie zusammentreffen, als Objekte zu betrachten, die ihre Bedürfnisse befriedigen oder ihre Furcht erregen, denn der sogenannte »Neurotiker« oder gar der »Normale«.

[3] Eine umfassende Erörterung dieses Themas bietet das Buch *Tsedek* von Henri Baruk (New York, Swan House, 1972). Baruk hat einen hervorragenden Beitrag zu einem von ihm geschaffenen Gebiet der Psychiatrie geleistet, das er *Moralpsychiatrie* nennt und das auf den in den biblischen Geboten festgelegten Vorschriften basiert.

[4] Für die folgende Überlegung bin ich Caroline Suen Shookhoff zu Dank verpflichtet.

Anmerkungen zum phänomenologischen Modus

[1] Diese Auffassung korrigiert die geläufige Vorstellung, daß man seiner fünf Sinne nicht mehr bedarf, sobald man in einen »veränderten Bewußtseinszustand« eintritt. Das Gegenteil ist der Fall. Die Sinne nehmen an allem Erleben in einer atemporalen Wirklichkeit teil; denn diese Erfahrungen sind nicht nur geistig-seelische und emotionale, sondern auch biologische Phänomene.

Literaturverzeichnis

Agus, J. (1972): High priest of rebirth: the life, times, and thought of Abraham Isaac Kuk. New York (Bloch).

Assagioli, R. (1965): Psychosynthesis. New York (Viking Press). Deutsch: Handbuch der Psychosynthesis. Freiburg i. B.: Aurum, 1978.

Atlan, H. (1977): The creativity and the reversibility of times. *Shefa Quarterly*, I, 40-54.

Bachelard, G. (1960): Poetik des Raumes. München (Hanser).

– (1969): The poetics of reverie. Boston (Beacon Press).

Baruk, H. (1972): Tsedek. Binghamton, N. Y. (Swan House). (Vergleiche den französischen Titel: Le test ›Tsedek‹, le jugement morale et la délinquence. Paris: Presses Universitaires de France, 1950).

Benoit, H. (1959): The supreme doctrine. New York (Viking Press). Deutsch: Die hohe Lehre. München: O. W. Barth, 1958.

– (1973): Let go! New York (Weiser).

Benson, H., und R. K. Wallace (1972): The physiology of meditation. *Scientific American*, Feb., 84-90.

Bentov, I. (1977): Stalking the wild pendulum. New York (Dutton).

Blake, W. (1966): A vision of the last judgment. In: G. Keynes (Hrsg.): Blake's complete writings. London (Oxford University Press).

Bogen, J. (1969): The other side of the brain, II. An appositional mind. *Bulletin of the Los Angeles Neurological Society*, 34, 135-162.

Bohm, D. (1972): Wholeness and fragmentation. Jerusalem (Van Leer Foundation).

– (1980): The enfolded order and consciousness. In: G. Epstein (Hrsg.): Studies in non-deterministic psychology. New York (Human Sciences Press).

Boss, M. (1953): Der Traum und seine Auslegung. Stuttgart (Huber). (Dass. München: Kindler, 1974.)

– (1957): Psychoanalyse und Daseinsanalytik. Stuttgart (Huber).

– (1971): Grundriß der Medizin. Ansätze zu einer phänomenologischen Physiologie, Psychologie, Pathologie, Therapie und zu einer daseinsgemäßen Präventiv-Medizin der modernen Gesellschaft. Wien (Huber).

– (1975): Es träumte mir vergangene Nacht. Wien (Huber).

Cassirer, E. (1944): An essay on man. New Haven (Yale University Press). Deutsch: Was ist der Mensch? Stuttgart: Kohlhammer, 1960.

Corbin, H. (1969/77): Creative imagination in the sufism of Ibn 'Arabi. Princeton, N. J. (Princeton University Press, Bollingen Foundation Series Vol. XCI, Teil 1).

– (1972): »Mundus imaginalis«. *Spring*, 1-19.

Desoille, R. (1966): The directed daydream. San Francisco (Psychosynthesis Institute, Monograph Nr. 18).
Eliade, M. (1953): Der Mythos der ewigen Wiederkehr. Düsseldorf (Econ).
– 1958): Ewige Bilder und Sinnbilder. Freiburg i. B. (Olten).
– (1961): Mythen, Träume und Mysterien. Salzburg (O. Müller).
– (1975): Myth and reality. New York (Harper & Row).
Epstein, G. (1976): A note on a semantic confusion in the ›fundamental rule‹ of psychoanalysis. *Journal of the Philadelphia Association for Psychoanalysis*, III, 54-61.
Epstein, P. (1979): Kabbalah: the way of the Jewish mystic. New York (Weiser).
Fabrega, H. (1976): Toward a theory of human disease. *Journal of Nervous and Mental Diseases*, 162, 299-312.
Freud, S. (1900): Gesammelte Werke II/III (Traumdeutung. Über den Traum). Frankfurt/M. (Fischer) 1960 ff.
Galin, D. (1974): Implications for psychiatry of left and right cerebral specialization. *Archives of General Psychiatry*, 31, 572-583.
Gazzaniga, M. (1977): Review of the split brain. In: M. C. Wittrock (Hrsg.): The human brain. Englewood Cliffs, N. J. (Prentice-Hall).
Gazzaniga, M., J. Bogen und R. Sperry (1965): Observations in visual perception after disconnection of the cerebral hemispheres in man. *Brain*, 88, 221.
Govinda, L. (1975): Grundlagen tibetischer Mystik. München (O. W. Barth).
Happich, C. (1965): (Erörterung seiner Methode des ›Bildbewußtseins‹ durch W. Kretschmer) In: R. Assagioli (Hrsg.): Psychosynthesis. New York (Viking Press), S. 305-309. Deutsch: W. Kretschmer: Die meditativen Verfahren in der Psychotherapie. In: R. Assagioli: Handbuch der Psychosynthesis. Freiburg i. B.: Aurum, 1978, S. 301 ff.
(Vgl. ferner: C. Happich: Bildbewußtsein und schöpferische Situation. *Deutsche medizinische Wochenschrift*, 2, 1939.
C. Happich: Das Bildbewußtsein als Ansatzstelle psychischer Behandlung. *Zbl. f. Psychotherapie*, Band 5.
C. Happich: Anleitung zur Meditation. Darmstadt: Röther, 1948.)
Haule, S. (1977) (Hrsg.): Color symbolism. Zürich (Spring Publications).
Heidegger, M. (1927): Sein und Zeit. Frankfurt/M. (Klostermann) 1977.
– (1954): Vorträge und Aufsätze. Teil II. (Bauen Wohnen Denken). Pfullingen (Neske).
Heschel, A. (1955): God in search of man. New York (Farrar, Straus & Giroux). Deutsch: Gott sucht den Menschen. Neukirchen-Vluyn: Neukirchener Verlag, 1980.
Heuscher, J. (1974): A psychiatric study of myths and fairytales. Springfield, Ill. (Charles Thomas).
Hirai, T. (1974): Psychophysiology of Zen. Tokyo (Igaku Shoin).
Horowitz, M. (1970): Image formation and cognition. New York (Appleton).
Jung, C. G. (1958): Gesammelte Werke, Bd. 16. Olten-Freiburg (Walter).

Kaplan, E. K. (1972): Gaston Bachelard's philosophy of imagination. *Journal of Philosophy and Phenomenological Research*, 33, 1-24.
Keats, J. (1950): Gedichte und Briefe. Übertragen und herausgegeben von H. W. Häusermann. Zürich (Manesse).
Kernberg, O. (1975): Borderline conditions and pathological narcicissm. New York (Jason Aronson). Deutsch: Borderline-Störungen und pathologischer Narzißmus. Frankfurt/M.: Suhrkamp, 1983.
Kleitman, N. (1963): Sleep and wakefulness. Chicago (University of Chicago Press).
Kohut, H. (1971): The analysis of the self. New York (International Universities Press). Deutsch: Narzißmus. Frankfurt/M.: Suhrkamp, 1974.
– (1977): Restoration of the self. New York (International Universities Press). Deutsch: Die Heilung des Selbst. Frankfurt/M.: Suhrkamp, 1979.
Kosbab, P. (1974): Imagery techniques in psychiatry. *Archives of General Psychiatry*, 31, 282-290.
Kretschmer, W. (1965): Meditative techniques in psychotherapy. In: R. Assagioli (Hrsg.): Psychosynthesis. New York (Viking Press), S. 304-315. Deutsch: Die meditativen Verfahren in der Psychotherapie. In: R. Assagioli: Handbuch der Psychosynthesis. Freiburg i. B.: Aurum, 1978, S. 301-312.
Leuner, H. (1969): Guided affective imagery. *American Journal of Psychotherapy*, 31, 4-22.
– (1975): The role of imagery in psychotherapy. In: S. Arieti und G. Chrzanowski (Hrsg.): New dimensions in psychiatry. New York (John Wiley).
(Vgl. auch: Leuner, H.: Katathymes Bilderleben. Grundstufe. Psychotherapie mit dem Tagtraum. Dritte, durchgesehene Auflage. Stuttgart: Thieme, 1982.)
de Lubicz, R. A. Schwaller (1977): The intelligence of the heart: An outline of the symbolic method and its hieratic nature. *Parabola*, II, 18-27.
– (1978): Symbol and the symbolic. Brookline, Mass. (Autumn Press).
McMahon, C. (1976): The role of imagination in the disease process. *Psychological Medicine*, 6, 179-184.
Mundy-Castle, A. C., und B. L. McKiever (1953): The psychophysiological significance of the galvanic skin response. *Journal of Experimental Psychology*, 45, 15-24.
Pribram, K. (1971): Languages of the brain. Englewood Cliffs, N. J. (Prentice-Hall).
– (1979): Holographic memory. *Psychology Today*, 71-84.
Price, H. H. (1965): Survival and the idea of ›another world‹. In: J. R. Smythies (Hrsg.): Brain and mind. London (Routledge & Kegan Paul).
Reyher, J. (1969): Electroencephalogram and rapid eye movements during free imagery and dream recall. *Journal of Abnormal Psychology*, 74, 576–582.
Russell, G. (AE) (1965): The candle of vision. New Hyde Park (University Books).

Rychlak, J. (1968): A philosophy of science for personality theory. Boston (Houghton Mifflin).
Scholem, G. (1951, 1967): Die jüdische Mystik in ihren Hauptströmungen. Frankfurt/M. (Suhrkamp)
Schrödinger, E. (1954): The spirit of science. In: J. Campbell (Hrsg.): Spirit and Nature. Papers from the Eranos Yearbooks. Princeton, N. J. (Princeton University Press, Bollingen Series XXXI).
Scott, C. (1980): Freedom with darkness and light: a study of myth. In: G. Epstein (Hrsg.): Studies in non-deterministic psychology. New York (Human Sciences Press).
Seguin, C. (1962): Love and the psychotherapeutic eros. *Acta Psychotherapeutica et Psychosomatica*, X, 173-192.
Séjourné, L. (1976): Burning water. Berkeley, CA (Shambhala).
Sheehan, P. (1972, Hrsg.): The function and nature of imagery. New York (Academic Press).
Singer, J. (1974): Imagery and daydream methods in psychotherapy and behavior modification. New York (Academic Press). Deutsch: Phantasie und Tagtraum. München: Pfeiffer, 1978.
– (1978): The psychotherapeutic implications of imagery. *The Academy Forum of The American Academy of Psychoanalysis*, 22, 10-15.
Singer, J., und K. Pope (1978): The stream of consciousness. New York (Plenum Press).
Sperry, R. (1973): Lateral specialization of cerebral function in the surgically separated hemispheres. In: F. McGuigan (Hrsg.): The psychophysiology of thinking. New York (Academic Press).
Stewart, K. (1969): Dream theory in Malaya. In: C. Tart (Hrsg.): Altered states of consciousness. New York (John Wiley).
Ten Houten, W., und C. Kaplan (1973): Science and its mirror image. New York (Harper & Row).
Watkins, M. (1976): Waking dreams. New York (Gordon and Breach).
Weaver, R. (1973): The old wise woman. New York (Putnam).
Wilber, K. (1977): The spectrum of consciousness. Wheaton (Theosophical Publications).
Wilhelm, R. (1970): I Ging. Das Buch der Wandlungen. Köln (Eugen Diederichs).
Young, A. (1976): The geometry of meaning. New York (Delacorte Press).

Fallregister

Weitere Titel aus dem Konzepte-Programm